Blankobürgschaft und Formnichtigkeit

Europäische Hochschulschriften
Publications Universitaires Européennes
European University Studies

Reihe II
Rechtswissenschaft

Série II Series II
Droit
Law

Bd./Vol. 3860

PETER LANG
Frankfurt am Main · Berlin · Bern · Bruxelles · New York · Oxford · Wien

Claudia Neuschäfer

Blankobürgschaft und Formnichtigkeit

Die dogmatische Einordnung der Blanketterklärung und die Grenzen der Rechtsscheinhaftung bei Formnichtigkeit am Beispiel des Bürgschaftsblanketts

PETER LANG
Europäischer Verlag der Wissenschaften

Bibliografische Information Der Deutschen Bibliothek
Die Deutsche Bibliothek verzeichnet diese Publikation in der Deutschen Nationalbibliografie; detaillierte bibliografische Daten sind im Internet über <http://dnb.ddb.de> abrufbar.

Zugl.: Marburg, Univ., Diss., 2003

D 4
ISSN 0531-7312
ISBN 3-631-51352-6

www.peterlang.de

Vorwort

Die Vorliegende Arbeit wurde im Januar 2003 vom Fachbereich Rechtswissenschaften der Philipps-Universität Marburg als Dissertation angenommen.

Für die Fertigstellung der Arbeit gilt mein besonderer Dank meinem verehrten Lehrer und Doktorvater, Herrn Professor Dr. Ralph Backhaus. Er hat das Dissertationsvorhaben durch hilfreiche Anregungen, kritische Anmerkungen und Geduld in allen entscheidenden Momenten besonders unterstützt.
Es war ein Geschenk, mit den Kolleginnen und Kollegen, Freundinnen und Freunden am Lehrstuhl arbeiten und promovieren zu dürfen.
Herzlich möchte ich auch Herrn Professor Dr. Stephan Buchholz danken. Er hat nicht nur das Zweitgutachten übernommen, er hat mich auch während meiner Arbeit durch seine Beharrlichkeit hilfreich unterstützt.
Danken möchte ich außerdem Herrn Dr. Anton Sebastian Schmölz für seine große Unterstützung mit Rat und Tat.

Ganz besonders möchte ich schließlich meinen Eltern danken. Sie haben an der Entstehung des Werkes großen Anteil genommen und sind immer für mich da gewesen. Ihnen widme ich diese Arbeit.

Claudia Neuschäfer

Gliederung:

1. Kapitel: Einleitung

A. Problemstellung

Die Entscheidung des BGH aus dem Jahre 1996 zur Haftung des Blankobürgen aus formnichtiger Bürgschaft bildet den Ausgangspunkt der vorliegenden Untersuchung. Deren amtlicher Leitsatz lautet: „a.) Eine formbedürftige Bürgschaft kann nicht in der Weise wirksam erteilt werden, dass der Bürge eine Blankounterschrift leistet und einen anderen mündlich ermächtigt, die Urkunde zu ergänzen. b.).....; c.) Gibt der Bürge eine Blankounterschrift ohne formgerechte Vollmacht oder Ermächtigung aus der Hand, haftet er gegenüber dem Gläubiger, der eine vollständige Urkunde erhält und ihr nicht ansehen kann, dass sie durch einen anderen ergänzt wurde. d.)...; e.)....“[1]. Dazu führt der BGH aus, dass es zwar an einer formgerechten Verpflichtung des Bürgen aus der Bürgschaftserklärung fehle; der Bürge habe aber durch sein Verhalten in zurechenbarer Weise einen Rechtsschein gesetzt, auf den sich der redliche Geschäftspartner verlassen und kraft dessen er den Unterzeichnenden in Anspruch nehmen könne[2]. In seiner Begründung knüpft der BGH an die gefestigte Rechtsprechung zur Haftung des Blankettgebers im Falle des Blankettmissbrauchs an. Die heute ganz herrschende Meinung sieht in der Blanketthingabe ein Verhalten, das der Kundgabe einer Vollmacht durch Aushändigung einer Vollmachtsurkunde gleichzustellen ist.[3] Der Blankettgeber hafte in entsprechender Anwendung des § 172 II BGB, wenn er ein Blankett mit seiner Unterschrift aus der Hand gebe. Er müsse den durch die Ausfüllung geschaffenen Inhalt einem gutgläubigen Dritten gegenüber gegen sich gelten lassen, unabhängig davon, ob der vervollständigte Text seinem Willen entspreche oder nicht[4]. Die Entscheidung des BGH aus dem Jahre 1996 hat die Dis-

---

1 BGH Urt. V. 29. Februar 1996 – IX ZR 153/95 (BGHZ 132, S. 119 ff.).

2 BGHZ 132, S. 119 (127 f.).

3 Vgl. G. Müller, AcP 181, S. 515 (517).

4 Larenz/Wolf, AT, § 48, Rz. 34 ff, 37; MüKo (Schramm), 4. Aufl., § 172, Rz. 17; Soergel (Leptien), § 172, Rz. 6; Flume, Das Rechtsgeschäft, § 15 II 1, d.), S. 253; Bornemann, Diss., S. 35 ff.; G. Müller, AcP 181, S. 515 (517); G. Fischer, Diss., S. 82; RGZ 158, S. 265

kussion um die dogmatische Rechtfertigung der Haftung des Blankobürgen neu entfacht[5].

Die vorliegende Untersuchung widmet sich der Frage, ob die Begründung des BGH zur Haftung des Blankobürgen aus formnichtiger Bürgschaft in entsprechender Anwendung des § 172 II BGB tragfähig ist. In diesem Zusammenhang ist es erforderlich, zunächst Rechtsnatur und Zulässigkeit der Blanketterklärung zu klären[6]. Denn die Frage, ob mit der Abgabe einer Blanketterklärung die gesetzlich bestimmte Schriftform gewahrt werden kann, rückt mit der Entscheidung des BGH auch die umstrittene dogmatische Einordnung der Blanketterklärung wieder ins Blickfeld. Diese Fragen hat man zwar bereits in einer Vielzahl juristischer Abhandlungen untersucht[7]. Nicht in allen Punkten hat man jedoch zufriedenstellende Ergebnisse finden können[8]. Insgesamt kann weder das Problem des Blankettmissbrauchs, noch das der Formnichtigkeit losgelöst von der Frage gesehen und beurteilt werden, nach welchen rechtsdogmatischen Grundsätzen der Blankettgeber zur Verantwortung zu ziehen ist[9].

---

ff; BGHZ 40, S. 65 (68); 40, S. 297 (304); 113, S. 48 (53); 132, S. 119 (127 f.) BGH WM 1965, S. 578; BGH WM 1973, S. 750 ff.

5 Sie beispielsweise Bülow, ZIP 1996, S. 1694 ff.; Keim, NJW 1996, S. 2774 ff.; K. Schmidt, JuS 1996, S. 846 ff (847 f.).; Pawlowski, JZ 1997, S. 305 (309 ff.); vgl. auch Eckardt, Jura 1997, S. 189 (191 f.); G. Fischer, JuS 1998, S. 205 (207); Benedict, Jura 1999, S. 78 (79 f.).

6 Ähnlich Pawlowski, JZ 1997, S. 309 ff..

7 Vgl. dazu Siegel, Die Blanketterklärung, Diss. München 1908; Siegel, Die privatrechtliche Funktion der Urkunde, AcP 111, S. 1 (21ff); Zwirner, Das Blankett als Willenserklärung, Diss., Greifswald 1918; Bornemann, Die Blankobürgschaft, Diss. Marburg 1934; Nischik, Das Blankett im Bürgerlichen Gesetzbuch, Diss. Marburg 1936; Wächter, Die Blankobürgschaft und die Folgen der missbräuchlichen Ausfüllung, Diss., Köln 1940; Riezler, Die Blankettunterschrift, AcP 95, S. 357 ff.; Feldmann, Haftung und Anfechtung bei missbräuchlich ausgefüllten Blankourkunden des bürgerlichen Rechts, Diss. Frankfurt 1955; G. Fischer, Die Blanketterklärung, Diss. Göttingen 1975; P. Fischer, Die dogmatische Stellung der Blanketterklärung, Diss. Bonn 1969 u.a.

8 Feldmann, Diss., S. 15 f.: „Alle diese Theorien weisen außer den dort gegen sie vorgebrachten Argumenten noch einen weiteren gemeinsamen Mangel auf: Man vermißt bei ihnen eine präzise rechtliche Qualifizierung der Rechtsstellung des Blankettnehmers, der das Blankett ausfüllt, und dem bei der Ausfüllung ja eine irgendwie geartete rechtliche Befugnis zur Seite stehen muss. Erst die Qualifizierung seiner Rechtsstellung ermöglicht ein weiteres Vordringen in die Frage, nach welchen Vorschriften sich die Haftung des Blankozeichners regelt...“.

9 So auch G. Müller in bezug auf den Blankettmissbrauch, AcP 181, S. 515 (518).

So wird beispielsweise die Unterschrift des Blankobürgen zur Begründung dafür angeführt, dass ein rechtsgeschäftliches Handeln des Blankettnehmers nicht vorliegen könne[10]. Ebenso wird die Ansicht vertreten, dass das entscheidende Warnsignal bei der Erfüllung der Schriftform nicht dem Text, sondern der Unterschrift beizumessen ist[11]. Würde man dem folgen, dann bestünde bereits keine Formzweckvereitelungsgefahr durch die Blankobürgschaftserklärung. Der Rückgriff auf das Rechtsscheinprinzip wäre zur Begründung der Bürgenhaftung gar nicht erforderlich, weil die Blankobürgschaft dem Schriftformerfordernis des § 766 S. 1 BGB genügen würde, so dass ein wirksamer Bürgschaftsvertrag (§ 765 BGB) auch bei einer Blankobürgschaftserklärung zustande käme, wenn der andere nur mündlich ermächtigt worden ist. Daher spielt die Unterschrift eine wichtige Rolle bei der Beantwortung der Frage nach der Rechtsnatur von Ausfüllungsbefugnis und Ausfüllungshandlung.

Ausgangspunkt der Untersuchung ist, dass die Unterschrift nicht nur Erfordernis des Formtatbestandes (§ 126 BGB), sondern auch Teil des objektiven Erklärungstatbestandes einer schriftlichen Willenserklärung ist. Natürlich könnte sie für letzteren nur eine rein formale Ordnungs- und (widerlegbare) Beweisfunktion (§ 416 ZPO) haben. Ihre Funktion im objektiven Erklärungstatbestand schriftlicher Willenserklärungen soll dabei aber nicht über ihre Funktion im formalen Tatbestand des § 126 BGB erschlossen werden. Deshalb wird die These aufgestellt, dass die Bedeutung der Unterschrift für die Formvorschrift des § 126 BGB nicht identisch ist mit ihrer Bedeutung für den objektiven Tatbestand einer schriftlichen Willenserklärung. Diese These beruht auf dem Grundsatz, dass die Frage der Formwirksamkeit und die Auslegung von Willenserklärungen voneinander zu trennen sind[12]. Verfolgt man diesen Gedanken konsequent weiter, dann kann aus der formalen Bedeutung der Unterschrift, die sie im Rahmen der Formvorschrift des § 126 BGB hat, noch nicht die Antwort

---

[10] Vgl. G. Fischer, Diss., S. 16.

[11] Siehe dazu G. Fischer, Diss., S. 28; G. Fischer, JuS 1998, S. 205 (206); Feldmann, Diss., S. 12.

[12] Vgl. I. Scherer, Diss., S. 79 zur Trennung von Form und Auslegung; dazu auch: BGHZ 86, S. 41 (47); MüKo (Habersack), § 766, Rz. 6; BGH NJW 1995, S. 43 (44); Tiedke, ZIP 1995, S. 521; zur Auslegung von Bürgschaftsurkunden auch: BGH NJW-RR 1993, S. 945 (946); BGH NJW 1995, S. 959 f..

126 BGB hat, noch nicht die Antwort darauf abgeleitet werden, welche rechtliche Qualität das Handeln von Blankettnehmer und Blankettgeber hat. Vielmehr muss man die Formfrage von dem trennen, was die Erklärung inhaltlich zum Ausdruck bringen will und zum Ausdruck bringt[13]. Hinzu kommt, dass der objektive Tatbestand einer Willenserklärung und der Formtatbestand unterschiedliche Regelungsintentionen hat. So ist § 126 BGB vom Gesetzgeber als formaler Wegweiser und als Ordnungsvorschrift gedacht[14], während die Willenserklärung als Handlung zu verstehen ist, durch die sich der Wille, einen bestimmten Rechtserfolg herbeizuführen, verwirklicht[15]. Sie ist Teil des rechtsgeschäftlichen Tatbestandes, an den die Rechtsordnung Rechtswirkungen knüpft. Die Trennungsthese wird auch durch die doppelte Funktion der Urkunde bestätigt: sie ist sowohl bei der Prüfung, was die Parteien vereinbart haben, als auch bei der Frage von Bedeutung, ob die Schriftform gewahrt ist[16].

B. Gang der Untersuchung

Zunächst ist die Bedeutung der Unterschrift im Formtatbestand zu klären. Damit soll deutlich gemacht werden, wie die Form des § 126 BGB gewahrt wird. Anschließend soll dies für die Blankounterschrift untersucht werden. Dabei wird der Fall der offenen Blankettlage zugrunde gelegt. Um eine offene Blankettlage handelt es sich, wenn die Vervollständigung eines absichtlich lückenhaften Schriftstücks zu einer Willenerklärung, das die Unterschrift des Blankettgebers trägt, in Kenntnis des Erklärungsempfängers erfolgt, dieser also weiß, dass die Willenserklärung aus einem Blankett entstanden ist. Dann lässt sich die Frage beantworten, ob diese die Formerfordernisse des § 126 sowie die der für konkrete Rechtsge-

---

[13] So sagt auch Flume, Das Rechtsgeschäft, § 15 II 1 d, S. 253: „Ob dagegen die ausgefüllte Urkunde als eine Erklärung desjenigen gilt, welcher die Blankourkunde ausgestellt hat, ist von der Formfrage zu unterscheiden." Auch der BGH prüft erst in einem zweiten Schritt, ob die Erteilung der in einem bestimmten Sinne auszulegenden Erklärung das Schriftformerfordernis erfüllt: BGH ZIP 2000, S. 740 (741).

[14] Vgl. H. Lehmann, Die Unterschrift, S. 114.

[15] Vgl. Dörner/Ebert/Eckert/Hoeren/Kemper/Schulze/Staudinger (Dörner), Vor §§ 104-185, Rz. 1.

[16] Tiedke, ZIP 1995, S. 521 ff. (521).

schäfte geltenden Formvorschriften erfüllen kann. Sodann soll die Bedeutung von Unterschrift und Blankounterschrift im objektiven Erklärungstatbestand geklärt werden. Damit lässt sich die Frage beantworten, welchen Charakter der Handlungsbeitrag des Blankettgebers hat. Danach richtet sich, wie der Handlungsbeitrag des Blankettnehmers zu bewerten ist. Dies wiederum ist von Bedeutung für die Zurechnung des Erklärungstatbestandes bei Einschaltung Dritter. Denn hierfür stellt die Rechtsordnung die Botenschaft (§ 120 BGB), die Ermächtigung (§ 185 BGB) und die Stellvertretung (§ 164 ff BGB) zur Verfügung.

Die damit gewonnene dogmatische Einordnung des offen ausgefüllten Blanketts, seiner Begebung und Ausfüllung durch den Blankettnehmer ist dann Voraussetzung für die richtige rechtliche Behandlung der Rechtsfolgen ihrer pathologischen Erscheinungsformen. In die Kategorie pathologischer Blanketterklärungen gehören nach der hier vertretenen Ansicht das verdeckt ausgefüllte Blankett, sowie die Fälle missbräuchlicher Blankettausfüllung und formnichtiger Ausfüllungsermächtigung. Diese Abweichungen vom „Normalfall" des formgerechten offenen Blanketts, das vereinbarungsgemäß ausgefüllt wird, sind notwendiges Übel der Zulässigkeit von Blanketterklärungen[17].

Die Bindung an die missbräuchlich ausgefüllten Blanketterklärungen begründet die herrschende Meinung mit dem Rechtsschein in analoger Anwendung der §§ 171, 172 BGB als Haftungsprinzip. Das Haftungsprinzip des Rechtsscheins für fehlerhafte Blanketterklärungen ist mit dem Schutzbedürfnis des redlichen Geschäftsverkehrs beim abredewidrig ausgefüllten Blankett und der Gleichwertigkeit dieses Schutzbedürfnisses mit dem eines Dritten begründet worden, der angesichts einer schriftlichen Vollmachtsurkunde auf deren Fortbestand vertraut (unmittelbarer Fall des § 172 BGB)[18].

Dieser Gedanke wurde schließlich in der eingangs zitierten Entscheidung des *Bundesgerichtshofs* auf den Fall einer formunwirksamen Ausfüllungsermächtigung

---

[17] Canaris, Vertrauenshaftung, S. 64 hat festgestellt, dass regelmäßig in den Fällen des Blankettmissbrauchs eine verdeckte Ausfüllung stattgefunden hat.

[18] Vgl. BGHZ 40, S. 65 (68).

des Blankettnehmers ausgedehnt[19]: Zwar entstehe bei der Ergänzung einer Blankobürgschaft durch einen Dritten mangels Beachtung der gesetzlichen Form keine wirksame Bürgschaftserklärung; jedoch habe der Bürge durch sein Verhalten zurechenbar einen Rechtsschein gesetzt, auf den sich der redliche Geschäftspartner verlassen und kraft dessen er den Unterzeichner in Anspruch nehmen könne[20].

Hiergegen ist einzuwenden, dass die analoge Anwendung der Rechtsscheinregeln (§ 172 II BGB) zu einer Umgehung der für die Bürgschaft geltenden Formvorschrift des § 766 BGB führen kann. Denn schließlich wird dem Erklärungsempfänger durch die Rechtsscheinhaftung ein der Erfüllung des formnichtigen Rechtsgeschäfts identischer Anspruch gewährt, weil der Vertrauende so gestellt wird, als bestünde die angenommene Rechtslage wirklich[21]. Zwar hat die Rechtsprechung schon früh begonnen, die Regeln über die Formnichtigkeit (§ 125 BGB) und deren Folgen unter bestimmten Voraussetzungen einzuschränken[22]. Auch im Schrifttum hat man sich zahlreich mit der Begrenzung der Formnichtigkeit auseinandergesetzt[23] und aus formnichtigen Rechtsgeschäften Erfüllungsansprüche entstehen lassen. Allerdings wurde bisher die Haftung aus formnichtigen Rechtsgeschäften nur in eng begrenzten Ausnahmefällen zugelassen[24]. So wurde ein Schadensersatzanspruch nach § 826 BGB gewährt, wenn der Formmangel durch eine arglistige Täuschung herbeigeführt worden war[25]. Später wurde in Anwendung des Rechtsgedankens des § 826 BGB und der culpa in contrahendo der Erfüllungsanspruch zugebilligt. Dabei wurde der schuldhaft Handelnde so behandelt, als sei er

---

[19] BGHZ 132, S. 119 (127 f.).

[20] BGHZ 132, S. 119 (128).

[21] Zur Rechtsscheinhaftung als positiver Vertrauensschutz: Canaris, Vertrauenshaftung, S. 9.

[22] Die Reihe der Entscheidungen zur Einschränkung der Formnichtigkeit beginnt im Jahre 1902 mit RGZ 52, S. 1 (5); RGZ 72, S. 342 (343); RGZ 73, S. 205 (209 f.); RGZ 82, S. 299 (301)usw..

[23] Vgl. MüKo (Förschler), 3. Aufl., § 125, Rz. 41 ff.; W. Lorenz, JuS 1966, S.429 ff (431 ff.); Gernhuber, in: FS für Schmidt-Rimpler,1957, S. 151 ff.; D. Reinicke, Rechtsfolgen, insb. S. 29 ff.; G. und D. Reinicke, MDR 1954, S. 641 ff.; Häsemeyer, Die gesetzliche Form, S. 36 ff., W. Flume, Das Rechtsgeschäft, § 15 III, 4., S. 270 ff..

[24] Vgl. zur Einschränkung der Nichtigkeitsfolgen nach § 242 BGB: MüKo (Einsele), 4. Aufl., § 125, Rz. 52 ff. m.w.N..

[25] Staudinger (Dilcher), § 125, Rz. 39; RGZ 82, S. 299 (304 f.); 96, S. 313 (315).

einem Verlangen nach Formwahrung nachgekommen[26]. Schließlich wurde eine Ausnahme nach dem Rechtsgebot von Treu und Glauben (§ 242 BGB) zugelassen, wenn die Nichtausführung des formnichtigen Vertrages zu einem schlechthin untragbaren Ergebnis für einen Vertragsteil führen würde[27]. So hat der BGH[28] einen Ausnahmefall angenommen, wenn eine Partei längere Zeit Vorteile aus einem nichtigen Vertrag gezogen hat und sich dann unter Berufung auf den Formmangel ihrer Verpflichtung entziehen will. Aber selbst bei einem Schadensersatzanspruch auf das negative Interesse aus formnichtigen rechtsgeschäftlichen Erklärungen wurde der Einwand der Umgehungsgefahr erhoben[29].

Im Hinblick auf die Diskussion um die Gefahr der Umgehung der Formvorschriften überrascht die Entscheidung des *Bundesgerichtshofs* aus dem Jahre 1996[30]: Denn der *Bundesgerichtshof* durchbricht darin die Nichtigkeitsfolge aus einem formmangelhaften Rechtsgeschäft, ohne ein Wort über diese Problematik zu verlieren. Er konstruiert eine Erfüllungshaftung aus formnichtigen Geschäft wegen zurechenbarer Veranlassung von Vertrauen auf den Schein einer formwirksamen Erklärung, während bisher eine Zurechnung nur in Ausnahmefällen nach Treu und Glauben und nach Verschuldensgesichtspunkten (§ 826 und culpa in contrahendo) erfolgte.

Ob die Rechtsscheinhaftung aus formnichtiger Blankobürgschaft zur Umgehung von Formvorschriften führt, richtet sich denknotwendig danach, wie die Form bei der Blanketterklärung gewahrt wird und wer rechtsgeschäftlich handelt. Hier hat sich mittlerweile die Vertretertheorie als herrschend durchgesetzt[31]. Daraus erklärt sich, dass und warum dem Blankettgeber das Handeln des Blankettnehmers in

---

[26] Staudinger (Dilcher), § 125, Rz. 39; RGZ 107, S. 357 (364 f.); RGZ 157, S. 207 (209); Flume, Das Rechtsgeschäft, § 15 III 4b, S. 272 ff..

[27] MüKo (Förschler), 3. Aufl., § 125, Rz. 50; BGHZ 29; S. 6 (10 ff.); 45, S. 179 (182 f.); 48, S. 396 (398 ff.); BGH NJW 1985, S. 1778 (1780); BGH NJW 1987, S. 1069 (1070); seit OGH Br. Z. ständige Rspr.: OGHZ 1, S. 219.

[28] BGHZ 121, S. 224 (233, 234).

[29] Vgl. Medicus, Bürgerliches Recht, Rz. 185.

[30] BGHZ 132, S. 119 ff..

[31] Vgl. dazu P. Fischer, Diss., S. 115 ff.; G. Fischer, JuS 1998, S. 205 (207); G. Müller, AcP 181, S. 515 (521).

Analogie zu §§ 171, 172 BGB zugerechnet wird[32]. Auch die Frage der Umgehung der Formvorschriften kann man nur beantworten, wenn man weiß, *wie* die Form gewahrt wird. Da zudem der Warnzweck des § 766 BGB beim rechtsgeschäftlich Handelnden erreicht werden muss, muss man zur Beantwortung der Frage wissen, *wer* rechtsgeschäftlich handelt. Dies ist also auch hier von Bedeutung für den Rechtsgrund der Rechtsscheinhaftung. Es entspricht zwar der herrschenden Meinung, zunächst die Vertretungsregeln für die Zurechnung und schließlich die §§ 171, 172 BGB als Haftungsgrundlage für den gesetzten Rechtsschein beim Blankettmissbrauch heranzuziehen. In der Blankettliteratur werden aber auch eine botenähnliche Haftung nach §§ 120, 122 BGB, eine Haftung analog Artt. 10 WG, 13 SchG, sowie eine Haftung unmittelbar aus dem zurechenbar gesetzten objektiven Erklärungstatbestand in Analogie zu §§ 171, 172 BGB diskutiert[33]. Ebenso wird die Theorie von der vorläufigen Rechtsscheinhaftung beim Blankettmissbrauch vertreten. Danach ist allein entscheidend, ob der *Handelnde* zurechenbar den Schein einer Willenserklärung gesetzt hat[34]. Auch hier fragt es sich, wer *Handelnder* in diesem Sinne ist. Die Frage nach der richtigen Haftungsgrundlage oder Zurechnungsnorm stellt sich aber nicht nur deshalb in gleicher Weise bei der formnichtigen Blanketterklärung, weil man auch hier wissen muss, wer rechtsgeschäftlich handelt. Vielmehr auch aus dem Grunde, weil sie in der rechtlichen Behandlung dem Blankettmissbrauch gleichgestellt wird[35].

Ob nun der herrschenden Meinung zuzustimmen, Vertretungsrecht anzuwenden und die Haftungsgrundlage für Missbrauch und scheinbare Formwirksamkeit in den §§ 171 f. BGB zu finden ist, lässt sich abschließend erst klären, wenn die Rechtsnatur der offen und auch verdeckt ausgefüllten Blanketterklärung feststeht.

---

32 G. Müller, AcP 181, S. 515 (523).

33 Vgl. zu den verschiedenen Ansätzen im einzelnen G. Fischer, Diss., S. 61 ff..

34 Vgl. G. Müller, AcP 181, S. 515 (536 ff).

35 Siehe BGHZ 132, S. 119 (127 f.).

2. Kapitel: Die dogmatische Bestimmung der Blanketterklärung bei offener Blankettlage:

A. Die Zulässigkeit der Blanketterklärung – Ein Überblick

I. Der Blankettbegriff

Als Blankett bezeichnet man eine Urkunde, die mit einer Namenszeichnung und möglicherweise noch mit einem lückenhaften Text versehen, aber absichtlich noch nicht vollständig ausgefüllt ist. Die Vervollständigung des Schriftstücks soll dann nach dem Willen des Namenszeichners eine dazu legitimierte Person vornehmen und das Blankett zu einer Willenserklärung ergänzen[36]. Der Unterzeichner bedient sich also der Schrift als Mittel, um sich zu erklären[37]. Bei schriftformbedürftigen Erklärungen muss er dies sogar. Hier verlangt § 126 BGB zudem, dass die Urkunde durch eigenhändige Namensunterschrift unterzeichnet wird. Da § 126 BGB dem Dritten Abschnitt des Ersten Buches (Allgemeiner Teil) des BGB angehört, gilt diese Vorschrift als Generaltatbestand für alle Rechtsgeschäfte. Der Geltungsbereich der Norm umfasst neben allen Vorschriften des BGB auch die privatrechtlichen Bestimmungen außerhalb des BGB, in denen Schriftform verlangt wird[38].

Der unterzeichnende Blankettgeber bedient sich nicht nur der Schrift als Erklärungsmittel, sondern außerdem des Blankettnehmers als Hilfsperson. Dieser füllt das Blankett mit Bestimmungsrecht über den Inhalt oder ohne ein solches Bestimmungsrecht aus. Die Ausfüllung des Blanketts kann offen oder verdeckt erfolgen. Ersteres ist der Fall, wenn der Blankettnehmer das Blankett im Laufe der

---

[36] Vgl.: G. Fischer, Diss., S. 3; Feldmann, Diss., S. 9; P. Fischer, Diss., S. 30 ff, 34; Siegel, Diss., S. 3; Medicus, Allgemeiner Teil des BGB, Rz. 910 mit Beispielen; Eckardt, Jura 1997, S. 189 ff (189).

[37] Vgl. G. Fischer, Diss., S. 9; v. Tuhr, AT II/1, § 63, S. 498: „Die Form ist Mittel der Willenserklärung"; Larenz/Wolf, AT, § 27, Rz. 4.

[38] Zum Geltungsbereich: MüKo (Förschler), § 126, Rz. 2; MüKo (Einsele), 4. Aufl., § 126, Rz. 2.

Verhandlungen mit dem Gläubiger (Dritten) in dessen Gegenwart ausfüllt oder diesen jedenfalls über die Entstehung der Willenserklärung aus einem Blankett aufklärt. Die sogenannte offene Blankettlage zeichnet sich somit durch die Kenntnis des Dritten (Erklärungsempfängers) von der Blankettsituation aus. Von einer verdeckten Blankettlage spricht man, wenn der Dritte (Erklärungsempfänger) nicht weiß, dass die Willenserklärung aus einem Blankett entstanden ist[39]. Vielmehr vertraut er bei verdeckter Blankettlage darauf, dass ihm eine vom Blankettgeber selbst vollständig abgegebene und unterschriebene Erklärung zugeleitet wird[40].

II. Die Entwicklung des Rechtsinstituts in Rechtsprechung und Schrifttum

Das Rechtsinstitut der Blanketterklärung stammt aus dem 19. Jahrhundert. Wegen ihrer wachsenden wirtschaftlichen Bedeutung[41] haben sich Theorie und Praxis mit dem Blankett befaßt, so dass es sich durch konstante Anwendung als Rechtsinstitut manifestieren und sich seine Zulässigkeit schließlich zur Rechtsregel entwickeln konnte[42]. Heute kann man die Blanketterklärung als gewohnheitsrechtlich anerkanntes Rechtsinstitut bezeichnen[43]. Allerdings hat das Blankett zunächst nicht nur Zustimmung gefunden. So hat zum Beispiel das *Berliner Obertribunal*[44] die Auffassung vertreten, dass eine Unterschrift immer einen Text, eine Urkunde voraussetze. Ein leeres Blatt Papier könne diese Voraussetzungen nicht erfüllen. Umstritten war die Zulässigkeit insbesondere im Hinblick auf die Formvorschrift

---

[39] Vgl. dazu P. Fischer, Diss., S. 28; zur Beschreibung von offener und verdeckter Blankettlage auch Canaris, Vertrauenshaftung, S. 54 und 64; G. Müller, AcP 181, S. 515 (521); Eckardt, Jura 1997, S. 189 (190).

[40] Zur Unterscheidung siehe Canaris, Vertrauenshaftung, S. 54 ff. und 64; sowie Pawlowski, JZ 1997, S. 309 (311).

[41] Nischik, Diss., S. 8; K. H. Müller, Diss. S. 14; auch Eckardt, Jura 1997, S. 189 (190) weist auf die vielgestaltigen Erscheinungsformen und Verwendungsarten in der Praxis hin.

[42] Vgl. dazu Bornemann, Diss., S. 9; Lehmann, Die Unterschrift, S. 114, 115; P. Fischer, Diss., S. 35 f.; G. Fischer, Diss., S. 26; RGZ 14, S. 297 (300); 17, S. 115 (116, 117); 27, S. 378 (379); 105, S. 183 (185); 138, S. 165 ff (269); BGHZ 40, S. 65 (68).

[43] Bornemann, Diss., S. 9; P. Fischer, Diss., S. 35; K.H. Müller, Diss., S. 14; allgemein zur Entstehung von Gewohnheitsrecht: Larenz/Canaris, Methodenlehre, 3. Auflage, S. 258.

[44] Seufferts Archiv 18, S. 357.

des § 126 BGB, vormals § 92 im Ersten Entwurf zum BGB[45]. Auch im Schrifttum stieß das Blankett auf Widerspruch. Dies wurde damit begründet, dass ein leeres Blatt Papier keine Urkunde sein könnte: Der Abschlusscharakter der Unterschrift setze voraus, dass zur Zeit der Niederschrift etwas da sei, das unterschrieben werden könne[46]. Dabei berief man sich auf den Wortlaut des § 92 des Ersten Entwurfs zum BGB. Das Gesetz sage nicht, dass die Urkunde durch Namensunterschrift unterzeichnet *sein* müsse, sondern dass sie durch Namensunterschrift unterzeichnet *werden* müsse. Diese Redaktion sei eine wohlüberlegte[47]. Letztlich konnten diese Einwände nicht überzeugen[48]. Bereits die Motive[49] sprechen gegen eine solche am Wortlaut orientierte Interpretation der Formvorschrift. Zwar findet das Blankett in den Motiven zum Ersten Entwurf nur kurze Erwähnung im Zusammenhang mit der Formvorschrift des § 126 BGB. Dort heißt es aber: „ob die Unterschrift zeitlich der Sonderschrift des Textes nachfolgt oder vorausgeht (Blankett), ist für die Frage der Formrichtigkeit ohne Belang. Die Unterschrift muss endlich vom Erklärenden eigenhändig bewirkt sein"[50]. Die Argumentation *Riezlers* hat neuerdings *Benedict*[51] wieder aufgegriffen. Bereits der Wortlaut spreche dafür, dass die Unterzeichnung erst zu erfolgen habe, wenn der Erklärungstext niedergeschrieben sei[52]. Dass die Motive gegen eine solche Auslegung sprechen, wird mit dem Argument abgetan, dass es sich dabei nur um die ebenfalls kritisch zu würdigende Privatmeinung des Verfassers der Motive handele[53]. Dagegen ist jedoch einzuwenden, dass schon das Reichsgericht vor Inkrafttreten des BGB die Ansicht vertreten hat, dass für die Wahrung der Schriftform die zeitliche Reihen-

---

[45] Vgl. RGZ 27, S. 269 (272); pro Gültigkeit: RGZ 57, S. 66 (68); 62, S. 383; 71, S. 113 (116); 78, S. 31; für Nichtigkeit: Riezler, AcP 95, S. 357 (359); Vgl. dazu Enneccerus/Nipperdey, BGB AT, 2. Halbband, § 155, 2c, S. 962, Fn. 8, m.N.

[46] Riezler, AcP 95, S. 357 (359); RGZ 71, S. 113 (116);

[47] Riezler, AcP 95, S. 357 (359).

[48] RGZ 57, S. 66 ff; 62, S. 379 ff (383); 71, S. 113 (116); Siegel, Diss., S. 38; ders., AcP 111, S. 1 (95 ff); Feldmann, Diss., S. 11-13; P. Fischer, Diss., S. 36; auch Lehmann, Die Unterschrift, S. 115.

[49] Motive I, S. 185.

[50] Motive I, S. 185.

[51] Benedict, Jura 1999, S. 78 (80 ff).

[52] Benedict, Jura 1999, S. 78 (80).

[53] So Benedict, a.a.O., S. 78 (81).

folge von Unterschrift und Textniederschrift ohne Bedeutung ist[54]. Zudem hat der Gesetzgeber bei der Entstehung des BGB keine Bestrebungen erkennen lassen, die Blanketterklärung als Rechtsinstitut aus dem Rechtsverkehr zu verbannen[55], und die nur oberflächliche Erwähnung des Blanketts in den Motiven[56] macht vielmehr sogar deutlich, dass er das Blankett als zum Gewohnheitsrecht gewordene Rechtsüberzeugung der Gerichte und der an der Bildung der Rechtsüberzeugung beteiligten Kreise akzeptiert hat[57]. Einen abweichenden Standpunkt hätte der Gesetzgeber durch ausdrückliche Distanzierung von der bisherigen Übung durch die Gerichte erkennbar machen müssen[58]. Dass dies nicht geschehen ist, bestätigt die Annahme, dass er keinen ersichtlichen Grund hatte, das Blankett als Institut schon wegen der Formvorschrift des § 126 BGB zu verwerfen.

Selbst die etymologische Auslegung des § 126 BGB ermöglicht entgegen der Ansicht *Benedicts* keine Rückschlüsse auf die zeitliche Reihenfolge der Urkundsentstehung. *Benedict* argumentiert, Urkunde bedeute „ursprüngliche Kundgabe". Damit sei nachträgliches Ausfüllen durch einen anderen schon begrifflich ausgeschlossen[59]. Unklar bleibt dabei, wieso das Unterschreiben vor oder nach der Textniederschrift dem „ursprünglichen Kundgabecharakter" entgegenstehen soll. Schließlich ist die Schriftform immer erst gewahrt, wenn der Text niedergeschrieben und unterschrieben ist, also beide Tatbestandselemente vorhanden sind. Was von beiden Tatbestandselementen zuerst vorhanden ist, ist für den Formtatbestand damit belanglos.

Auch die Wörter „Namensunterschrift" und „Unterzeichnen" implizierten, so meint *Benedict*, dass bereits ein Text vorhanden sein müsse[60]. Unterzeichnen bedeute, „mit seiner Unterschrift den Inhalt eines Schriftstücks bestätigen". Doch auch die vorausgegangene Unterzeichnung hat bestätigenden Charakter, weil sie durch

---

[54] Vgl. RGZ 57, S. 66 (67).

[55] So auch Lehmann, Die Unterschrift, S. 114 f.; Feldmann, Diss., S. 11.

[56] Motive I, S. 185.

[57] Vgl. bereits Bornemann, Diss., S. 9; H. Lehmann, Die Unterschrift, S. 115.

[58] Feldmann, Diss., S. 11.

[59] Benedict, Jura 1999, S. 78 (80).

ihre räumliche Stellung unter der Textniederschrift ihren bestätigenden Charakter entfaltet. Auch hier ist die Textniederschrift „voraus gesetzt". Die Bezeichnung als Unterschrift hat somit nur Bedeutung für deren räumliche Stellung.

Hinzu kommt, dass eine Verwerfung auch aus rechtspolitischer Sicht falsch gewesen wäre. Denn es ist insbesondere für den Empfänger einer Willenserklärung, die aus einem Blankett entstanden ist, nicht in allen Fällen möglich, ein solches Verbot zu beobachten[61]. Es wäre also einzig zu Lasten des Erklärungsempfängers gegangen, hätte man die Blanketterklärung für unzulässig erklärt[62].

Erst recht musste man dann aber auch die verdeckte Blankettausfüllung akzeptieren. Diese „fehlerhaften" Blanketterklärungen mussten als mit der allgemeinen Zulassung des Blanketts notwendig verknüpftes Übel hingenommen und die so entstehenden Rechtsunsicherheiten auf anderer Ebene behoben und gegebenenfalls sanktioniert werden. Hierfür kommen die culpa in contrahendo, § 826 BGB und letztlich eine Korrektur nach dem Prinzip des § 242 BGB in Betracht. Auch die Rechtsscheinhaftung wurde zur Korrektur herangezogen[63].

Die Blanketterklärung ließ sich schließlich aus dem Rechtsverkehr auch nicht mehr wegdenken. Beispielsweise war und ist der Wechselverkehr ohne Blankett nicht denkbar[64]. In der Folgezeit fand das Blankett im Scheck- und Wechselrecht (Art 10 WG und § 13 SchG) sogar positivrechtlichen Niederschlag. Für das bürgerliche Recht hat sich die Ansicht durchgesetzt, dass die Unterschrift auch als Blankounterschrift vor der Ausfüllung der Urkunde auf diese gesetzt werden kann. Bei späterer Ausfüllung des Blanketts durch den Aussteller oder einen Dritten oberhalb der Unterschrift werde für die Erklärung die Schriftform gewahrt[65]. Die Wil-

---

[60] Benedict, Jura 1999, S. 78 (80).

[61] Vgl. Lehmann, Die Unterschrift, S. 115.

[62] Vgl. Lehmann, Die Unterschrift, S. 115.

[63] So beispielsweise in BGHZ 40, S. 65 ff. auf die Fälle der missbräuchlich ausgefüllten Blanketterklärungen; siehe dazu auch Feldmann, Diss., S. 35 ff, m.N.

[64] Vgl. Lehmann, Die Unterschrift, S. 114 f.; P. Fischer, Diss., S. 29, 34.

[65] Flume, Das Rechtsgeschäft, S. 253; MüKo (Förschler), 3. Aufl., § 126, Rz. 18; Enneccerus/Nipperdey, BGB AT, 2. Halbband, § 155, 2 c, S. 962; Larenz/Wolf, AT, § 27, Rz. 27; Staudinger (Dilcher), § 126, Rz. 13; BGH NJW 1991, S. 487 (488); BGHZ 22, S. 128 (132);

lenserklärung entstehe dann mit der Eintragung des Textes[66]. Dies gelte auch dann, wenn die Blankounterschrift datiert sei und so der Eindruck entstehe, der vorangehende Text stamme ebenfalls von diesem Zeitpunkt[67].

Im Ergebnis ist festzuhalten, dass es sich allgemeiner Zustimmung erfreut und zudem historisch begründet ist[68], dass eine Willenserklärung durch Ausfüllung eines Blanketts entstehen kann.

III. Das Problem der Bestimmung der Rechtsnatur

Wie eine solche Willenserklärung dogmatisch einzuordnen ist, ist allerdings umstritten[69]. Denn der Gesetzgeber hat von einer ausdrücklichen Regelung der Blanketterklärung, ihrer Ausfüllung durch den Blankettnehmer und der Formwirksamkeit der Erklärung im BGB abgesehen. Folglich geriet das Institut immer wieder in die Kritik. Nicht nur die Formwirksamkeit, sondern auch die dogmatische Einordnung der Blanketterklärung ist problematisch. Nach *Eckardt*[70] muss die Klärung der Formfrage bei der Rechtsnatur der Ausfüllungsbefugnis ansetzen und damit natürlich bei der Rechtsnatur des Blankettierens. Zur dogmatischen Einordnung wurden viele Theorien entwickelt. Davon erhoben manche nur einen Geltungsanspruch für einzelne Blankettarten, andere sollten für sämtliche Arten gelten. So gibt es die Offertentheorie, die Mandatstheorie[71], die Vorvertragstheorie und die Bedingungstheorie für das Wechselblankett, die Theorie von der perfekten Erklä-

---

LG Dortmund MDR 1962, S. 402; RGZ 57, S. 66 (69); 63, S. 230 (234); 71, S. 113 (116); 78, S. 26 (29,31).

66 Larenz/Wolf, AT, § 27, Rz. 27; MüKo (Förschler), 3. Aufl., § 126, Rz. 18; MüKo (Einsele), 4. Aufl., § 126, Rz. 11; BGHZ 22, S. 128 (132); OLG Hamm WM 1984, S. 829.

67 BGHZ 22, S. 128 (132).

68 Vgl. Motive I S. 185.

69 Vgl. auch F. Möller, WM 1965, S. 94 ff. (95); Benedict, Jura 1999, S. 78 (79); G. Müller, AcP 181, S. 515 (516).

70 Vgl. Eckardt, Jura 1997, S. 189 (190 ff).

71 Zu dieser veralteten Theorie vgl. den Überblick bei Feldmann, Diss., S. 14 m.N.

rung für die Blankozession und andere[72]. Diesen Ansätzen fehlt es jedoch an einer am geltenden Recht orientierten Qualifizierung der Rechtsstellung des Blankettnehmers[73]. Letztlich von Interesse sind deshalb die Theorien, die sich an die im Gesetz geregelten oder gewohnheitsrechtlich anerkannten Formen der Arbeitsteilung[74] anlehnen. Dies sind die Botentheorie, die Vollmachtstheorie und die Ermächtigungstheorie, die unten näher untersucht werden[75].

In Schrifttum[76] und Rechtsprechung[77] wird überwiegend die Auffassung vertreten, dass die Befugnis zur Ausfüllung des Blanketts eine „Ermächtigung" durch den Blankettgeber (Aussteller) voraussetzt. Dabei wird der Begriff der Ermächtigung eher untechnisch verstanden und daher mit einem recht unklaren Inhalt versehen[78]. Danach wird der Blankettnehmer durch Aushändigung der Blankourkunde legitimiert, die Erklärung durch Ausfüllung der Urkunde für deren Aussteller abzugeben[79]. Es heißt aber, dass die Ausfüllungsermächtigung nicht als Vertretungsmacht nach § 164 ff. BGB oder als Einwilligung im Sinne der §§ 182, 183 BGB qualifiziert werden kann, weil die Vervollständigung des Blanketts nicht als Rechtsgeschäft, sondern als Realakt angesehen wird[80]. Der Blankettnehmer wird also mangels der rechtsgeschäftlichen Qualität der Ausfüllungshandlung weder als

---

72 Ausführungen zu den veralteten Theorien finden sich zudem bei Bornemann, Diss., S. 14, 15, 16; Feldmann, Diss., S. 14-17; G. Fischer, Diss., S. 5-7; Beuthien zur Bedingungstheorie, BB 1966, S. 603 (605, Ergebnis: S. 607) m.w.N. auf Vertreter der Bedingungstheorie.

73 Feldmann, Diss., S. 15.

74 Vgl. P. Fischer, Diss., S. 82, G. Fischer, Diss., S. 9; G. Fischer, JuS 1998, S. 205 (119 f.); W. Müller-Freienfels, Die Vertretung S. 53, 96, 97.

75 Auch G. Müller, AcP 181, S. 515 (518 ff) setzt sich im Rahmen des „Streits um die dogmatische Einordnung der Blankettausfüllung" nur noch mit diesen theoretischen Ansätzen auseinander.

76 Vgl. Palandt (Sprau), § 766, Rz. 2; Staudinger (Horn), § 766, Rz. 44 ff.; P. Fischer, Diss., S. 151-153; Reinicke, DB 1958, S. 390 ff. (390).

77 Vgl. BGHZ 132, S. 119 (123); RGZ 105, S. 183 (185); BGH NJW 1968, S. 1131 (1132); BGH NJW 1984, S. 798 (798); BGHZ 22, S. 128 ff. (131);

78 Vgl. v. Tuhr, AT des BGB, Bd. II, 1, § 61, S. 415; Staudinger (Horn), § 766, Rz. 44; G. Fischer, Diss., S. 7, 20; P. Fischer, Diss., S. 153; F. Möller meint, es sei ungenau und unkorrekt, das Ausfüllungsrecht als Ermächtigung zu bezeichnen, vgl. F. Möller, WM 1965, S. 94 ff. (95); G. Müller, AcP 181, S. 515 (520).

79 Vgl. Flume, Das Rechtsgeschäft, § 15 II 1 d, S. 253; ähnlich, Staudinger (Horn), § 766, Rz. 44.

80 Vgl. MüKo (Schramm), 4. Aufl., § 172, Rz. 14, G. Fischer, Diss., S. 7; Staudinger (Horn), § 766, Rz. 44; P. Fischer, Diss., S. 151; G. Fischer, Diss., S. 20

Bevollmächtigter noch als Ermächtigter des Blankettgebers eingestuft[81]. Trotzdem werden immer wieder die Ähnlichkeiten mit der Bevollmächtigung[82] hervorgehoben: Es handele sich um eine funktionale Übereinstimmung[83]. Denn dem Blankettnehmer werde wie einem Bevollmächtigten die Befugnis erteilt, nach seinem Dafürhalten und seiner Entschließung Rechtsfolgen für den Aussteller der Urkunde herbeizuführen[84]. Er unterscheide sich aber vom Bevollmächtigten, weil er selbst im Falle der offenen Blankettlage nicht im Namen des Ausfüllers handele[85]. Ebensowenig wie der Blankettnehmer Stellvertreter oder Ermächtigter des Blankozeichners sein soll, komme eine Botenstellung des Blankettnehmers in Betracht, auch wenn es gerade in den Fällen verdeckter Blankettausfüllung für den Erklärungsempfänger so erscheinen möge[86]. Denn der Annahme, der Blankettnehmer handele als Bote, stehe wiederum entgegen, dass damit dessen Entschließungsfreiheit im Hinblick auf die Herbeiführung der Rechtsfolgen mit Wirkung für und gegen den Blankettgeber nicht ausreichend berücksichtigt werde[87].

Nach der herrschenden Lehre vervollständigt oder „perfiziert" der Blankettnehmer lediglich die vom Blankettgeber als Aussteller herrührende Erklärung[88], obwohl auch letzterer nicht rechtsgeschäftlich handele[89]. Dass man letztlich die vollständi-

---

[81] Vgl. G. Fischer, Diss., S. 14 ff, 19 ff; MüKo (Schramm), 4. Aufl., § 185, Rz. 54; Staudinger (Schilken), Vorbem. zu §§ 164 ff., Rz. 72; a.A. Regelsberger, Pandekten I § 163, der auch tatsächliche Eingriffe in fremde Rechte als Ermächtigung betrachtet.

[82] Vgl. Larenz/Wolf, AT, 8. Aufl., § 48, Rz. 34; Staudinger (Horn), § 766, Rz. 44; BGHZ 132, S. 119 (123); Canaris, Vertrauenshaftung, S. 54 (55, 56); G. Müller, AcP 181, S. 515 (521 ff); G. Fischer, JuS 1998, S. 205 (207).

[83] Vgl. G. Fischer, JuS 1998, S. 205 (207).

[84] Vgl. Larenz/Wolf, a.a.O., § 48, Rz. 34; Canaris, Vertrauenshaftung, S. 56.

[85] Vgl. G. Fischer, Diss., S. 14; Canaris, Vertrauenshaftung, S. 56; K. Feldmann, Diss., S. 19; Pawlowski, JZ 1997, S. 309 (309).

[86] Vgl. Larenz/Wolf, a.a.O., § 48, Rz. 34; so aber K.H. Müller, Diss., S. 56; H. Nischik, Diss., S. 30 f.; F. Möller qualifiziert den Blankettnehmer als äußeren Erklärungsgehilfen: vgl. WM 1965, S. 94 ff. (97); G. Müller, AcP 181, S. 515 (519).

[87] Vgl. auch Pawlowski, JZ 1997, S. 309 (310); G. Müller, AcP 181, S. 515 (519).

[88] Vgl. Canaris, Vertrauenshaftung S. 55, 56 für das offene Blankett; Larenz/Wolf, AT, § 48, Rz. 34; v. Tuhr, AT II, 1, § 61, S. 415; Enneccerus/Nipperdey, BGB AT, Zweiter Halbband, § 155 I 2 c, S. 962: „Eine in blanko ausgestellte Urkunde wird durch die Ausfüllung zu einer Willenserklärung des Ausstellers (nicht des Ausfüllenden)"...; Flume, Das Rechtsgeschäft, § 15 1 d, S. 253.

[89] Pawlowski, JZ 1997, S. 309; bei offener Ausfüllung keine Willenserklärung des Ausstellers: Canaris, Vertrauenshaftung, S. 55; P. Fischer, Diss., S. 88, 89 f..

ge Erklärung doch als eigene Erklärung des Blankettgebers ansieht[90], beruht auf der Bedeutung der Unterschrift: Durch diese gebe der Aussteller zu erkennen, dass es sich um seine eigene Erklärung handele und als solche müsse er sie auch gegen sich gelten lassen[91]. Die Ausfüllungshandlung des Blankettnehmers wird also nur als inhaltliche Ausgestaltung einer Erklärung verstanden, die wegen der Unterschrift des Blankozeichners als dessen eigene gilt.

Es wird deutlich, dass die herrschende Meinung all diese Schlüsse aus der Existenz der Unterschrift des Blankozeichners auf der Urkunde zieht[92]. Sie zieht damit ein der Formvorschrift des § 126 BGB entstammendes Tatbestandsmerkmal, nämlich die eigenhändige Unterzeichnung durch den Aussteller heran, und schließt aus seiner Bedeutung im Formtatbestand auf die Rechtsnatur des Handelns von Blankettnehmer und Blankettgeber, ohne zu fragen, welche Bedeutung die Unterschrift im materiellen Erklärungstatbestand hat. Ob dieser Interpretation zuzustimmen ist, ist fraglich. Jedenfalls ist für die Bestimmung der Rechtsnatur die Bedeutung der Unterschrift und die der Blankounterschrift im objektiven Erklärungstatbestand schriftlicher Willenserklärungen von entscheidender Wichtigkeit.

VI. Das Problem der Formwirksamkeit

Im Mittelpunkt der Diskussion stand immer wieder die Formwirksamkeit von Blanketterklärungen im Hinblick auf die Formzwecke[93]. Grundsätzlich wahrt die Blankounterschrift die Schriftform des § 126 BGB, wenn das Blankett später durch ei-

---

[90] So RGZ 105, S. 183 (184). Hier wurde das von einem Dritten ausgefüllte Blankett noch als eigene Willenserklärung des Bürgen behandelt. Vgl. auch Larenz/Wolf, AT, § 48, Rz. 34; MüKo (Schramm), 4. Aufl., § 172, Rz. 14; Soergel (Leptien), § 172, Rz. 6.

[91] Vgl. Larenz/Wolf, AT, § 48, Rz. 34, unter Verweis auf die herrschende Lehre, v. Tuhr, II 1 § 61, S. 415; MüKo (Schramm), 4. Aufl., § 172, Rz. 14; RGZ 62, S. 172 (175); auch Lehmann, Die Unterschrift, S. 28 f.. Fischer, Diss., S. 14.

[92] Vgl. Larenz/Wolf, AT, § 48, Rz. 34; v. Tuhr, AT II, 1, § 61, S. 415; Flume, Das Rechtsgeschäft, § 15 II 1 d, S. 253; MüKo (Schramm) 4. Aufl., § 172, Rz. 14; G. Fischer, Diss., S. 14.

[93] So schon Riezler, AcP 95, S. 362 f.; später wieder Häsemeyer, Die gesetzliche Form, S. 166 ff; vgl. auch die Ausführungen bei P. Fischer, Diss., S. 35 m.N.; Feldmann, Diss., S. 10 ff; G. Fischer, Diss., S. 26 ff.

nen vom Aussteller dazu „Ermächtigten" ausgefüllt und vervollständigt wird[94]. Es wurde aber auch vertreten, dass Blankounterschriften nur dann wirksam seien, wenn eine entsprechende Vollmacht nicht der Form bedürfe[95]. Das Blankett sollte also dann unzulässig sein, wenn die Formzwecke auch eine schriftliche Vollmachterteilung erforderten. Dies sind diejenigen Fälle, in denen § 167 II BGB mit Rücksicht auf die Formzwecke dahingehend teleologisch zu reduzieren ist, dass die Vollmacht entgegen dieser Vorschrift ebenso der Form bedarf, wie das Geschäft, auf das sich die Vollmacht bezieht[96]. Diese Ansicht konnte sich zunächst nicht durchsetzen, fand jedoch im Laufe der Jahre immer mehr Anhänger. Heute entspricht es der herrschenden Meinung, dass sich aus dem Schutzzweck der Formvorschrift ergeben kann, dass die „Ermächtigung" oder „Bevollmächtigung" zur Ausfüllung eines Blanketts der Form bedarf. Im Jahre 1996[97] schloß sich letztlich auch der BGH unter Änderung seiner bisherigen Rechtsprechung dieser Auffassung an. Aus dem Schutzzweck der Formvorschrift des § 766 BGB ergebe sich, dass die Ermächtigung zur Ausfüllung des Blanketts formbedürftig sei[98]. Die Blankounterschrift des Bürgen werde nicht durch eine aufgrund mündlicher Ermächtigung oder Bevollmächtigung vorgenommene Ergänzung der Urkunde zu einer nach § 766 S. 1 BGB formwirksamen Bürgschaft. Vielmehr bedürfe die Vollmacht oder Ermächtigung zur Ausfüllung selbst der Form, die für das Rechtsgeschäft gelte. Denn § 167 II BGB, wonach die Vollmachterteilung nicht der Form bedarf, die für das Rechtsgeschäft bestimmt ist (§ 766 S. 1 BGB), werde einschränkend ausgelegt, wenn nur so die gesetzliche Schriftform des § 766 S. 1

---

94 Vgl. RGZ 57, S. 66 (67); BGHZ 22, S. 128 (132); BGH NJW 1962, S. 1102 f.; BGH NJW 1968, S. 1131 (1132); BGH NJW 1984, S. 798 (798); BGH NJW 1992, S. 1448 (1449); Flume, Das Rechtsgeschäft, § 15 II 1 d, S. 253; G. Fischer, Diss., S. 26 ff; Palandt (Heinrichs), § 126, Rz. 6; MüKo (Förschler), 3. Aufl., § 126, Rz. 18; MüKo (Einsele), 4. Aufl., § 126, Rz. 11; G. Fischer, JuS 1998, S. 205 ff; a. A. neuerdings: Benedict, Jura 1999, S. 78 ff.

95 Müller-Freienfels, Die Vertretung, im Zusammenhang mit der Vollmacht zur Abgabe einer Bürgschaftserklärung, S. 290, 291; ähnlich Flume, Das Rechtsgeschäft, § 52, S. 861 f.; für Blankette auch schon Riezler, AcP 95, S. 357 (363); Häsemeyer, Die gesetzliche Form, S. 191, Fn. 151.

96 Vgl. Flume, Das Rechtsgeschäft, § 52, S. 862.

97 BGHZ 132, S. 119 ff; kritisch: Pawlowski, JZ 1997, S. 309.

98 BGHZ 132, S. 119 (122 f.).

BGB ihre Warnaufgabe dem Bürgen gegenüber erfüllen könne[99]. Auch für die Klärung der Formfrage kommt es demnach entscheidend auf die Bedeutung der Unterschrift und der Blankounterschrift im Formtatbestand an.

Die grundsätzliche Formgültigkeit der Blanketterklärung mag mittlerweile als weitgehend gewohnheitsrechtlich anerkannt gelten[100]. Dennoch ist es für die Beantwortung der Frage nach der Rollenverteilung unter den an der Blanketterklärung Beteiligten und damit letztlich für die Frage, ob dem Blankettgeber die formnichtige Blankettverpflichtung in Analogie zu § 172 II BGB zugerechnet werden kann, unerläßlich zu wissen, wie die Formerfordernisse des § 126 BGB beim Blankett erfüllt werden und welche Bedeutung die Unterschrift sowie die Blankounterschrift im objektiven Erklärungstatbestand haben[101]. Im Mittelpunkt der folgenden Diskussion steht daher die Unterschrift.

---

[99] Vgl. BGHZ 132, S. 119 (124); Häsemeyer, Die gesetzliche Form, S. 191, Fn. 151 hat bereits 1971 die Ansicht vertreten, dass Blankounterschriften nur wirksam seien, soweit eine entsprechende Vollmacht nicht der Form bedürfe.

[100] Vgl. auch G. Fischer, JuS 1998, S. 205 (205).

[101] So ist wohl auch Eckardt, Jura 1997, S. 189 (190 ff), insb. S. 191 b.) zu verstehen.

B. Die Bedeutung der Unterschrift und die der Blankounterschrift für die Wahrung der gesetzlichen Schriftform (§ 126 BGB)

Gemäß § 126 BGB wird die Schriftform allein durch die eigenhändige Unterschrift gewahrt. Fraglich ist, *wie* sie die Erfordernisse der Formvorschrift erfüllt. Anschließend ist zu prüfen, ob und wie die Blankounterschrift diese Erfordernisse erfüllt.

I. Die Bedeutung der Unterschrift im Tatbestand des § 126 BGB

1.) Die Formerfordernisse und die Zwecke des § 126 BGB

Fraglich ist, welche Funktionen die Unterschrift im Rahmen des § 126 BGB unabhängig davon erfüllt, ob eine Blanketterklärung vorliegt. Die Formvorschrift des § 126 BGB schreibt lediglich vor, dass die Urkunde vom Aussteller eigenhändig durch Namensunterschrift oder mittels notariell beglaubigten Handzeichens unterzeichnet sein muss. Die Unterzeichnung muss durch den Aussteller erfolgen und Aussteller im Sinne des § 126 BGB ist derjenige, welcher die unterzeichnete Erklärung abgibt[102]. Ohne Belang ist es, ob es sich bei der Urkunde um eine hand- oder maschinengeschriebene, gedruckte oder sonstwie gefertigte Urkunde handelt[103]. Die in der Urkunde enthaltene rechtsgeschäftliche Erklärung muss in Schriftzeichen dargestellt sein[104]. Außerdem muss die Unterschrift die Urkunde räumlich abschließen, also unterhalb des Textes stehen und die urkundliche Erklärung vollenden[105]. Die Unterzeichnung muss durch Namensunterschrift erfolgen. Ob damit die Identität des Ausstellers der Urkunde erkennbar gemacht werden

---

[102] Flume, Das Rechtsgeschäft, § 15 II 1 a, S. 250 ff; MüKo (Förschler), 3. Aufl., § 126, Rz. 20; MüKo (Einsele), 4. Aufl., § 126, Rz. 12; Larenz/Wolf, AT, § 27, Rz. 20

[103] Flume, Das Rechtsgeschäft, § 15 II 1 a, S. 250 ff; MüKo (Förschler), 3. Aufl., § 126, Rz. 22; MüKo (Einsele), 4. Aufl., § 126, Rz. 5; Larenz/Wolf, AT, § 27, Rz. 23; das gilt nicht für § 2247 BGB.

[104] MüKo (Förschler), 3. Aufl., § 126, Rz. 7.

[105] Flume, Das Rechtsgeschäft, § 15 II 1 a, S. 250; MüKo (Förschler), 3. Aufl., § 126, Rz. 17; MüKo (Einsele), 4. Aufl., § 126, Rz. 9; Motive I, S. 185; RGZ 110, S. 166 (168); 52, S. 280; 57, S. 66 (67); BGH NJW 1991, S. 487 (488); BGH DB 1990, S. 877; einschränkend Köhler, JZ 1991, S. 408 (409 f.).

soll, um die Authentizität der Erklärung zu sichern, ist streitig[106]. Der Name ist in diesem Sinne das, worunter die Person allgemein im geschäftlichen Verkehr auftritt. Abkürzungen genügen der gesetzlichen Schriftform nicht[107].

Mit den Erfordernissen, die § 126 BGB für die Wirksamkeit schriftlicher Erklärungen aufstellt, wird seine Funktion im System des BGB deutlich: Der Gesetzgeber wollte der Partei den Weg weisen, wie sie sich wirksam schriftlich erklären kann[108]. Denn die Vorschrift gibt (zwingend) vor, was die Partei tun muss, um sich formwirksam zu erklären: Sie muss das Erklärte eigenhändig mit dem Namen, mit dem sie im rechtsgeschäftlichen Verkehr auftritt, unterschreiben. Das bedeutet nun aber auch, dass alle Zwecke, die der Gesetzgeber mit § 126 BGB erfüllt wissen wollte, auch mit der Eigenhändigkeit der Namensunterschrift erfüllbar sein müssen. Schließlich hat der Gesetzgeber an ihnen die Anforderungen der Formvorschrift ausgerichtet[109].

2. Die Zwecke des § 126 BGB und ihre Erfüllung durch die eigenhändige Namensunterschrift

Die mit dem einfachen Formgebot verfolgten Ziele (Formzwecke) des § 126 BGB sind unterschiedlicher Natur. So dient das Erfordernis der Eigenhändigkeit der Namensunterschrift zum einen dem Zweck, die Vollständigkeit der Urkunde zweifelsfrei festzuhalten. Sie zeigt an, dass die Bildung des Erklärungswillens zum Abschluss gekommen ist[110]. Nach Auffassung der Gesetzesverfasser erfüllt das Schriftstück seine formale Vollendung durch die Unterschrift des Ausstellers. „Durch ihre Beifügung wird bekundet, dass das Niedergeschriebene die zum Ab-

---

[106] Dafür: Flume, Das Rechtsgeschäft, § 15 II 1 a, S. 251; Lehmann, Die Unterschrift, S. 55, 56 ff.; MüKo (Förschler), 3. Aufl., § 126, Rz. 24; MüKo (Einsele), 4. Aufl., § 126, Rz. 17; a.A. Häsemeyer, JuS 1980, S. 1 (2).

[107] Vgl. Flume, Das Rechtsgeschäft, § 15 II 1 a, S. 251.

[108] Vgl. Lehmann, Die Unterschrift, S. 114.

[109] Vgl. Häsemeyer, JuS 1980, S. 1 (2).

[110] Vgl. Holzhauer, Die eigenhändige Unterschrift, S. 205.

schluss gelangte erschöpfende Erklärung des Unterzeichners ist...“[111]. Somit hat die unterschriebene Urkunde eine Vermutung für sich, den Erklärungsinhalt vollständig zu enthalten Dies wird als Funktion der Abschlussklarheit bezeichnet[112]. Mit ihr hebt sich die Erklärung vom bloßen Entwurf ab[113].

Das Eigenhändigkeitserfordernis der Namensunterschrift hat außerdem Klarstellungsfunktion (Funktion der Inhaltsklarheit)[114]. Der schriftliche Text stellt klar, was der maßgebende Erklärungsinhalt sein soll.

Zudem hat die Schriftform den Zweck, den Erklärenden vor Übereilung zu schützen (Funktion des Übereilungsschutzes)[115]. Diesen letztgenannten Zweck erfüllt die eigenhändige Namensunterschrift des Ausstellers, die § 126 BGB verlangt, aber nur bedingt. Zwar heißt es, dass der Aufwand um die Erfüllung der Form Anlaß und zeitlichen Aufschub zum Überdenken der Erklärungsbedeutung gebe[116]. Dem ist auch zuzustimmen, aber eben nur eingeschränkt, nämlich insoweit, als dieser Zweck allein durch die eigenhändige Unterzeichnung erfüllt werden kann. Denn § 126 BGB verlangt ja nach einhelliger Auffassung gerade nicht die eigenhändige Erklärungsniederschrift[117], sondern eben nur die eigenhändige Namensunterschrift. Es ist also durchaus zulässig, sich einer Schreibhilfe zu bedienen und den von fremder Hand niedergeschriebenen Text anschließend zu unterschreiben[118]. Der Aufwand eigenhändiger Unterzeichnung mit dem Namen vergegenwärtigt also nur in gewisser Weise die eingegangene oder einzugehende Bindung und zwar insoweit, als der Zweck, vor der besonderen Gefährlichkeit eines Geschäfts zu warnen, durch die eigenhändige Namensunterschrift erbracht werden

---

[111] „Es bedarf keiner weiteren Rechtfertigung, wenn der Entwurf die Unterzeichnung der Urkunde zur Vollendung der Form verlangt.“ : Vorentwürfe der Redaktoren zum BGB, § 13, S. 80 (100).

[112] Holzhauer, Die eigenhändige Unterschrift, S. 206; Larenz/Wolf, AT, § 27, Rz. 30.

[113] Köhler, AcP 182 (1982), S. 126 (147, 148).

[114] Vgl. MüKo (Förschler), 3. Aufl., § 126, Rz. 1; MüKo (Einsele), 4. Aufl., § 126, Rz. 1.

[115] Vgl. Holzhauer, S. 206; Larenz/Wolf, § 27, Rz. 30 spricht von einem „gewissen“ Schutz vor Übereilung.

[116] Vgl. Holzhauer, Die eigenhändige Unterschrift, S. 206.

[117] Siehe BGHZ 132, S. 119 (123).

kann. Somit lässt sich festhalten, dass die eigenhändige Unterschrift Abschlussfunktion hat, da sie die Erklärung räumlich abschließen, also das Ende der Textniederschrift markieren und so vom bloßen Entwurf abgrenzen soll[119]. Sie dient auch dazu, die Vollständigkeit der Urkunde zweifelsfrei festzuhalten[120]. Es handelt sich um einen rein formalen Zweck[121]. Nachträge auf der Urkunde, die der Unterschrift räumlich nachfolgen, werden durch die Unterzeichnung nicht gedeckt[122]. Deshalb genügt eine Oberschrift der Abschlussfunktion des § 126 BGB nicht[123]. Ergänzungen aber, die räumlich vor der Unterschrift stehen oder mittels eines entsprechenden Zeichens als von der Unterschrift mit umfasst angesehen werden können, werden von dieser gedeckt[124].

Zudem nimmt § 126 BGB bereits durch seine systematische Stellung im BGB nur die Aufgabe einer Rahmenvorschrift wahr[125]. Die Formvorschrift stellt auch keine Anforderungen an den Erklärungsinhalt. Diese ergeben sich jeweils aus den speziellen, für das einzelne formbedürftige Rechtsgeschäft geltenden Formvorschriften und dem Bestimmtheitsgrundsatz, z.B. §§ 765, 766 BGB für die Bürgschafterklärung. Es ist deshalb gerechtfertigt, hier nur von einem „gewissen" Übereilungsschutz zu sprechen[126].

---

118 Vgl. G. Fischer, Diss., S. 10; MüKo (Förschler), 3. Aufl., § 126, Rz. 1; MüKo (Einsele), 4. Aufl., § 126, Rz. 14.

119 Vgl. Motive I, S. 184; BGH NJW 1974, S. 1083 (1084); RGZ 110, S. 166 (168); OLG Köln NJW-RR 1989, S. 1336; MüKo (Förschler), 3. Aufl., § 126, Rz. 17; MüKo (Einsele), 4. Aufl., § 126, Rz. 9; Jauernig/Schlechtriem/Stürner/Teichmann/Vollkommer (Jauernig), § 126, Rz. 5; Köhler, AcP 182 (1982), S. 126 (147, 148).

120 Siehe oben und vgl. auch Holzhauer, Die eigenhändige Unterschrift, S. 205; Heldrich, AcP 147, S. 89, 97 (und zu den Zwecken des § 126: S. 120 f.).

121 Siehe Mugdan I, S. 454.

122 Flume, Das Rechtsgeschäft, § 15 II 1 a, S. 250 m.w.N.; MüKo (Förschler), 3. Aufl., § 126, Rz. 17; MüKo (Einsele), 4. Aufl., § 126, Rz. 9.

123 BGHZ 113, S. 48 (51); Vgl. MüKo (Förschler), 3. Aufl., § 126, Rz. 17; MüKo (Einsele), 4. Aufl., § 126, Rz. 9; Palandt (Heinrichs), § 126, Rz. 5; kritisch zum Erfordernis der Unterzeichnung unter dem Text: Köhler, Die Unterschrift als Rechtsproblem, in: Festschrift für H. Schippel zum 65. Geburtstag, 1996, S. 209 (219 f.)

124 Vgl. Flume, Das Rechtsgeschäft, § 15 II 1 a, S. 250; Palandt (Heinrichs), § 126, Rz. 5.

125 Auch dies verkennt Benedict, Jura 1999, S. 78 (81 f.).

126 So zu recht Larenz/Wolf, AT, § 27, Rz. 30.

Zu den Zwecken der Abschluss- und Inhaltsklarheit, sowie des abstrakten Übereilungsschutzes tritt schließlich noch der auf Abschluss und Inhalt des Rechtsgeschäfts bezogene Zweck der Beweissicherung (Beweissicherungsfunktion) hinzu[127]. Darunter wird sowohl die prozessuale wie außergerichtliche Eignung zur Beweissicherung, die zugleich die Klarstellung über Abschluss und Inhalt der Urkunde in sich birgt, sowie die Erkennbarkeit für Dritte begriffen[128]. Umstritten ist in diesem Zusammenhang, ob sich die Klarstellungs- und Beweissicherungsfunktion als Zweckrichtung der einfachen Schriftform nur auf den Inhalt einer Willenserklärung oder auch auf die Identität des Erklärenden bezieht. Teilweise wird die Ansicht vertreten, mit der eigenhändigen Unterschrift gebe der Aussteller zu erkennen, dass er die unterschriebene Erklärung für vollständig und rechtswirksam halte. Das Erfordernis der eigenhändigen Unterschrift sei deshalb allein inhaltsbezogen zu deuten[129]. Eine andere Deutung belaste die Schriftform des § 126 BGB mit einer Aufgabe, die sie nicht erfüllen könne. Denn im Gegensatz zur öffentlichen Beglaubigung nach § 129 BGB und zur notariellen Beurkundung nach § 128 BGB werde die Überprüfung des Ausstellers auf dessen Identität durch die einfache Schriftform des § 126 BGB gerade nicht gewährleistet[130]. Allerdings hat die Unterschrift nach gegenteiliger Auffassung auch Identitätsfunktion[131]. Die Klarstellung und Beweissicherung des Erklärungsinhalts beziehe sich auch auf die Person des Erklärenden: Indem § 126 BGB zur Erfüllung der Form die eigenhändige Unterschrift des Ausstellers fordere, erhalte die Geschäftsurkunde für die Bestimmung und den Beweis ihres Urhebers eine besondere Qualität und diene damit auch der Identifizierung des Ausstellers[132].

---

[127] Vgl. Larenz/Wolf, AT, § 27, Rz. 30; MüKo (Förschler), 3. Aufl., § 126, Rz. 1; MüKo (Einsele), 4. Aufl., § 126, Rz. 1; Jauernig/Schlechtriem/Stürner/Teichmann/Vollkommer (Jauernig), § 126; Rz. 2.

[128] Vgl. I. Scherer, Diss., S. 64; zur Beweissicherungsfunktion auch Holzhauer, Die eigenhändige Unterschrift, S. 206 f.

[129] Vgl. MüKo (Förschler), 3. Aufl., § 126, Rz. 1; Häsemeyer, JuS 1980, S. 1 (2); Larenz/Wolf, AT, § 27, Rz. 29.

[130] Vgl. Häsemeyer, JuS 1980, S. 1 (2); Larenz/Wolf, AT, § 27, Rz. 29.

[131] Vgl. Jauernig/Schlechtriem/Stürner/Teichmann/Vollkommer (Jauernig), § 126, Rz. 2; Köhler, AcP 182, S. 126 (147, 148); Holzhauer, Die eigenhändige Unterschrift, S. 206.

[132] Vgl. Holzhauer, Die eigenhändige Unterschrift, S. 206.

Dass der Gesetzgeber die Eigenhändigkeit der Namensunterschrift gerade für die einfache gesetzliche Schriftform des § 126 BGB fordert und damit das tauglichste Persönlichkeitszeichen in einer auf seinen Fertiger hindeutenden äußeren Gestalt verlangt[133], legt den Schluss nahe, dass sich die Klarstellungs- und Beweissicherungsfunktion auch auf die Identifizierung des Ausstellers bezieht. Das ist auch zutreffend. Natürlich hat die Unterschrift Individualisierungsfunktion[134]. Der Unterzeichnende individualisiert sich aber nicht durch die sprachliche Bedeutung des Schriftzuges, sondern durch die individuelle äußere Form des Schriftzuges.[135] Die Individualisierungsfunktion der Unterschrift als Brücke von der entäußerten Erklärung zum Aussteller folgt aus § 416 ZPO, der wiederum die Beweisbedeutung der Unterschrift für die Erklärung konkret regelt. Danach begründet die Privaturkunde, soweit sie vom Aussteller unterschrieben oder mittels notariellen Handzeichens unterzeichnet ist, vollen Beweis dafür, dass die in ihr enthaltene Erklärung vom Aussteller abgegeben ist. Dient folglich die einfache Schriftform dem Ziel der Beweissicherung des Erklärungsinhalts, so bezieht sich dies auch auf die Person des Erklärenden[136].

Das Erfordernis der Eigenhändigkeit der Unterschrift dient nach den Motiven[137] auch der Vereinfachung der Anerkennung der Echtheit der Urkunde. Dies ist wiederum ein rein prozessualer Zweck (§ 440 II ZPO). Damit hat die eigenhändige Unterschrift Echtheitsfunktion. Die eigenhändige Namensunterschrift soll dokumentieren, dass die Erklärung vom Unterschreibenden herrührt[138].

Letztlich dient die Eigenhändigkeit der Unterschrift auch dem Zweck der Anerkennung der Echtheit der Urkunde.

---

[133] So Lehmann, Die Unterschrift, S. 55, 56.

[134] Vgl. Staudinger (Dilcher), § 126, Rz. 26; BGH MDR 1985, S. 407 f.

[135] Vgl. Jauernig/Schlechtriem/Stürner/Teichmann/Vollkommer (Jauernig), § 126, Rz. 4; Staudinger (Dilcher), § 126, Rz. 26; BGH MDR 1985, S. 407 f.

[136] So auch Holzhauer, Die eigenhändige Unterschrift, S. 206. Dabei darf nicht verkannt werden und ist immer zu berücksichtigen, dass diese Vermutungen widerlegbar sind. Die Urkunde ist immer nur widerlegbarer Vollbeweis.

[137] Mugdan I, S. 454.

[138] Vgl. Larenz/Wolf, AT, § 27, Rz. 24, 27.

Damit stehen die Erfordernisse und Zwecke der einfachen Schriftform fest. Dies sind die Funktionen der Abschlussklarheit, der Inhaltsklarheit, der Echtheit und der Beweissicherung, sowie bedingt auch die Funktion des Übereilungsschutzes. Es geht nun darum zu klären, ob auch die Blankounterschrift die Formerfordernisse und Zwecke des § 126 BGB erfüllt. Es wird vertreten, dass bereits die Klarstellungs- und Beweisfunktion, sowie die Warnfunktion des § 126 BGB gegen die Zulässigkeit des Blanketts spreche[139].

II. Die Bedeutung der Blankounterschrift im Tatbestand des § 126 BGB

1.) Die Erfüllung der Formerfordernisse des § 126 BGB durch die Blankounterschrift

Um den Anforderungen des § 126 BGB zu genügen, müsste der Blankozeichner die Erklärung eigenhändig als *Aussteller* unterzeichnet haben. Wer Aussteller ist, verdeutlicht ein Blick auf § 92 I des Ersten Entwurfs zum BGB. Dort lautete die Vorschrift noch, dass die Willenserklärung eigenhändig vom Urheber zu unterzeichnen ist. Im Zweiten Entwurf wurde der „Urheber der Willenserklärung" durch den „Aussteller" ersetzt. Dies sollte aber keine sachliche Änderung sein[140]. Vielmehr sollte damit lediglich eine Angleichung an den Wortlaut des § 381 ZPO hergestellt werden[141]. Urheber der Willenserklärung ist der Erklärende und Erklärender im Sinne der Formvorschrift ist der jenige, der formal die Erklärung ausstellt. Schließlich muss die Unterschrift vom Aussteller eigenhändig beigefügt sein[142].

---

[139] Vgl. Benedict, Jura 1999, S. 78 (82 f.).

[140] Vgl. Holzhauer, Die eigenhändige Unterschrift, S. 123; Protokolle I, S. 187, bei Mugdan I, S. 697; RGZ 50, S. 51 (55,56); Lehmann, Die Unterschrift, S. 45, 46; G. Fischer, Diss., S. 27; Feldmann, Diss., S. 12 f; Siegel, Diss., S. 41; a. A. Riezler, AcP 95, S. 357 (358 f.)

[141] Vgl. Holzhauer, Die eigenhändige Unterschrift, S. 123; Mugdan I, S. 454.

[142] Vgl. Vorentwürfe der Redaktoren, Bd. 1, 1. Hbd, S. 81; Motive I, S. 185; MüKo (Förschler), 3. Aufl., § 126, Rz. 20; MüKo (Einsele), 4. Aufl., § 126, Rz. 14; Holzhauer, Die eigenhändige Unterschrift, S. 128; RGZ 76, S. 191 (193 f.); 96, S. 286 (288); zu beachten ist auch die Gleichstellung der digitalen Signatur mit der eigenhändigen Unterschrift nach dem Gesetz zur Anpassung der Formvorschriften; Vgl. dazu Hähnchen, NJW 2001, S. 2831 ff..

Der Blankozeichner wird demnach als Aussteller der in der Urkunde festgehaltenen Willenserklärung betrachtet, obwohl die Willenserklärung vom Ausfüllenden ganz oder teilweise niedergeschrieben wird und er auch regelmäßig wie ein Stellvertreter mit eigenem Entscheidungs- und Verhandlungsspielraum ausgestattet ist[143]. Damit fragt es sich, ob und wie der Blankozeichner zum Aussteller wird. Schließlich setzt er nur seine Unterschrift, gegebenenfalls in Verbindung mit Fragmenten einer Erklärung auf ein im übrigen leeres Papier, welches er zur Ausfüllung oder Vervollständigung dem Blankettnehmer übergibt. Hier bedürfe es der These, dass die Unterschrift des Vertreters dann nicht erforderlich sei, wenn der Vertretene bereits selbst unterzeichnet habe[144]. Dies lasse sich allerdings nur mit einem bedenklichen, am Schutzzweck des § 126 BGB ausgerichteten Erst-recht-Schluss rechtfertigen[145]. Ob dem zuzustimmen ist, ist fraglich.

a.) Die Aneignungstheorie

Anhaltspunkte, gar eine Antwort auf die Frage, wie der Blankozeichner zum Aussteller wird und letztlich damit auch die Unterschrift des Vertreters nicht mehr erforderlich ist, könnten wiederum die Vorentwürfe der Redaktoren geben[146]: Nach „althergebrachter Verkehrssitte steht das Unterschreiben des von fremder Hand geschriebenen dem Unterschreiben des vom Erklärenden eigenhändig Geschriebenen gleich: Wer unter ein Schriftstück seinen Namen setzt, eignet sich damit das in der Urkunde Erklärte als seine Erklärung an. Dieser Auffassung entsprechen die §§ 381 und 405 II ZPO (a.F.). Die Unterschrift muss sich durch ihre örtliche Stellung als eine die Urkunde deckende und vollendende Willenserklärung darstellen. Ob sie zeitlich der Sonderschrift des Textes nachfolgt oder vorausgeht (Blankett) ist für die Formfrage ohne Belang. Die Unterschrift muss (lediglich) vom Erklärenden eigenhändig beigefügt sein". Wie dies zu denken ist, wird deutlich, wenn man sich vergegenwärtigt, dass die

---

143 Vgl. Canaris, Vertrauenshaftung, S. 56; Bornemann, Diss., S. 12, 19: („Großer Einfluss auf Inhalt und Abschluss des Geschäfts"); G. Müller, AcP 181, S. 515 (519).

144 Siehe Benedict, Jura 1999, S. 78 (79).

145 So aber Benedict, Jura 1999, S. 78 (79, 80).

146 Vgl. Vorentwürfe der Redaktoren zum BGB, § 13, S. 80 (100).

wenn man sich vergegenwärtigt, dass die Willenserklärung nur ein Entwurf ist, solange sie nicht formal mit der Unterschrift vollendet ist[147]. Geht man davon aus, dass das entscheidende Tatbestandsstück der Willenserklärung vom Ausfüllenden niedergeschrieben wird, der regelmäßig über eigenen Entscheidungs- oder Verhandlungsspielraum verfügt[148], so muss man diesen als den eigentlichen Erklärenden ansehen. Gäbe es nicht die Unterschrift des Blankettgebers, so bestünde darüber kein Streit.

Für die Formvorschrift ist aber der Skripturakt entscheidend. Dass der Blankettnehmer einen Teil der Erklärung oder die gesamte Erklärung schriftlich niederlegt, ist von untergeordneter Bedeutung für die Form. Durch die schon vor der Textniederschrift vorhandene Unterschrift des Blankettgebers ist es bereits zur Aneignung der Erklärung gekommen. Denn von fremder Hand Geschriebenes wird formal im Wege der Aneignung zur Erklärung des Unterzeichners. Also wird durch die schon vorhandene Blankounterschrift, deren zeitliches Vorausgehen für die Formfrage ohne Belang ist, jeder Buchstabe, jedes Wort, das der Ausfüllende niederschreibt, durch die aneignende Wirkung der Blankounterschrift zur Erklärung des Blankettgebers. Durch die aneignende Wirkung seiner vorweg gegebenen Unterschrift wird der Blankozeichner zum Urheber der Erklärung und damit zum Aussteller der Urkunde. Die gleiche aneignende Wirkung entfaltet die Unterschrift bei Unterzeichnung eines bereits vorhandenen, aber von fremder Hand niedergeschriebenen Textes. Wird ein Text durch eine Schreibhilfe vorformuliert und niedergeschrieben, so entfaltet die *anschließende* Unterzeichnung im Hinblick auf die in der Urkunde enthaltene Erklärung die gleiche aneignende Wirkung. Dabei ist es unerheblich, ob sich in dem vorformulierten Text auch der Wille der Schreibhilfe niedergeschlagen hat[149]. Die formale Aneignung der Erklärung beruht also einzig und allein darauf, dass der Erklärende einen nicht von ihm verfaßten Text unter-

---

[147] Vgl. Vorentwürfe der Redaktoren, S. 100; Canaris, Vertrauenshaftung, S. 55.

[148] Vgl. Canaris, Vertrauenshaftung, S. 56; Feldmann, Diss., S. 24, 25; G. Fischer, Diss., S. 13; selbst Müller bejaht die Möglichkeit der Einwirkung: K.H. Müller, Diss., S. 30.

[149] Zur Schreibhilfe: G. Fischer, Diss., S. 10.

zeichnet. Unerheblich für die formale Aneignung ist hingegen das zeitliche Vorausgehen von Textniederschrift oder Unterschrift[150].

Dieser den Verkehrsbedürfnissen[151] Rechnung tragende Kunstgriff der aneignenden Wirkung der Unterschrift ist für alle Willenserklärungen erforderlich, die nicht durch Einschaltung einer Schreibhilfe zustande kommen, aber der Unterzeichnung des vom Erklärenden eigenhändig Geschriebenen bewusst gleichgestellt werden sollten[152]. Er dient der Anpassung an die Erfordernisse eines auf Arbeitsteilung angewiesenen modernen rechtsgeschäftlichen Massenverkehrs. Stammt die Textniederschrift vom Unterzeichner selbst, so ist ein solcher Kunstgriff nicht erforderlich: Was von ihm stammt, muss er sich nicht aneignen.

Mit dieser sogenannten Aneignungstheorie begründete bereits das Reichsgericht die Erfüllung der Formvorschrift[153]. Gegen sie ist lediglich einzuwenden, dass die Begriffe nicht klar voneinander getrennt werden. So wird die Unterschrift als Willenserklärung bezeichnet und der Aussteller zum Erklärenden gemacht. Die mangelnde Differenzierung mag auf das die damalige Rechtsgeschäftslehre noch beherrschende Willensdogma zurückgehen. Gleichwohl ist es erforderlich, das Gemeinte klarzustellen. Denn im Tatbestand des § 126 BGB ist nicht die Rede vom Erklärenden, sondern vom Aussteller. Aussteller ist eben derjenige, der die Erklärung ausstellt. Das bedeutet, dass er durch seine Unterschrift den Text zur Erklärung (im Unterschied zum Entwurf) macht. Das muss nicht zwingend der die materielle Willenerklärung abgebende sein. So muss auch nur die Unterschrift und nicht die Textniederschrift eigenhändig geleistet sein. Der Aneignungsgedanke wird von Benedict indes gar nicht gesehen[154].

---

[150] Siehe Motive I, S. 185. Das verkennt Benedict, Jura 1999, S. 78 (80).

[151] Siehe die Vorentwürfe der Redaktoren, § 13, S. 80 (100).

[152] Siehe die Vorentwürfe,§ 13, S. 80 (100).

[153] RGZ 62, S. 172 (175).

[154] Vgl. dessen Argumentation: Jura 1999, S. 78 (79, 80).

b.) Die Fiktionstheorie

Trotz der Aussage der Redaktoren griffen einige Autoren[155] auf ein anderes Erklärungsmodell zurück: die Fiktion[156]. Die Vertreter der Fiktionstheorie denken sich die Erklärung wegen der Unterschrift fiktiv als Erklärung des Blankozeichners. Diese Ansicht überzeugt nicht. Die Fiktion als Begründungs- und Erklärungsmittel sollte immer nur ultima ratio sein. Hier ist ein solcher Rückgriff nicht erforderlich, weil der Gesetzgeber in den Motiven mit der Entwicklung des Aneignungsgedankens die Begründung für die Gleichsetzung geliefert hat. Warum der vom Gesetzgeber vorgenommene Kunstgriff über die aneignende Wirkung der Unterschrift bei den Vertretern der Fiktionstheorie auf Ablehnung stößt, wird nirgends begründet.

Als Zwischenergebnis ist festzuhalten, dass die Blankounterschrift nicht nur die Erfordernisse der Schriftform des § 126 BGB erfüllt[157]. Vielmehr stellt der Blankozeichner die Erklärung aus. Er wird mit der Ausfüllung (Textniederschrift) durch den Blankettnehmer durch die formale Aneignungsfunktion seiner Blankounterschrift zum Aussteller und Urheber der Erklärung[158]. Ihm soll die Erklärung zugerechnet werden. Folglich ist die Blankourkunde vom Aussteller eigenhändig unterzeichnet.

---

[155] Zur Fiktionstheorie: Brammertz, Diss., S. 18, 28; K. H. Müller, Diss., S. 27; P. Fischer zur Fiktionstheorie als unfruchtbarsten Modus, Diss., S. 65 f.; Zwirner, Diss., S. 48; Siegel, Diss., S. 20, 46, 60; von Tuhr, BGB AT, S. 415; Regelsberger, Kritische Vierteljahresschriften 48, S. 506 (510): „Richtig ist der Satz: der ausgefüllte Text gilt als Willenserklärung des Ausstellers."

[156] Auch dieses Erklärungsmodell wird von Benedict, a.a.O. nicht angesprochen.

[157] So die herrschende Meinung: Vgl. RGZ 57, S. 66 (67); BGHZ 22, S. 128 (132); BGH NJW 1962, S. 1102 f.; BGH NJW 1968, S. 1131 (1132); BGH NJW 1984, S. 798 (798); BGH NJW 1992, S. 1448 (1449); Flume, Das Rechtsgeschäft, § 15 II 1 d, S. 253; G. Fischer, Diss., S. 26 ff; Palandt (Heinrichs), § 126, Rz. 6; MüKo (Förschler), 3. Aufl., § 126, Rz. 18; MüKo (Einsele), 4. Aufl., § 126, Rz. 11; G. Fischer, JuS 1998, S. 205 ff; a. A. neuerdings: Benedict, Jura 1999, S. 78 ff.

[158] Vgl. Lehmann, Die Unterschrift, S. 107: „Die Funktion der Unterschrift als Aneignungsakt".

2.) Die Erfüllung der Zwecke des § 126 BGB durch die Blankounterschrift

Zudem muss die Blankounterschrift die Formzwecke erfüllen, da ansonsten der Aneignungsgedanke in Widerspruch zu den Formzwecken stünde.

Die Blankounterschrift markiert ebenso wie die Unterschrift das räumliche Ende der Textniederschrift und steht unterhalb der allerdings erst später eingefügten Erklärung. Die Textniederschrift ist also auch ihr „voraus gesetzt". Sie grenzt ebenfalls vom bloßen Entwurf ab, denn die Willenserklärung entsteht erst mit der Eintragung des Textes[159]. Der Ansicht, dass nur die unter den bereits urkundlich fixierten Text gesetzte Unterschrift den Vertragsschluss vom bloßen Entwurf abhebe[160], kann deshalb nicht gefolgt werden. Sie steht zudem in Widerspruch zum in den Motiven geäußerten Willen des Gesetzgebers[161]. Folglich dokumentiert die Blankounterschrift auch die Vollständigkeit und den Abschluss der Erklärung und erfüllt die Abschlussfunktion des Schriftformerfordernisses des § 126 BGB.

Durch die eigenhändige Unterschrift soll ferner die Klarstellung und Beweissicherung des Inhalts der Erklärung bezweckt werden[162]. Darunter wird sowohl die prozessuale als auch die außergerichtliche Eignung zur Beweissicherung, die zugleich die Klarstellung über Abschluss und Inhalt der Urkunde in sich birgt, sowie die Erkennbarkeit für Dritte begriffen[163]. Die Klarstellung bezüglich des Inhalts der Erklärung dokumentiert die Unterschrift, indem sie Zeichen auf die Vollständigkeit derselben ist. Sie vermag dadurch späteren Streitigkeiten vorzubeugen, dient also der Beweissicherung. Auch diesen prozessualen Zweck erfüllt die Blankounterschrift vermittels ihrer aneignenden Wirkung im Hinblick auf die erst anschließend niedergeschriebene Erklärung. Durch die aneignende Kraft der eigenhändig blanko geleisteten Unterschrift des Blankettgebers wird dieser zum Erklärenden. Zwar meint *Benedict*, dass dem Beweiszweck gerade nicht entsprochen

---

[159] Vgl. RGZ 63, S. 230; MüKo (Förschler), 3. Aufl., § 126, Rz. 18.

[160] Benedict, Jura 1999, S. 78 ff.; Riezler, AcP 95, S. 357 (363 f.).

[161] Motive I, S. 185; so auch Lehmann, Die Unterschrift, S. 115; Feldmann, Diss., S. 10 ff..

[162] Vgl. Holzhauer, Die eigenhändige Unterschrift, S. 206; Häsemeyer, JuS 1980, S. 1 (2); MüKo (Förschler), 3. Aufl., § 126, Rz. 1; MüKo (Einsele), 4. Aufl., § 126, Rz. 1; Larenz/Wolf, AT, § 27, Rz. 30; Köhler, AcP 182, S.126 (147, 148).

werde, wenn man die Möglichkeit zulasse, dass die Erklärung doch nicht von dem herrühre, der als ihr Aussteller erkennbar werde[164]. Er verkennt jedoch die aneignende Wirkung der Blankounterschrift. Folglich ist die beweissichernde Wirkung der Blankounterschrift, die sie wegen der §§ 440 II, 416 ZPO zu erfüllen hat, gewährleistet.

Die eigenhändige Unterschrift hat Identifizierungsfunktion[165]. Dabei handelt es sich um einen weiteren prozessualen Zweck[166]. Der Blankozeichner wird durch die aneignende Wirkung der Unterschrift zum Aussteller der Erklärung. Er ist über die Unterschrift, die er eigenhändig vor der Ausfüllung des Blanketts geleistet hat, identifizierbar. Denn er ist durch die äußere Form seiner Unterschrift individualisiert. Auch diese Funktion vermag die Blankounterschrift zu erfüllen. Für die Vertreter der Auffassung, dass das Erfordernis der eigenhändigen Unterschrift allein inhaltsbezogen zu deuten sei[167], spielt die Identifizierungsfunktion keine Rolle, so dass es aus deren Perspektive darauf nicht ankommt.

Das Erfordernis der Eigenhändigkeit dient nach den Motiven[168] auch der Vereinfachung der Anerkennung der Echtheit der Urkunde, ein ebenfalls rein prozessualer Zweck (§ 440 II ZPO). Damit hat die eigenhändige Unterschrift Echtheitsfunktion. Die eigenhändige Namensunterschrift soll dokumentieren, dass die Erklärung vom Unterschreibenden herrührt[169]. Auch dieser Zweck kann mit der aneignenden Wirkung der Blankounterschrift erfüllt werden, denn sie trägt die Echtheitsvermutung in gleichstehender Weise wie die Unterzeichnung der selbst niedergeschriebenen Erklärung.

---

[163] I. Scherer, Diss., S. 64.

[164] Benedict, Jura 1999, S. 78 (82).

[165] Siehe dazu oben 2.Kap. B, I. 2.) und Jauernig / Schlechtriem / Stürner / Teichmann / Vollkommer (Jauernig), § 126, Rz. 2; Köhler, AcP 182, S. 126 (147 f.); Lehmann, Die Unterschrift, S. 55, 56.

[166] Vgl. Holzhauer, Die eigenhändige Unterschrift, S. 205 f.

[167] So Häsemeyer, JuS 1980, S. 1 (2); Larenz/Wolf, AT, § 27, Rz. 29: MüKo (Förschler), 3. Aufl., § 126, Rz. 21.

[168] Mugdan I, S. 454.

[169] Larenz/Wolf, AT, § 27, Rz. 24, 27.

Zuletzt dient das Erfordernis der Eigenhändigkeit der Unterschrift auch einem „gewissen" Warnzweck, nämlich insoweit als dieser Zweck, den Schuldner vor Übereilung zu schützen, allein durch die eigenhändige Namensunterschrift erfüllt werden kann. Dieser von § 126 BGB angestrebte Übereilungsschutz ist aber nicht identisch mit den für die einzelnen Rechtsgeschäfte konkret geltenden Formzwecken[170]. So dient beispielsweise die Bestimmung des § 766 BGB dem Schutzbedürfnis des Bürgen. Sie will den Bürgen zu Vorsicht und ausreichender Überlegung anhalten[171]. Die Warnfunktion der konkret für die Bürgschafterklärung geltenden Formvorschrift ist nach heute herrschender Meinung nur gewahrt, wenn die Urkunde außer dem Willen, für fremde Schuld einzustehen, auch die Bezeichnung des Gläubigers, des Hauptschuldners und der verbürgten Forderung enthält[172]. Der von § 126 BGB angestrebte Übereilungsschutz geht weniger weit. Weil die Vorschrift nur die eigenhändige Unterschrift verlangt, muss sie allein auch genügen, um die Wahrung dieses Zwecks zu gewährleisten. Das entscheidende Warnsignal, das der Gesetzgeber mit der Regelung des § 126 BGB als vom Unterzeichner sicher erkannt wissen wollte, besteht darin, dass ein Papier unterschrieben und aus der Hand gegeben werden soll; denn damit kommt dem Aussteller die Rechtsverbindlichkeit seines Handelns deutlich zu Bewusstsein. Die Blankounterschrift erfüllt also deshalb die vom Gesetz mit der Anordnung der Schriftform in § 126 BGB beabsichtigte Warnfunktion, weil sie generell mindestens die gleiche Handlungsschwelle bildet, wie die Volltextunterzeichnung[173], unter Umständen sogar eine höhere, denn jeder weiß um die Gefährlichkeit eines Blanketts. Zweck des § 126 BGB ist es also nur, dass sich der Unterzeichner die allgemeine Rechtsverbindlichkeit seines Handelns vor Augen führt, nicht aber die konkreten inhaltlichen Merkmale des Rechtsgeschäfts.

---

[170] Benedict differenziert hier nicht in den Warnzweck, den § 126 BGB als Rahmenvorschrift erfüllen kann und die Warnzwecke, die den für die konkreten Rechtsgeschäfte geltenden Formvorschriften anhaften: vgl. Benedict, Jura 1999, S. 78 (81, 82).

[171] BGHZ 121, S. 224 (229); BGH NJW 1995, S. 1886 (1887); BGHZ 132, S. 119 (122).

[172] BGHZ 76, S. 187 (189); BGH NJW 1993, S. 724 (725); BGH NJW 1995, S. 1886 (1886, 1887); BGHZ 132, S. 119 (124).

[173] So zu recht G. Fischer, Diss., S. 28.

Dies ist vielmehr die Aufgabe der einzelnen Formvorschriften, die für das konkrete Rechtsgeschäft gelten. Folglich erfüllt die Blankounterschrift auch die „gewisse" Warnfunktion des § 126 BGB.

III. Die Blankounterschrift und die Erfüllung der Zwecke der einzelnen für das jeweilige Rechtsgeschäft geltenden Formvorschriften am Beispiel des § 766 BGB

Nunmehr steht fest, dass die Blankozeichnung mittels ihrer aneignenden Wirkung, die den Blankozeichner zum Aussteller der Erklärung macht, die Wirksamkeitsvoraussetzungen der Formvorschrift des § 126 BGB und auch deren Formzwecke erfüllt. Wie bereits angedeutet, sagt dies indes noch nichts darüber aus, ob sie auch die konkreten Zwecke der einzelnen, für die jeweiligen Rechtsgeschäfte geltenden Formvorschriften, sowie deren Wirksamkeitsvoraussetzungen erfüllen kann. Legt eine Formvorschrift bestimmte Inhaltserfordernisse als Wirksamkeitsvoraussetzung fest, so ist die Frage der Erreichung der Zwecke dieser Norm durch die Blankounterschrift an den konkreten Voraussetzungen und Zwecken der speziellen Formvorschriften für die einzelnen Rechtsgeschäfte zu messen[174]. Das bedeutet, dass eine der Form des § 126 BGB entsprechende schriftliche Willenserklärung dennoch formnichtig sein kann, wenn die nach der Art des jeweiligen Rechtsgeschäfts verschiedenen, mit der konkreten Formvorschrift verfolgten Zwecke nicht gewahrt werden. Die Gefahr der Formzweckvereitelung besteht immer dann, wenn die Formvorschrift besondere Funktionen hat, die über die Zwecke des § 126 BGB hinausgehen[175].

Im Schrifttum wurde in zunehmendem Umfang die für die Verbraucherkreditgeschäfte geltende Beurteilung der Blankowillenserklärung auch für das Bürgschafts-

---

[174] So G. Fischer, Diss., S. 28; jetzt auch BGHZ 132, S. 119 (123).

[175] Von Benedict, Jura 1999, S. 78 81, 82 wird dies nicht gesehen.

recht gefordert[176]. Mittlerweile wird überwiegend vertreten, dass sich der Bürge nicht mittels eines Blanketts verpflichten kann, ohne den Blankettnehmer schriftlich zur Ausfüllung zu ermächtigen[177]. Diese Formstrenge ergibt sich für die Bürgschaft konkret aus § 766 BGB[178]. Wegen der altruistischen Natur der Bürgschaft hat auch die Formvorschrift des § 766 BGB eine besondere, ausschließlich zum Schutze des Bürgen gedachte Warnfunktion. Weil er nicht als Hauptschuldner, sondern nur sekundär haftet, besteht die besondere Gefahr der Unterschätzung des Bürgschaftsrisikos[179]. Deshalb soll ihm die Schriftform die besondere Tragweite seiner Verpflichtung klarmachen[180]. Dem Zweck der Formvorschrift des § 766 BGB kann deshalb nur durch ein Formverständnis Genüge getan werden, das von Anfang an für Transparenz des Vertragsinhalts und der Tragweite der einzugehenden Verpflichtung sorgt. Dem genügt die Blankobürgschaft nach der nunmehr vertretenen Ansicht des BGH nicht. Die Schriftform des § 766 BGB ist hiernach nur gewahrt, wenn die Urkunde außer dem Willen, für fremde Schuld einzustehen, auch die Bezeichnung des Gläubigers, des Hauptschuldners und der verbürgten Forderung enthält[181]. Der Warnfunktion des § 766 BGB wird demnach nicht schon dadurch genügt, dass der Bürge überhaupt ein Schriftstück unterzeichnet, aus dem sich sein Verbürgungswille ergibt. Die Urkunde soll vielmehr zugleich das übernommene Risiko eingrenzen und es damit dem Bürgen bei Abgabe der Erklärung vor Augen führen[182]. Der Zweck des § 766 BGB würde ausgehöhlt, ließe man es ausreichen, dass der Bürge seine Unterschrift auf ein Blatt Papier setzt, welches nicht sämtliche notwendigen Erklärungsbestandteile enthält und einen Dritten nur mündlich ermächtigt oder bevollmächtigt, die noch fehlenden Angaben nach-

---

[176] Vgl. Flume, Das Rechtsgeschäft, § 52, 2, S. 865; Häsemeyer, Die gesetzliche Form, S. 191, Fn. 151; MüKo (Pecher), § 766, Rz. 12.

[177] Im Jahre 1996 hat sich der BGH dem Standpunkt angeschlossen: BGHZ 132, S. 119 ff; siehe dazu Staudinger (Horn), § 766, Rz. 45.

[178] BGHZ 132, S. 119 (122 ff).

[179] Vgl. Staudinger (Horn), § 766, Rz. 1; RGZ 57, S. 258 (263).

[180] Mugdan II, S. 1295; RGZ 57, S. 258 (263); BGHZ 24, S. 297 (301).; BGH NJW 1972, S. 576; BGH NJW 1993, S. 1126 (1127); BGHZ 132, S. 119 (122 ff); Müller-Freienfels, Die Vertretung, S. 290 f.

[181] BGHZ 132, S. 119 (124); BGHZ 76, S. 187 (189); BGH NJW 1993, S. 724 (725); BGH NJW 1995, S. 1886 (1887).

[182] So BGHZ 132, S. 119 (123); BGH NJW 1989, S. 1484 (1484).

zuholen[183]. Ansonsten hänge die Entscheidung über die Wirksamkeit der Bürgschaft ausschließlich von Tatsachen ab, die aus der Urkunde nicht ersichtlich seien[184]. Die bisherige höchstrichterliche Rechtsprechung ließ die Blankounterschrift auf einem Bürgschaftsblankett der Schriftform des § 766 BGB genügen, wenn der Bürge die Unterschrift eigenhändig geleistet hat und der Text von einem hierzu mündlich ermächtigten Dritten durch Einfügen der nach dem Bestimmtheitsgrundsatz gemäß § 765 BGB erforderlichen Angaben ergänzt wurde[185]. Nunmehr ist auch die Befugnis zur Ausfüllung des Bürgschaftsblanketts dem Schriftformerfordernis unterworfen.

Soweit sich der BGH für sein formstrenges Verständnis des § 766 BGB auf die Auslegung ebenfalls dem Schutze Schwächerer dienender Formvorschriften, wie § 4 VerbrKrG (heute §§ 492, 494 BGB) beruft[186], wird eingewandt, dass es sich dabei nicht um reine Formvorschriften handelt. Man könne § 4 VerbrKrG, heute § 492 BGB, nicht als reine Formvorschrift bezeichnen, weil sie selbst bestimmte *Inhalts*erfordernisse als Wirksamkeitsvoraussetzungen für die Form festlegen[187], während sich aus reinen Formvorschriften – und um eine solche handelt es sich bei § 766 BGB - derartige Inhaltsanforderungen nicht ergeben[188]. Dieser Grund rechtfertigt jedoch nach Ansicht des BGH keine unterschiedliche Behandlung: Denn die Blankounterschrift sei nicht wegen der Zahl der zu beachtenden Punkte ungeeignet, der Schriftform des § 4 VerbrKrG (heute § 492 BGB) zu genügen, sondern allein deshalb, weil damit der vom Gesetzgeber beabsichtigte Zweck verfehlt würde, den im Gesetz bezeichneten Personenkreis davor zu schützen, sich unüberlegt oder ohne ausreichende Information über Inhalt und Wirkung seiner Willenserklärung zu verpflichten. Eine vergleichbare Warnung beabsichtige auch §

---

[183] BGHZ 132, S. 119 (125); Vgl. auch Flume, Das Rechtsgeschäft, S. § 52, 2, S. 865; Müller-Freienfels, Die Vertretung beim Rechtsgeschäft, S. 291; MüKo (Pecher), § 766, Rz. 12; Staudinger (Horn), § 766, Rz. 46.

[184] BGHZ 132, S. 119 (126).

[185] Vgl. RGZ 57, S. 66 (69); 78, S. 26 (29); BGH NJW 1962, S. 1102; BGH NJW 1984, S. 798; BGH NJW 1992, S. 1448 (1449).

[186] BGHZ 132, S. 119 (126 f.) m.N.

[187] BGHZ 132, S. 119 (126 f.); G. Fischer, Diss., S. 28.

[188] So zu § 1 a AbzG: G. Fischer, Diss., a.a.O., S. 28; OLG Frankfurt WM 1984, S. 771.

766 BGB[189]. Dieser Argumentation des BGH ist zuzustimmen. Schließlich ist der Formzweck gesetzgeberisches Motiv für die einzelne Formbestimmung und nicht ihr besonderes Tatbestandserfordernis, so dass sich die Frage nach der Verfehlung der Normzwecke nicht zwingend am Wortlaut der Vorschrift zu orientieren hat.

Da § 766 BGB derartige inhaltliche Angaben tatsächlich nicht selbst festlegt, muss zur Auslegung der Formvorschrift auf die für die Bürgschaftserklärung gemäß § 765 BGB ausgestellten Bestimmtheitserfordernisse zurückgegriffen werden[190]. Denn die inhaltlichen Anforderungen an die Erklärung, die § 766 BGB der Schriftform unterwirft, folgen also aus den für § 765 BGB aufgestellten Bestimmtheitserfordernissen[191] und nicht aus dem Formgebot selbst[192]. Gemäß den Bestimmtheitserfordernissen muss jede Bürgschaftsurkunde alle notwendigen, die Bürgschaftsverpflichtung konstituierenden Elemente der Erklärung zumindest andeutungsweise[193] enthalten[194]. Nur wenn sich der Aussteller der Urkunde alle Erklärungselemente, die die Bürgschaftsverpflichtung nach § 765 BGB konstituiert, vor Augen führt, diese also für ihn transparent sind, ist die Warnfunktion des § 766 BGB erfüllt. Die Transparenz der einzugehenden Verpflichtung ist gewährleistet, wenn Hauptschuldner, die zu sichernde Forderung und die Person des Gläubigers, (zumindest andeutungsweise) genannt sind[195]. Dabei wird hinsichtlich der Person des Gläubigers die Beschränkung auf allgemeine Angaben für ausrei-

---

[189] BGHZ 132, S. 119 (127).

[190] So auch Eckardt, Jura 1997, S. 189 (191): „Formgebunden sind alle wesentlichen Bestandteile der Bürgschaft".

[191] Vgl. Staudinger (Horn), § 766, Rz. 17; zum Bestimmtheitserfordernis allgemein, Staudinger (Horn), § 765, Rz. 13, 14.

[192] Zumindest nur insoweit, als der prozessuale Zweck der Inhaltsklarheit zu erfüllen ist.

[193] Vgl. Staudinger (Horn), § 765, Rz. 22; BGH ZIP 1989, S. 434 (435); zur Andeutungstheorie, Larenz/Wolf, AT, § 28, Rz. 82 ff, m.w.N.; RGZ 62, S. 172 (175) 96, S. 286 (289).

[194] Vgl. BGHZ 26, S. 142 (146); 76, S. 187 (189); BGH NJW 1993, S. 724 (725); BGH NJW 1995, S. 1886 (1886, 1887); BGH ZIP 1989, S. 434 (435); Staudinger (Horn), § 765, Rz. 22.

[195] Soll vor den konkreten Gefahren eines bestimmten Geschäfts gewarnt werden, wie dies bei der Schriftform des § 766 BGB anzunehmen ist, so müssen die Inhalte, vor denen gewarnt werden soll, in der Urkunde zumindest andeutungsweise enthalten sein: Larenz/Wolf, AT, § 28, Rz. 84; BGH NJW 1989, S. 1484-1486; BGH ZIP 1989, S. 434 (435) zuletzt bestätigend auch für das Bürgschaftsblankett: BGH ZIP 2000, S. 740 (741); vgl. auch die vorstehenden Fußnoten.

chend erachtet[196]. Damit wird der Schutz des Bürgen vor inhaltlich nicht genau bestimmten Verpflichtungen aber nicht vom Bestimmtheitsgebot auf die Formvorschrift verlagert. Denn nach ihrer Ausfüllung enthält die Urkunde alle erforderlichen Angaben. Damit genügt sie zwar dem Bestimmtheitserfordernis, nicht aber dem Warnzweck der Formvorschrift, da sich der Bürge die die Verpflichtung konstituierenden Erklärungselemente nicht *bei Unterzeichnung* vor Augen geführt hat. Die Blanketterklärung besteht ihrer Natur nach nur aus einer Namenszeichnung und möglicherweise noch aus einem lückenhaften Text. Folglich kann die Blankoerklärung dem Zweck des § 766 BGB nur dann gerecht werden, wenn die Befugnis zur Ausfüllung formgerecht erteilt worden ist[197].

Setzt man die „Ermächtigung" zur Ausfüllung des Blanketts einer Vollmacht gleich und wendet mit der herrschenden Meinung deren Regeln an, so folgt dies aus einer teleologischen Reduktion des § 167 II BGB. Dies hat dann auch Konsequenzen für die Zulässigkeit einer Generalvollmacht zur Vornahme aller nicht höchstpersönlichen Rechtsgeschäfte[198]. Soweit diese Vollmacht auf die zur Verwaltung eines Vermögens erforderlichen Maßnahmen beschränkt ist, schließt sie die Erteilung von Bürgschaften jedenfalls zugunsten solcher Personen ein, deren wirtschaftliches Wohlergehen für das zu verwaltende Vermögen von Bedeutung ist. Bei einer derartigen Generalvollmacht stand bisher, wenn die Vollmacht in der Form des § 766 BGB erteilt ist, die fehlende Kenntnis von Gläubiger, Hauptschuldner und Verpflichtungsumfang der Annahme einer wirksamen Vollmacht nicht entgegen. Denn insoweit ging man auch hier noch von der gesetzlichen Regel des § 167 II BGB aus: Dass nämlich die Vollmachterteilung nicht der Form bedarf, die für das Rechtsgeschäft bestimmt ist. Legt man aber § 167 II BGB im Hinblick auf bestimmte Rechtsgeschäfte einschränkend aus, so wie dies der BGH in seiner Entscheidung aus dem Jahre 1996 getan hat, dann kann auch eine Generalvollmacht für diese bestimmten Rechtsgeschäfte nicht mehr wirksam erteilt werden. Folgt man der Ansicht des BGH und entnimmt dem Formgebot des § 766

---

[196] BGHZ 132, S. 119 (128); BGH NJW 1992, S. 1448 (1449); Staudinger (Horn), § 766, Rz. 24.

[197] So auch Eckardt, Jura 1997, S. 189 (191); G. Fischer, JuS 1998, S. 205 (206).

[198] Vgl. Medicus, AT, Rz. 932.

BGB diese inhaltlichen Anforderungen, dann kann die Vollmacht des Generalbevollmächtigten die für die Bürgschaft geltende Form nur wahren, wenn sie den inhaltlichen Anforderungen genügt, die sich aus § 765 BGB ergeben. Die teleologische Reduktion des § 167 II BGB führt also dazu, dass eine Generalvollmacht die Vornahme von Bürgschaften, deren Übernahme nicht absehbar ist, nicht umfasst. Für die Vornahme solcher Rechtsgeschäfte muss dem Generalbevollmächtigten dann schriftliche Spezialvollmacht erteilt werden.

Natürlich ließe sich einwenden, dass bei dieser Beurteilung des § 766 BGB konsequenterweise dann auch die Vollmacht zum Verkauf eines Grundstücks zum Schutz des Verkäufers (§ 311 b I BGB) zwingend Angaben darüber enthalten muss, an wen der Vertreter das Grundstück verkaufen soll und welcher Preis nicht unterschritten werden darf. Denn auch § 311 b I BGB hat den besonderen Zweck, die Parteien vor Übereilung zu schützen. Eine Gleichbehandlung und damit eine an den Bestimmtheitsanforderungen orientierte Auslegung der Formvorschrift ist allerdings bei § 311 b I BGB aus folgendem Grunde nicht erforderlich: Die Urkunde muss derartige Angaben nicht enthalten, weil die Warnfunktion, die zudem zugunsten beider Parteien gilt, bei § 311 b I BGB nicht von einer Urkunde, sondern vom Notar als Urkundsperson und Fachmann erfüllt wird. Bei der notariellen Beurkundung übernimmt dieser die Aufgabe, eine sachgemäße Beratung beider Parteien sicherzustellen. Das bedeutet, dass der Notar den Parteien das Risiko vor Augen führt, und nicht die Urkunde. In § 766 BGB hingegen dient die Urkunde diesem Zweck. Soll sie für dessen Wahrung sorgen, dann muss sie die entsprechenden Angaben enthalten. Ein hiervon abweichendes Ergebnis zu § 311 b I BGB führt nicht zu Wertungswidersprüchen.

Es ist festzuhalten, dass die blanko abgegebene Bürgschaftserklärung den Warnzweck des § 766 BGB dann nicht erfüllt, wenn der Blankobürge einen Dritten zur Ausfüllung lediglich mündlich ermächtigt oder bevollmächtigt. Eine Vollmacht zum Abschluss eines Bürgschaftsvertrages oder eine „Ermächtigung zur Ausfüllung" eines Bürgschaftsblanketts bedarf aufgrund des besonderen Warnzwecks des §

766 BGB der Einhaltung der für das Rechtsgeschäft geltenden Form. § 167 II BGB ist insoweit teleologisch zu reduzieren[199].

IV. Ergebnis zur Bedeutung der Unterschrift und der Blankounterschrift im Tatbestand des § 126 BGB

Die eigenhändige Unterschrift dokumentiert die Erfüllung der Zwecke der Formvorschrift. Dies sind die Funktionen der Abschlussklarheit, der Inhaltsklarheit, der Echtheit und der Beweissicherung, sowie bedingt auch die Funktion des Übereilungsschutzes. Bei der Frage nach der Bedeutung der Blankounterschrift im Tatbestand des § 126 BGB hat die Blankounterschrift im Hinblick auf die vom Ausfüllenden (mit oder ohne Weisungsbindung) niedergeschriebenen Schriftzeichen aneignende Wirkung. So macht sie den Blankozeichner zum Aussteller der Erklärung. Damit fällt sie aus dem Rahmen des ordnungsgemäßen Verfahrens heraus, weil der Unterzeichner auf besonderem Wege, nämlich durch Aneignung auch fremden Gedankenguts zum Aussteller im Sinne des § 126 BGB wird. Es ist jeweils gesondert zu prüfen, ob mit diesem außerhalb des ordnungsgemäßen Skripturverfahrens liegenden Vorgehen (Blankett) die besonderen Zwecke der einzelnen, für die verschiedenen Geschäftstypen geltenden Formvorschriften gewahrt sind. Bei § 766 S. 1 BGB ist dies nicht der Fall, wenn der Bürge eine Blankounterschrift ohne formgerechte Vollmacht oder Ermächtigung aus der Hand gibt.

Damit ist geklärt, dass und wie die Blankounterschrift grundsätzlich die Form des § 126 BGB wahrt und in welchen Fällen die Blankounterschrift nicht durch eine aufgrund mündlicher Legitimation vorgenommenen Ergänzung der Urkunde zu einer formwirksamen Erklärung wird.

---

[199] Die inhaltlichen Anforderungen für die gebotene Schriftform der Ermächtigung sind an § 766 S. 1 BGB auszurichten. Folglich sind die Person des Hauptschuldners sowie die gesicherte Forderung anzugeben, soweit sich die Merkmale noch nicht aus der Bürgschaftsurkunde ergeben. Hinsichtlich der Bezeichnung des Gläubigers ist die Beschränkung auf allgemeine Angaben ausreichend, siehe dazu BGH NJW 1992, S. 1448 (1449); BGHZ 132, S. 119 (128).

Im nächsten Schritt ist zu untersuchen, welche Bedeutung die Unterschrift und die Blankounterschrift im objektiven Erklärungstatbestand schriftlicher Willenserklärungen hat. Die Beantwortung dieser Frage ist entscheidend für die dogmatische Einordnung des Blankettierens als Handlungsform.

C. Die Bedeutung der Unterschrift und der Blankounterschrift im objektiven Erklärungstatbestand schriftlicher Willenserklärungen bei offener Blankettlage:

I. Die Unterscheidung der Unterschriftsbedeutung im objektiven Erklärungstatbestand von jener im Formtatbestand nach der Funktion der Tatbestände im gesetzlichen System und ihre Konsequenzen

Unterschrift und Blankounterschrift sind nicht nur Tatbestandsmerkmale der Formvorschrift des § 126 BGB, sondern auch Bestandteile der schriftlichen Willenserklärung. Deshalb drängt sich die Frage auf, ob Unterschrift und Blankounterschrift innerhalb des objektiven Erklärungstatbestandes der schriftlichen Willenserklärung nur die Funktion einer formalen Gültigkeitsvoraussetzung haben, oder ob sie auch eine selbständige materielle, möglicherweise von ihrer formellen Bedeutung abweichende Funktion erfüllen.

Form- und Erklärungstatbestand sind innerhalb des gesetzlichen Systems funktionsverschieden. Ihre Funktionsverschiedenheit wird bedingt durch das Zusammenspiel zwischen privatautonomer Selbstbestimmung, objektiver Ordnung und Vertrauensschutz. Richtet sich die Bedeutung der Tatbestandsmerkmale im Tatbestand des § 126 BGB und im objektiven Erklärungstatbestand schriftlicher Willenserklärungen nach der jeweiligen Funktion des Form- und des Erklärungstatbestandes im gesetzlichen System, dann folgt aus der Funktionsverschiedenheit, dass auch die Tatbestandselemente und ihre Bestandteile unterschiedliche Bedeutungen haben.

Die Formvorschrift des § 126 BGB hat in diesem Gefüge die Funktion eines normativen Wegweisers[200] zur Schaffung objektiver Ordnung und zur Verwirklichung prozessualer Zwecke[201]. In Verbindung mit der Nichtigkeitssanktion des § 125 BGB werden die Formvorschriften zu (heteronomen, also von anderen Gesetzen abhängigen) formalen Gültigkeitsvoraussetzungen[202] des objektiven Erklärungstatbestandes. Damit sind auch die Unterschrift und die Blankounterschrift formale Gültigkeitsvoraussetzungen des objektiven Erklärungstatbestandes. Sie regeln das „Wie" der Willenserklärung und erfüllen bestimmte prozessuale Zwecke[203] wie Übereilungsschutz, Beweissicherung, Abschluss, Klarstellung usw..

Der objektive Erklärungstatbestand dient der Äußerung des rechtsfolgenerzeugenden Willens[204] und ist somit zugleich die nötige Vertrauensgrundlage, ohne die rechtsgeschäftliches Handeln nicht möglich ist. Die Objektivierung des Willens im Tatbestand schriftlicher Willenserklärungen hat die Funktion, für einen Interessenausgleich zwischen Selbstbestimmung und Vertrauensschutz zu sorgen. Es ist also die Aufgabe des objektiven Erklärungstatbestandes, den Willen als Ausdruck privatautonomer Entscheidungsfreiheit zu objektivieren und so dem Erklärungsempfänger als Vertrauensgrundlage erkennbar zu machen[205]. Er dient der Verkörperung des erklärten (wirklichen und nicht nur vermuteten) Willens in Schriftzeichen. Ob diese Funktion der Objektivierung des selbstbestimmten Willens als Vertrauensgrundlage nur von dem niedergeschriebenen Erklärungstext oder auch von Unterschrift und Blankounterschrift erfüllt werden, wird im folgenden untersucht. Dabei wird zunächst wiederum die Bedeutung der Unterschrift ermittelt und anschließend gefragt, ob auch die Blankounterschrift diese Funktion erfüllen kann.

---

[200] Vgl. Lehmann, Die Unterschrift, S. 114.

[201] Zu diesen Holzhauer, Die eigenhändige Unterschrift, S. 205 ff.

[202] Vgl. Stephan Lorenz, Der Schutz vor dem unerwünschten Vertrag, 1997, S. 103.

[203] Vgl. Lehmann, Die Unterschrift, S. 114: „ ...weisen den Weg, wie schriftlich zu erklären ist".

[204] Vgl. Larenz/Wolf, AT, § 24, Rz. 1.

[205] Vgl. Larenz/Wolf, AT, § 28, Rz. 9

II. Die Bedeutung der Unterschrift im objektiven Erklärungstatbestand einer schriftlichen Willenserklärung

Eine Willenserklärung ist die auf Herbeiführung einer Rechtsfolge gerichtete private Willensäußerung. Sie führt den rechtlichen Erfolg herbei, weil dieser gewollt und von der Rechtsordnung anerkannt ist[206]. Folglich ist die Willenserklärung das Mittel des Erklärenden, seinen Rechtsfolgewillen zu verwirklichen[207]. Diese Definition der finalen Willenserklärung entspricht dem naturgemäßen Verhältnis zwischen Wille und Erklärung im Sinne Savignys[208]. Die Willenserklärung setzt sich aus zwei Elementen zusammen, dem Willen und der Erklärung.

Dabei ist das erste Tatbestandselement, der Wille, als Ausfluss einer privatautonomen Entscheidung zu verstehen, zu deren Umsetzung in rechtlich bindende Folgen die Willenserklärung dient. Er ist das subjektive Tatbestandselement, hinter dem sich ein Bündel verschiedener Willenselemente, bestehend aus Handlungs- Erklärungs-, Geschäfts- bzw. Rechtsfolgewille verbirgt[209].[210] Das zweite Tatbestandselement im Begriff der Willenserklärung ist die Erklärung. Sie dient dazu, dass der wirkliche Wille nach außen seinen Ausdruck findet, indem sie mittels eines vom Handlungswillen getragenen Verhaltens den Inhalt des Geschäftswillens und das darin enthaltene Erklärungsbewusstsein für andere (den Erklärungsempfänger) erkennbar macht[211]. Eine Person kann sich zur Erklärung des Willens verschiedener Mittel bedienen: Sie kann ihn mündlich oder schriftlich äußern[212]. Bei der schriftlichen Willenserklärung findet die private Willensäußerung

---

[206] Vgl. Jauernig/Schlechtriem/Stürner/Teichmann/Vollkommer (Jauernig), Vor § 116, Rz. 2; Larenz/Wolf, AT, § 24, Rz. 1.

[207] Vgl. MüKo (Kramer), 4. Aufl., Vor § 116, Rz. 36; Larenz/Wolf, AT, § 24, Rz. 1.

[208] Vgl. MüKo (Kramer), 4. Aufl., Vor § 116, Rz. 18.

[209] Siehe Staudinger (Dilcher), Vorbem. zu §§ 116-144, Rz. 16.

[210] Der Streit, welche Elemente für die Willenserklärung konstitutiv sind, kann an dieser Stelle offen bleiben. Dazu: Staudinger (Dilcher), Vorbem. zu §§ 116-144, Rz. 16; Soergel (Hefermehl), Vor § 116, Rz. 6; Brox, AT, Rz. 82 ff.; Erman (Palm), Vor § 116, Rz. 2 ff.

[211] Vgl. Larenz/Wolf, AT, § 24, Rz. 13.

[212] Vgl. Staudinger (Dilcher), Vorbem. zu §§ 116-144, Rz. 11; auch Larenz/Wolf, AT, § 24, Rz. 14; Erman (Palm), Vor § 116, Rz. 5.

Ausdruck in den Schriftzeichen. Diese sind das durch die Parteien vereinbarte (§ 127 BGB) oder vom Gesetz verlangte (§ 126 BGB) Erklärungsmittel.

Im „ordnungsgemäßen schriftlichen Erklärungsverfahren" wird die konkrete Erklärung niedergeschrieben und anschließend unterschrieben[213]. Erklärungsniederschrift und Unterschrift sind damit sinnlich wahrnehmbar und gehören zusammen zum objektiven Erklärungsakt[214]. Eine schriftliche Willenserklärung ist nur dann vollständig und wirksam, wenn sie ihre zwei notwendigen Bestandteile aufweist: Text und Unterschrift[215]. Nach den Erfordernissen des § 126 BGB ist sie nur dann formwirksam, wenn die Unterschrift *unterhalb* der Erklärung steht und *eigenhändig* geleistet worden ist.

Damit bleibt die Frage zu beantworten, ob und welche Rolle sie im objektiven Erklärungstatbestand spielt[216]. Wenn im schriftlichen Erklärungstatbestand der Parteiwille seinen Ausdruck in den Schriftzeichen findet, ist es deren Aufgabe, die Erforschung des Gemeinten und Gewollten zu ermöglichen[217]. Nach den Interpretationsregeln der §§ 133, 157 BGB ist der wirkliche Wille des Erklärenden aus der Sicht des Erklärungsempfängers zu erforschen. Dazu dient primär die Erklärungsniederschrift, denn sie enthält den niedergeschriebenen Wortlaut der Erklärung, aus der sich der konkrete Inhalt des Geschäftswillens ermitteln lässt[218]. Sekundär können zur Ermittlung des konkreten Inhalts des Geschäftswillens auch außerhalb der Erklärung liegende Umstände, die in sinngebender Beziehung zum Erklärungstatbestand stehen und dem Erklärungsempfänger erkennbare Vertrauens-

---

[213] Die Motive sprechen vom ordnungsgemäßen Verfahren, bei dem die vom Vertreter abgegebene Erklärung auch von ihm unterschrieben werden muss (Repräsentationstheorie); siehe Vorentwürfe der Redaktoren, S. 100.

[214] Der Erklärungsvorgang als sinnlich wahrnehmbarer Erklärungsakt: Staudinger (Dilcher), Vorbem. zu §§ 116-144, Rz. 9. Zu ihm treten bestimmte subjektive Tatbestandselemente hinzu.

[215] Vgl. K.H. Müller, Diss., S. 26.

[216] Nach Lehmann, Die Unterschrift, S. 22 beantwortet es sich nach der Verkehrssitte, ob die Unterschrift zum Erklärungsverhalten der Partei gehört.

[217] Das folgt daraus, dass der Wille in der Erklärung nach außen seinen Ausdruck findet: Larenz/Wolf, AT, § 24, Rz. 13.

[218] Vgl. Larenz/Wolf, AT, § 28, Rz. 34, 36; MüKo (Mayer/Maly/Busche), 4. Aufl., § 133, Rz. 44.

grundlage geworden sind, herangezogen werden[219]. Zur Erklärungsniederschrift als Auslegungsgegenstand kommen deshalb alle weiteren Umstände hinzu, die den Erklärungstatbestand begleiten und für die Auslegung des Willens sowie die Erforschung von Erklärungsbewusstsein und konkretem Geschäftswillen herangezogen werden können. Allerdings müssen diese Umstände nach der Andeutungstheorie, die die Rechtsprechung für die Auslegung formgebundener Erklärungen fordert[220], zumindest andeutungsweise in der schriftformbedürftigen Erklärung enthalten sein[221]. Bei der Frage, ob die schriftliche Willenserklärung formwirksam ist, das heißt ob die Urkunde alle notwendigen Erklärungselemente enthält, ist methodisch so vorzugehen, dass zunächst der Inhalt der Erklärung unabhängig von der Urkunde durch Auslegung ermittelt wird. Erst anschließend ist zu prüfen, ob der so ermittelte Erklärungsinhalt dem Schriftformerfordernis genügt[222]. Folgt man der Rechtsprechung, so bedeutet dies für die schriftliche Willenserklärung, dass die dem Erklärungsverhalten Sinn gebenden Umstände ihre Andeutung in der Urkunde finden müssen. Folglich besteht der objektive Erklärungstatbestand schriftlicher Willenserklärungen, aus dem der konkrete Inhalt des Geschäftswillens ermittelt werden soll, aus der Erklärungsniederschrift, der Unterschrift und aus den in der Urkunde angedeuteten Begleitumständen.

Der gesamte Erklärungsakt, der objektiv aus Erklärungsniederschrift und Unterschrift (und weiteren angedeuteten Umständen) besteht, soll Beweisanzeichen für das Vorhandensein des wirklichen und nicht nur vermuteten Willens sein[223]. Wenn

---

[219] Vgl. Larenz/Wolf, AT, § 28, Rz. 60 f.; Staudinger (Horn), am Beispiel der Bürgschaftserklärung, § 765, Rz. 22.

[220] Zur Andeutungstheorie, der die Rechtsprechung folgt, I. Scherer, Diss.; S. 61, 79; Larenz/Wolf, AT, § 28, Rz. 82; RGZ 154; S. 42 (45); BGHZ 63, S. 360 (362); BGH WM 1987, S. 686 (688); BGH NJW 1996, S. 2792 (2793); BGH WM 1992, S. 177 (179). Im Schrifttum stößt die Andeutungstheorie auf heftige Kritik: Häsemeyer, Die gesetzliche Form, S. 172 ff.; MüKo (Mayer/Maly/Busche), 4. Aufl., § 133, Rz. 53; Palandt (Heinrichs), § 133, Rz. 19; Medicus, AT, Rz. 330 u.a..

[221] An dieser Stelle findet eine Verquickung von Form und Auslegung statt. Dies allerdings erst, nachdem der Inhalt der Erklärung durch Auslegung ermittelt worden ist: I. Scherer, Diss., S. 79.

[222] Vgl. Staudinger (Horn), § 765, Rz. 22; BGH WM 1992, S. 177 (178); BGH ZIP 1994, S. 1860 (1862); BGH ZIP 1995, S. 812 (812); BGH NJW 1995, S. 43; 1995, S. 1886 (1886).

[223] Vgl. Staudinger (Dilcher), Vorbem. zu §§ 116-144, Rz. 9, m.w.N.: „nicht nur Beweiszeichen."

der Erklärungstatbestand erkennbar den Handlungs-, den Erklärungs- und den Geschäftswillen zum Ausdruck bringen will[224], stellt sich die Frage, welche Bedeutung der Unterschrift nach der Verkehrssitte[225] für die Erforschung des Gemeinten und Gewollten zukommt.

1.) Die Bedeutung der Unterschrift für den Handlungswillen

Man bezeichnet den Willen, die als objektiven Erklärungsakt bewertete Handlung überhaupt vorzunehmen, als Handlungswillen[226]. Die Erklärungshandlung, also das Niederschrieben der Erklärung und ihre anschließende Unterzeichnung als gesamter äußerer Erklärungsakt, muss auf einem solchen Handlungswillen des Erklärenden beruhen. Dieser Handlungswille dient der Abgrenzung gewollten Verhaltens von ungewollten Verhaltensweisen wie Reflexen und Erklärungshandlungen unter dem Einfluss von vis absoluta[227]. Bei der Frage nach seinem Vorliegen wird völlig vom Inhalt der Erklärung abstrahiert[228]. Es fragt sich, worin das objektive Beweisanzeichen für das Vorliegen des Handlungswillens zu sehen ist. Immerhin kann der Erklärungsempfänger bei Erklärungen unter Abwesenden nicht erkennen, ob einem physisch Überwältigten die Hand zur Unterzeichnung einer Willenserklärung geführt worden ist oder ob sich der Erklärende gerade in einem Zustand vorübergehender Störung der Geistestätigkeit (§ 105 II BGB) befand[229], als er die Erklärung niederschrieb und anschließend unterschrieb. Deshalb bieten bei schriftlichen Erklärungen , die nicht in Gegenwart des Empfängers abgefaßt worden sind, weder die Unterschrift noch die Erklärungsniederschrift Gewissheit da-

---

[224] Vgl. Larenz/Wolf, AT, § 24, Rz, 2 ff., 3, 6, 9.

[225] Dazu, dass sich ihre Bedeutung nach der Verkehrssitte richtet: Lehmann, Die Unterschrift, S. 22; K.H. Müller, Diss., S. 27; zur Verkehrssitte als Auslegungsmittel, vgl. Larenz/Wolf, AT, § 28, Rz. 62.

[226] Vgl. Staudinger (Dilcher), Vorbem. zu §§ 116-144, Rz. 17; Larenz/Wolf, AT, § 24, Rz. 3.

[227] Vgl. Larenz/Wolf, AT, § 24, Rz, 4, 5; Staudinger (Dilcher), Vorbem. Zu §§ 116-144, Rz. 17; Flume, Das Rechtsgeschäft, § 4, 2a, S. 46.

[228] Vgl. Flume, Das Rechtsgeschäft, § 4, 2 a, S. 46.

[229] Vgl. Flume, Das Rechtsgeschäft, § 4, 2 a, S. 46; Larenz/Wolf, AT, § 24, Rz. 4.

für, dass der Erklärende die Erklärungshandlung willentlich vorgenommen hat[230]. Das ist aber auch nicht ihre Aufgabe. Vielmehr muss man sich vergegenwärtigen, dass die Willenserklärung als Akt rechtsgeschäftlicher Selbstbestimmung das Vertrauen Dritter wecken soll[231]. Damit Rechtsgeschäfte geschlossen werden können, ist es zunächst ausreichend, dass die Erklärungshandlung den Anschein eines autonomen Aktes erweckt. Ob dies der Fall ist, richtet sich wiederum nach der Verkehrssitte. Danach ist es die Niederschrift der Schriftzeichen in ihrer äußeren, vom Inhalt losgelösten Gestalt, die die Erklärungshandlung als autonomen Akt nach außen erscheinen lassen. Die Schriftzeichen sind als Beweisanzeichen auf den Handlungswillen zu verstehen. Deshalb sind auch die Schriftzeichen, aus denen die Unterschrift besteht, geeignetes Beweiszeichen auf den Handlungswillen. Durch die Unterschrift erhält dieser so objektivierte Wille den Bezug zu der autonom handelnden Person. Diese wird durch die Unterschrift bestimmt oder bestimmbar (individualisiert). Damit ermöglicht die Unterschrift im objektiven Tatbestand schriftlicher Willenserklärungen die Zuordnung der Erklärungsniederschrift zum Rechtssubjekt.

2.) Die Bedeutung der Unterschrift für den Erklärungswillen

Das Erklärungsbewusstsein ist das Bewusstsein, dass der verlautbarte Akt rechtliche Relevanz hat. Es verleiht dem willentlichen Verhalten (Niederschreiben und Unterschreiben des Erklärungstextes) den Charakter einer rechtlich relevanten Erklärung[232]. Dieser Wille ist gegeben, wenn der Erklärende sich bewusst ist, dass sein Verhalten als eine rechtserhebliche Erklärung aufgefaßt werden kann[233]. Dabei ist zu beachten, dass das Erklärungsbewusstsein noch keine konkrete Rechtsfolge zum Inhalt hat, sondern nur das generelle Bewusstsein, nicht im außer-

---

[230] Vgl. Lehmann, Die Unterschrift, S. 25.

[231] Vgl. MüKo (Kramer), 4. Aufl., Vor § 116, Rz. 39.

[232] Vgl. Staudinger (Dilcher), Vorbem. zu §§ 116-144, Rz. 18; Jauernig/Schlechtriem/Stürner/Teichmann/Vollkommer (Jauernig), Vor § 116, Rz. 5; Larenz/Wolf, AT, § 24, Rz. 6; Flume, Das Rechtsgeschäft, § 4, 2b, S. 46; Bydlinsky, JZ 1975, S. 1 ff.

[233] Vgl. Brox, AT., § 4, Rz. 83.

rechtsgeschäftlichen Bereich, sondern eben rechtgeschäftlich tätig zu sein[234]. Somit wird auch hier vom konkreten Inhalt des Willens abstrahiert[235]. Ohne Erklärungsbewusstsein handelt deshalb, wer beispielsweise[236] ein Vertragsangebot infolge einer Verwechslung oder infolge eines anderen Irrtums unterzeichnet und absendet und dabei glaubt, er habe eine Zusage zu einer privaten Einladung zurückgeschickt. Anhand des Beispiels wird erkennbar, dass gerade die Unterschrift nicht einmal den Anschein dafür bietet, dass der Erklärende mit Erklärungsbewusstsein gehandelt hat. Vielmehr lässt sich das Erklärungsbewusstsein aus dem abstrakt rechtlich relevanten Inhalt der Erklärungsniederschrift erschließen. Allerdings wird das Erklärungsbewusstsein von einer im Vordringen befindlichen Auffassung nicht mehr als notwendiger Bestandteil einer Willenserklärung angesehen[237]. Denn letztlich setzt der Geschäftswille das Erklärungsbewusstsein voraus und schließt es in sich ein[238]. Erforderlich ist insoweit, dass aus dem niedergeschriebenen Erklärungsinhalt die rechtliche Relevanz der Erklärung abstrakt zum Ausdruck kommt. Für die Objektivierung des Erklärungsbewusstseins ist somit nur die Erklärungsniederschrift von Bedeutung. Allerdings ermöglicht die Unterschrift auch hier die Zuordnung des Erklärungsbewusstseins zum Rechtssubjekt und trägt damit zur Erfüllung der Bestimmtheitserfordernisse einer schriftlichen Willenserklärung bei.

3.) Die Bedeutung der Unterschrift für den Geschäftswillen

Der Geschäftswille als drittes subjektives Tatbestandsmerkmal der Willenserklärung, der seinen Ausdruck in den Schriftzeichen findet, wird unterschiedlich definiert. Allgemein lässt sich sagen, dass der Erklärungsakt nach dem Geschäftswil-

---

234 Vgl. Larenz/Wolf, AT, § 24, Rz. 6.

235 Entsprechend spricht Flume, Das Rechtsgeschäft, § 4, 2 a, S. 46 von einer abstraktinhaltlichen Komponente, insofern, als es um das Bewusstsein des Erklärenden gehe, eine rechtlich relevante Erklärung abzugeben.

236 So Flume, Das Rechtsgeschäft, § 4, 2b, S. 47.

237 Brox, AT., Rz. 83; BGHZ 91, S. 324 (327); BGHZ 109, S. 177; zum Streit siehe auch Staudinger (Dilcher), Vorbem. Zu §§ 116-144, Rz. 19, m.w.N.

238 Vgl. Larenz/Wolf, AT., § 24, Rz. 9.

len des Erklärenden diejenigen Rechtsfolgen herbeiführen soll, auf die er seinem Inhalt nach abzielt. Der Geschäftswille muss die unmittelbaren, konkreten rechtsgeschäftlichen Folgen der Willenserklärung umfassen[239]. Weil er das Erklärungsbewusstsein notwendig in sich einschließt, unterscheidet er auch die mit rechtlicher Bindungsabsicht vorgenommene Erklärungshandlung von den außerhalb solcher Bindung verbleibenden Erklärungen, beispielsweise einer Gefälligkeit[240]. Teilweise wird der Geschäftswille auch als Rechtsfolgewille bezeichnet[241]. Sie sind der Sache nach eins[242]. Das vom Handlungswillen getragene rechtlich relevante Erklärungsverhalten muss letztlich also von dem Willen getragen werden, einen bestimmten und konkreten rechtsgeschäftlichen Erfolg herbeiführen zu wollen. Deshalb ist der Geschäfts- und Rechtsfolgewille durch die auf die Erzeugung einer bestimmten Rechtsfolge gerichteten Absicht gekennzeichnet[243].

Durch die Unterschrift macht der Unterzeichner nach außen seine Absicht für Dritte erkennbar, einen bestimmten rechtsgeschäftlichen Erfolg herbeiführen zu wollen; nämlich den, der sich inhaltlich konkret aus der niedergeschriebenen Erklärung sowie den außerhalb der schriftlichen Erklärungen liegenden (aber in ihr zumindest angedeuteten), den Inhalt konkretisierenden Umständen ergibt. Die Unterschrift ist damit nur in Verbindung mit der Erklärung das äußere, objektiv erkennbare Erscheinungsbild der Absicht des Erklärenden, einen bestimmten rechtsgeschäftlichen Erfolg herbeiführen zu wollen. Sie drückt, wenn sie unter einer Erklärung steht, das Bekenntnis zum konkreten Rechtsfolge- und Geschäftswillen aus, der das Erklärungsbewusstsein umfasst[244]. Folglich ist die Unterschrift

---

[239] Vgl. Staudinger (Dilcher), Vorbem. zu §§ 116-144, Rz. 21; Brox, AT, Rz. 84; Flume, Das Rechtsgeschäft, § 4, 2 c; Enneccerus/Nipperdey, BGB AT Teilband 2, § 145 II A 1, S. 896; ähnlich: Lehmann/Hübner, § 24 IV 1 b, S. 146; anders Medicus, BR, Rz. 131, der lediglich den Begriff des Geschäftswillens streicht und das darunter Verstandene unter den Begriff des Rechtsbindungswillens subsumiert.

[240] Vgl. Staudinger (Dilcher), Vorbem. zu §§ 116-144, Rz. 21, m.w.N..

[241] Vgl. BGH FamRZ 1964, S. 289 (289); Staudinger (Dilcher), Vorbem. zu §§ 116-144, Rz. 21, 22.

[242] Vgl Staudinger (Dilcher), Vorbem. zu §§ 116-144, Rz. 22, m.w.N.; Larenz/Wolf, AT, § 24, Rz. 9; auch P. Fischer, Diss., S. 80.

[243] Vgl. Larenz/Wolf, AT, § 24, Rz. 11; Flume, Das Rechtsgeschäft, § 4, 2c, S. 47.

[244] Vgl. Larenz/Wolf, AT, § 24, Rz. 9 dazu, dass der Geschäftswille das Erklärungsbewusstsein mitumfasst.

das äußere Erscheinungsbild des rechtsgeschäftlichen Willens, dessen Inhalt in der niedergeschriebenen Erklärung selbst seinen Ausdruck gefunden hat. Dies wird dann besonders deutlich, wenn man sich vergegenwärtigt, dass die nicht unterzeichnete Willenserklärung stets dem Zweifel Raum lässt, ob sie nur die Gedanken über oder an ein mögliches juristisches Wollen des Schreibenden oder eines Dritten zum Ausdruck bringt, oder ob das aus dem Gedankeninhalt erschließbare Streben nach einem rechtsgeschäftlichen Erfolg auch wirklich vorhanden ist oder war[245]. Der bloße Erklärungstext ohne Unterschrift gibt keinen Aufschluss über das Vorhandensein der Absicht, den konkreten rechtsgeschäftlichen Erfolg auch herbeiführen zu wollen. Insoweit erhält die Urkunde erst aus dem Zusammenwirken von Text und Unterschrift eine rechtliche Bedeutung[246]. Ohne sie fehlt eben noch das Zeichen, ein „ich bekenne mich dazu" in bezug auf den konkreten Geschäfts- und Rechtsfolgewillen[247]. Wenn der Schluss von der Erklärungsniederschrift und den in der Urkunde angedeuteten Umständen auf den Erklärungs- und Geschäftswillen des Erklärenden erforderlich ist, dann hat die Unterschrift folgende Aufgabe: Sie objektiviert und versinnbildlicht ein regelmäßig die Erklärung begleitendes Verhalten des Erklärenden, aus dem der Erklärungsempfänger schließen kann, dass der Erklärende das inhaltlich konkret mit der Niederschrift der Erklärung zum Ausdruck Gebrachte rechtsverbindlich herbeiführen will. Damit ist die Unterschrift schlussendlich das Beweiszeichen auf den Willen des Erklärenden, sich an das Erklärte auch binden zu wollen[248]. Zudem dient die Un-

---

[245] Lehmann, Die Unterschrift, S. 26.

[246] K.H. Müller, Diss., S. 26.

[247] Vgl. auch G. Müller, AcP 181, S. 515 (540): „Der Blankettgeber unterschreibt zwar in der Vorstellung und Erwartung, der Inhalt der späteren Erklärung werde sich in dem von ihm mehr oder weniger bestimmt abgegrenzten Rahmen bewegen. Eine derartige Vorstellung ist jedoch nur das Motiv für die Aushändigung des Blanketts und nicht ein auf die Herbeiführung einer konkreten Rechtsfolge gerichteter Geschäftswille." Zur Bekenntnisfunktion der Namensunterschrift auch Benedict, Jura 1999, S. 78 (80), der allerdings zu Unrecht diese Bedeutung dem Formtatbestand zuordnet.

[248] Anm.: Es ist umstritten, ob der Geschäftswille zum konstitutiven Teil des subjektiven Erklärungstatbestandes gehört. Es heißt, er sei nicht Wirksamkeitsvoraussetzung einer Willenserklärung, so jedenfalls Jauernig/Schlechtriem/Stürner/Teichmann/Vollkommer (Jauernig), Vor § 116, Rz. 5, 6. Der Streit ist jedoch lediglich begrifflicher Natur: Wer den Geschäftswillen nicht als Wirksamkeitsvoraussetzung anerkennt, der faßt den darunter verstandenen Willen bereits unter den Erklärungswillen (so zum Bsp. Medicus, Bürgerliches Recht, Rz. 131.).Die Rechtsprechung hat den Geschäftswillen als Tatbestandselement anerkannt (BGH FamRZ 1964, S. 289 (289 f.); OLG Düss. DB 1970; S. 1778). Dem soll hier gefolgt

terschrift auch hier der Zuordnung des Rechtsfolge- und Geschäftswillens zu einem bestimmten, durch die Unterschrift individualisiertes Rechtssubjekt.

4.) Zusammenfassung zur Bedeutung der Unterschrift im objektiven Erklärungstatbestand

Die Unterschrift ermöglicht die Zuordnung des Willens zum Rechtssubjekt und erfüllt so die Bestimmtheitserfordernisse einer Willenserklärung. Sie entfaltet darüber hinaus ihre Bedeutung im objektiven Erklärungstatbestand schriftlicher Willenserklärungen als Bekenntnis zum konkreten Geschäftswillen. Die Unterschrift im Erklärungstatbestand einer schriftlichen Willenserklärung ist in sinngebender Verbindung mit der Erklärung Bekenntnis zum konkreten Geschäftswillen, während aus dem Wortlaut der Erklärungsniederschrift ersichtlich ist, welche rechtlich relevante Erklärung abgegeben wird und welcher konkrete Rechtserfolg herbeigeführt werden soll. Damit objektiviert die Unterschrift den Willen des Unterzeichners, einen bestimmten Erfolg in rechtlich bindender Weise verwirklichen zu wollen.

III. Die Bedeutung der Blankounterschrift im objektiven Tatbestand schriftlicher Willenserklärungen

Um das Wesen und die Bedeutung der Blankounterschrift im objektiven Erklärungstatbestand erfassen zu können, soll hier vom Normalfall des Blankettierens, also der absprachegemäßen (offenen) Ausfüllung einer Blankourkunde durch den Blankettnehmer, ausgegangen werden. Deshalb wird die Frage aufgeworfen, welche Bedeutung der erkennbaren Blankounterschrift nach der Verkehrssitte zukommt.

---

werden. Für das Bewusstsein im rechtsgeschäftlichen Verkehr tätig zu werden, ist es nicht erforderlich, dass der Wille bereits auf einen bestimmten rechtsgeschäftlichen Erfolg konkretisiert ist. Hingegen tritt mit der Konkretisierung auf einen bestimmten rechtsgeschäftlichen Erfolg zugleich der Wille zutage, diesen konkreten Erfolg auch herbeiführen zu wollen.

Erst dadurch, dass die Unterschrift einen Text aufnimmt oder der Text eine Unterschrift erhält, ist überhaupt erst eine Willenserklärung vorhanden[249]. Das ist angesichts der soeben ermittelten Bedeutung der Unterschrift im objektiven Erklärungstatbestand gut verständlich. Weil die Blankounterschrift zunächst eine allenfalls lückenhafte Erklärung begleitet, unter Umständen sogar ohne Erklärungstext niedergeschrieben wird, ist sie als antizipierter Teilakt des objektiven Erklärungstatbestandes zu verstehen. Zwar ist sie nur sinnlich wahrnehmbarer Teilakt einer sukzessiv durch die Ausfüllung *erst entstehenden künftigen* Willenserklärung. Es wird aber dennoch diskutiert, ob sie als antizipierter Teilakt bereits die Voraussetzungen einer Willenserklärung erfüllen kann[250]. Wäre dies zu bejahen, dann wäre die Frage beantwortet, wer rechtsgeschäftlich Handelnder ist und damit zugleich die Frage nach der Rechtsnatur der Blankettausfüllung. Dann wäre nämlich der Blankettgeber der rechtsgeschäftlich Handelnde und die Ausfüllung könnte nicht Stellvertreterhandeln sein. Um die Bedeutung der Blankounterschrift im objektiven Erklärungstatbestand ermitteln zu können, muss die Ausfüllung hinweg gedacht werden. Zu untersuchen ist folglich, ob allein die Blankounterschrift allenfalls in Verbindung mit einem lückenhaften Erklärungstext die Mindesterfordernisse einer Willenserklärung erfüllen kann. Hierzu werden verschiedene Auffassungen vertreten.

1.) Die Lehre von der Blankounterschrift als bestimmungsbedürftiger Willenserklärung

Es wird vertreten, dass die Blankounterschrift bereits als Willenserklärung zu qualifizieren ist[251], und zwar im Sinne einer Vorwirkung des angestrebten subjektiven Rechts[252]. Von den Vertretern dieser Auffassung wird sie der Fallgruppe der bestimmungsbedürftigen Willenserklärungen zugeordnet[253].

---

[249] Siehe K.H. Müller, Diss., S. 28, 29; im Grunde so auch MüKo (Förschler), 3. Aufl., § 126, Rz. 18; MüKo (Einsele), 4. Aufl., § 126, Rz. 11; RGZ 63, S. 230 (232).

[250] P. Fischer, Diss., S. 96 ff, 103.

[251] Dazu P. Fischer, Diss., S. 88 ff, 90.

[252] P. Fischer, Diss., S. 90, 98.

stimmungsbedürftigen Willenserklärungen zugeordnet[253]. Bestimmungsbedürftige Willenserklärungen zeichnen sich dadurch aus, dass die abgegebene Willenserklärung die gewollten Rechtsfolgen nicht hinreichend bestimmt angibt, diese Bestimmung vielmehr nach dem Willen des Erklärenden später anderweitig erfolgen soll. Die Ergänzung der Erklärung braucht dabei nicht in allen Fällen durch den Erklärenden selbst zu erfolgen. Das ist sogar durchaus nicht die Regel und in einigen Fällen nicht einmal zulässig. Sie sind trotzdem keine unfertigen Willenserklärungen, die zu ihrer Vervollständigung der Ergänzung bedürfen[254]. Denn ein rechtsgeschäftlicher Erklärungstatbestand kann in der Weise geschaffen werden, dass die rechtsgeschäftliche Regelung zunächst noch teilweise offen bleibt und die endgültige Klärung von späteren Ereignissen erwartet wird[255].

Zur Begründung, warum auch Blankounterschriften der Fallgruppe bestimmungsbedürftiger Willenserklärungen zugeordnet werden, wird darauf verwiesen, dass das Gesetz Tatbestände nachträglicher Ergänzung bei bewusster Unbestimmtheit von Vertragspunkten kennt. Insoweit werden die Vorschriften zur Leistungsbestimmung (§§ 315-319 BGB) angeführt[256]. Beispielhaft werden außerdem die Gattungsschuld (§ 243 BGB), das Wahlvermächtnis (§ 2154 BGB), die Höchstbetragshypothek (§ 1190 BGB) sowie der handelsrechtliche Spezifikationskauf (§ 375 HGB) erwähnt[257]. Auch eine Anlehnung an § 95 HGB lasse den Schluss zu, dass es sich bei der Blankounterschrift um eine bestimmungsbedürftige Willenserklärung handele. Darin heißt es, dass eine Partei, die eine Schlussnote annimmt, in der sich der Handelsmakler die Bezeichnung der anderen Partei vorbehalten hat, an das Geschäft mit der Partei gebunden ist, welche ihr nachträglich bezeichnet wird (§ 95 HGB). Im Falle des § 95 HGB wird der übrige Geschäftsinhalt vorweg festgelegt, der Geschäftspartner aber erst später bestimmt[258]. Das Geschäft werde also – so die Vertreter dieser Ansicht - ebenfalls in zwei Akten vollendet

---

[253] Vgl. Cohn, Das rechtsgeschäftliche Handeln, S. 22 f.; P. Fischer, Diss., S. 103.

[254] Cohn, Das rechtsgeschäftliche Handeln, S. 23; P. Fischer, Diss., S. 103.

[255] P. Fischer, Diss., S. 90; Cohn, Das rechtsgeschäftliche Handeln, S. 23.

[256] Im einzelnen: P. Fischer, Diss., S. 93 ff (94), m.w.N.

[257] Vgl. Cohn, Das rechtsgeschäftliche Handeln, S. 21 ff.; P. Fischer, Diss., S. 93 ff..

und es sei ebenso streitig, ob der Makler bei der Übermittlung als Bote oder als Stellvertreter handele[259]. Die Existenz einer Willenserklärung könne auch nicht deshalb bestritten werden, weil der fragliche Erklärungstatbestand nicht geeignet sei, ein inhaltlich bestimmtes subjektives Recht zu schaffen. Sie könne sich darauf beschränken, eine Rechtslage herbeizuführen, die sich nach dem Hinzutreten weiterer Umstände zu einem Recht entwickele. Zwar müsse jede Willenserklärung die Rechtsfolgen angeben, die sie herbeiführen soll, weil sonst der Eintritt der Rechtsfolgen nicht als Wirkung dieser Willenserklärung erscheinen könne. Es sei aber auch ausreichend, die herbeizuführenden Rechtsfolgen offen zu lassen, wenn gleichzeitig der Weg bezeichnet werde, auf dem die verbliebene Lücke geschlossen werden solle[260]. Denn es genüge, wenn im Wege der Auslegung ermittelt werden könne, wie die endgültige Bestimmung der unbestimmten Teile der Erklärung erfolgen solle.

Würde auch die Blankounterschrift die Voraussetzungen einer bestimmungsbedürftigen Willenserklärung erfüllen, dann wäre die Blankozeichnung tatsächlich bereits für sich besehen als eine Willenserklärung des Blankozeichners denkbar. Somit müsste sich aus der Blankounterschrift allein oder in Verbindung mit einem lückenhaften Text durch Auslegung derselben oder mit Hilfe bestimmter Auslegungsergänzungskriterien ermitteln lassen, wie die endgültige Bestimmung der unbestimmten Teile der Erklärung zu erfolgen hat. Der Gedanke des § 95 HGB, wonach die Bestimmung des Kontrahenten in einer Schlussnote dem Makler überlassen werden kann, spiegelt zwar tatsächlich eine vergleichbare Situation wieder. Jedoch ist auch dort die Einordnung des Handelns des Maklers umstritten[261]. Die Übertragung der Rechtsgedanken zu § 95 HGB hilft also nicht weiter. Außerdem scheitert die Übertragbarkeit daran, dass die Vorschrift speziell auf die handelsrechtlichen Schutzbedürfnisse des Verkehrs zugeschnitten ist. Das Argument gilt in gleicher Weise für den handelsrechtlichen Spezifikationskauf. Dass eine ähnli-

---

258 Vgl. P. Fischer, Diss., S. 94, 95, 103; ähnlich E. Cohn, Das rechtsgeschäftliche Handeln, S. 26; Haußmann, Das Blankett, S. 294 (295).

259 So argumentiert P. Fischer, Diss., S. 95.

260 P. Fischer, Diss., S. 94 f.; E. Cohn, Das rechtsgeschäftliche Handeln, S. 23.

261 So P. Fischer selbst. Diss., S. 95; Koller/Roth/Morck (Roth), § 95, Rz. 8; Heymann (Herrmann), § 94, Rz. 1.

che Regelung nicht im Maklerrecht des BGB enthalten ist, lässt den Schluss zu, dass hier andere Maßstäbe die Schutzbedürfnisse des privatrechtlichen Verkehrs prägen.

Auch der Verweis auf die Gattungsschuld (§ 243 BGB) als bestimmungsbedürftige Willenserklärung stützt die Übertragung auf die Blanketterklärung nicht. Zwar handelt es sich bei § 243 BGB um ein solches Schuldverhältnis mit relativ unbestimmtem Leistungsgegenstand[262]. Die Zulässigkeit relativer Unbestimmtheit des Leistungsgegenstandes beruht beim Gattungskauf aber darauf, dass die Bestimmung des Leistungsgegenstandes nach der Gattung wegen gleichbleibender Qualitätsstandards und der technischen Norm industriell gefertigter Produkte dem Bestimmtheitserfordernis genügt[263]. Die Gewährleistung gleichbleibender Qualitätsstandards in Verbindung mit dem Ergänzungskriterium der mittleren Art und Güte konkretisiert den Leistungsgegenstand somit in ausreichendem Maße.

Im Hinblick auf den Vergleich mit der Höchstbetragshypothek (§ 1190 BGB) ist anzumerken, dass bei dieser eine Einigung über den Höchstbetrag und den Vorbehalt späterer Forderungsfeststellung erzielt werden muss[264]. Sie dient der Sicherung wechselnder Forderungen innerhalb eines Forderungskreises, wird also regelmäßig innerhalb einer bestehenden Geschäftsbeziehung vereinbart[265]. Die Forderungen müssen weder bestimmt noch bestimmbar sein. Bestimmtheit ist aber für den Höchstbetrag der Haftung gefordert[266]. Er muss ins Grundbuch eingetragen werden, denn durch ihn wird der Bestimmtheitsgrundsatz gewahrt. Wird der Höchstbetrag nicht erreicht, so wird sie insoweit wie alle Hypothekenarten zur Eigentümergrundschuld (§ 1177 I BGB). Mit der Möglichkeit einer Höchstbetragshypothek wird also die strenge Akzessorietät gelockert und damit eine Zwischenform zwischen akzessorischer Hypothek und nichtakzessorischer Grundschuld ge-

---

[262] Vgl. MüKo (Emmerich), 4. Aufl., § 243, Rz. 1,.10; Palandt (Heinrichs), § 243, Rz. 1.

[263] Vgl. MüKo (Emmerich), 4. Aufl., § 243, Rz. 23; argumentativ aus Staudinger (Schiemann), § 243, Rz. 21.

[264] Vgl. Palandt (Bassenge), § 1190, Rz. 8.

[265] Jauernig/Schlechtriem/Stürner/Teichmann/Vollkommer (Jauernig), § 1190, Rz. 1; Palandt (Bassenge), § 1190, Rz. 4; RGZ 136, S. 80 (81).

[266] Palandt (Bassenge), § 1190, Rz. 8; Jauernig/Schlechtriem/Stürner/Teichmann/Vollkommer (Jauernig), § 1190, Rz. 4.

schaffen. Außerdem besteht schon nach § 1180 BGB die Möglichkeit, eine hypothekarisch gesicherte Forderung auszuwechseln.

Versucht man anhand dieser „Aktstypen“[267] die Blanketterklärung als bestimmungsbedürftige Willenserklärung zu qualifizieren, so bleibt letztlich nur ein Rückgriff auf die Rechtsgedanken der §§ 315 ff. BGB[268]. In den §§ 315 ff. BGB, die für Verträge gelten, wird dem Fall Rechnung getragen, dass die Parteien die Höhe der Gegenleistung oder die Art und Weise der Leistung nicht oder nicht vollständig bestimmen. Damit trotz mangelnder Bestimmtheit eine rechtswirksame Vereinbarung vorliegt, wird eine Einigung zwischen den Parteien darüber gefordert, dass offengelassene Punkte anderweitig bestimmt werden sollen[269] Die in den §§ 315 ff. BGB gemeinte Bestimmung ist außerdem eine nachträgliche; sie dient der inhaltlichen Ausgestaltung eines schon abgeschlossenen Vertrages. Die §§ 315 ff. BGB fordern also in direkter Anwendung ein vertragliches Band, damit die Leistungsbestimmung nachträgliche inhaltliche Ausgestaltung ist. Folglich können die §§ 315 ff. BGB nicht direkt zur Bestimmung von Leistungsinhalten herangezogen werden, wenn zwischen den Beteiligten noch kein vertragliches Band besteht[270]. Die Fälle entsprechender Anwendung der §§ 315 ff. BGB verlangen als Minimum einen von Anfang an feststehenden Bindungswillen, wenn die Leistungsbestimmung später erfolgen soll[271]. Auch für eine Übertragung des Rechtsgedankens der §§ 315 ff. BGB muss eine gewisse Bindung zwischen den Parteien bestehen, damit die Bestimmungserklärung ausgeübtes Gestaltungsrecht[272] zur nachträglichen inhaltlichen Ausgestaltung einer vorhandenen Willenserklärung, und nicht Vertretererklärung ist.

---

[267] So P. Fischer, Diss., S. 96 ff (96).

[268] Vgl. P. Fischer, Diss., S. 96.

[269] Palandt (Heinrichs), § 315, Rz. 1; OLG Düsseldorf NJW-RR 1997, S. 271 (271, 272).

[270] Vgl. Staudinger (Mader), § 315, Rz. 18; Müko (Gottwald), 4. Aufl., § 315, Rz. 1, 4; RGZ 124, S. 81 (84); BGHZ 55, S. 248 (250).

[271] Vgl. Staudinger (Mader), § 315, Rz. 94, m.w.N.; MüKo (Gottwald), 4. Aufl., § 315, Rz. 1 f., 5.

[272] Dazu Staudiner (Mader), § 315, Rz. 50 f; Larenz, SchR I, § 6 II, S. 80; MüKo (Gottwald), 4. Aufl., § 315, Rz. 2: „im Vertrag muss der Inhalt der Leistung rahmenmäßig bestimmt sein.“

Bei der Blanketterklärung geht es dagegen um die Frage, ob das vor der Ausfüllung Vorhandene bereits rechtsgeschäftliche Geltung entfalten kann. Zwar verkörpert die Blankounterschrift einen antizipierten Bindungswillen des Blankettgebers (s.o.). Aber auch hier gilt, dass ein Minimum an Rechtsfolgen bereits durch den Parteiwillen des Blankettgebers festgesetzt sein muss, damit sich die Rechtswirkungen letztlich auf *seine* rechtsgeschäftliche Erklärung zurückführen lassen[273]. Dahinter steckt das Bedürfnis nach einer klaren Abgrenzung zur Vertretererklärung. Wird der Gläubiger selbst zur Leistungsbestimmung „ermächtigt", dann muss ausgeschlossen werden können, dass es sich nicht um einen Fall verdeckten Selbstkontrahierens handelt (§ 181 BGB). Allerdings ist der Bindungswille des Blankettgebers, der antizipiert seine Andeutung durch die vorweggenommene Unterschrift in der Blanketturkunde in Verbindung mit den Fragmenten einer rechtlich relevanten Erklärung erfährt, noch abstrakt. Folglich ist aus ihm allein nicht erkennbar, ob damit die Bindung an eine Leistungsbestimmung durch einen anderen gemeint ist, oder die Bindung an eine Vertretererklärung. Für die Bindung an eine Leistungsbestimmung durch den Blankettnehmer, und nicht an eine Vertretererklärung, müsste aus ihr deshalb ein angedeuteter *Bestimmungsmaßstab* erschlossen werden können. Dieser wäre dann Indiz auf ein durch den Parteiwillen des Blankettgebers festgesetztes Minimum an Rechtsfolgen. Der lückenhafte Text mit Blankounterschrift, wäre er bestimmungsbedürftige und bestimmbare Teilerklärung, müsste demgemäss neben dem feststehenden, in der Blankounterschrift zum Ausdruck kommenden Bindungswillen selbst Anhaltspunkte für die Einräumung und Ausübung des Bestimmungsrechts und des Bestimmungsmodus enthalten, oder aber es müssten relevante Anhaltspunkte außerhalb der Urkunde für eine solche Vereinbarung vorliegen[274], damit sich die Rechtswirkungen noch auf den eigenen rechtsgeschäftlichen Willen des Blankozeichners zurückführen lassen. Ausdrücklich räumt die Blankounterschrift in Verbindung mit dem lückenhaften Text niemandem ein Bestimmungsrecht im Hinblick auf die unbestimmt gebliebenen Teile der Erklärung ein. Allerdings kann die Einräumung eines Bestim-

---

[273] Vgl. P. Fischer, Diss., S. 96 selbst; v. Tuhr, AT II, 1, S. 194.

[274] Dabei soll das Problem des Andeutungserfordernisses bei schriftformbedürftigen Willenserklärungen nicht umgangen werden.

mungsrechts hinsichtlich der fehlenden Teile auch schlüssig erfolgen[275]. Nach der Verkehrssitte könnte man die Blankounterschrift als Andeutung darauf verstehen, dass dem Inhaber des Blanketts, also dem Blankettnehmer, ein Bestimmungsrecht eingeräumt ist. Mit der Begebung der blankogezeichneten Urkunde an den Blankettnehmer könnte diesem die „Ausfüllungsermächtigung" erteilt worden sein[276]. Aber auch das genügt nicht für eine klare Unterscheidung, ob damit die Bindung an eine Leistungsbestimmung durch einen anderen gemeint ist oder die Bindung an eine Vertretererklärung. Es fehlen somit ausreichende Anhaltspunkte für einen konkreten Bestimmungsmodus. Das Problem fehlender Anhaltspunkte für einen Bestimmungsmodus haben schließlich auch die Vertreter der Theorie von der Blanketterklärung als bestimmungsbedürftige Willenserklärung selbst erkannt[277]. Deshalb wird in diesem Zusammenhang vertreten, dass die Art, wie die Bestimmung zu erfolgen habe, bei den Blanketterklärungen durch die Verkehrssitte bestimmt werde[278]. Richtig besehen handelt es sich aber dann, wenn man aus der Verkehrssitte nicht vorhandene Anhaltspunkte auf einen Bestimmungsmaßstab erschließen will, um eine die Grenzen der Zulässigkeit unbestimmter Rechtsgeschäfte sprengenden Schritt. Denn mit diesem Argument wird in unzulässiger Weise der zur Leistungsbestimmung erforderliche Mindestinhalt einer bestimmungsbedürftigen Willenserklärung, nämlich wenigstens Anhaltspunkte, aus denen der Schluss auf den Bestimmungsmaßstab gezogen werden kann, durch die Verkehrssitte ersetzt. Die Verkehrssitte wird jedoch in § 157 BGB als Auslegungsmittel erwähnt. Es wird damit der Gegenstand der Auslegung, die objektiven Anhaltspunkte, die den Schluss auf die Einräumung eines Bestimmungsrechts zulassen deshalb, weil sie objektiv nicht vorliegen, durch die Verkehrssitte und damit durch ein Auslegungsmittel[279] ersetzt. Auslegungsmittel können jedoch nur dazu dienen, den rechtlich maßgeblichen Sinn (Erforschung des Erklärungsbe-

---

[275] Staudinger (Mader), § 315, Rz. 22; für zweifelnd Köndgen/König, ZIP 1984, S. 129 (133).

[276] Dazu P. Fischer, Diss., S. 101.

[277] Vgl. Cohn, Das rechtsgeschäftliche Handeln; S. 25, 26, der von einem nicht relevanten Unterschied spricht; P. Fischer, Diss., S. 92 ff hat sich nicht damit beschäftigt. Ihm scheint zu genügen, dass der Offerent die Bestimmung der offen gelassenen Punkte dem Gegner überlassen will

[278] P. Fischer, Diss., S. 95; Cohn, Das rechtsgeschäftliche Handeln, S. 25, 26.

[279] Zur Verkehrssitte als Auslegungsmittel: Larenz/Wolf, AT, § 28, Rz. 62 ff..

wusstseins und des konkreten Inhalts des Geschäftswillens[280]) des Auslegungsgegenstandes zu ermitteln, nicht aber, ihn selbst zu ergänzen oder gar zu ersetzen.

Hinzu kommt ein weiterer Gesichtspunkt, der sich gegen die dogmatische Einordnung als bestimmungsbedürftige Willenserklärung einwenden lässt: Ließe man es nämlich zu, dass die Art, wie die Bestimmung erfolgen soll, bei der Blanketterklärung durch die Verkehrssitte bestimmt werden kann, so müsste nun bei formbedürftigen Blanketterklärungen geprüft werden, ob der so ermittelte Wille zur Bestimmung und Konkretisierung der Lücke eine hinreichende Stütze durch Andeutung in der Erklärung findet[281], damit sich die urkundliche Form auch mit dem Inhalt der Erklärung deckt. Aber weder in der Unterschrift noch aus ihr in Verbindung mit einem lückenhaften Text wäre eine Andeutung des Inhalts ersichtlich, wie die Bestimmung der fehlenden Erklärungsteile erfolgen soll. Bei schriftformbedürftigen Erklärungen entsteht ein weiteres Problem: Es ist nämlich fraglich, ob die Schriftform eingehalten ist, wenn ein unbestimmt gebliebener Erklärungsteil erst durch Umstände außerhalb der Urkunde geklärt werden kann[282].

2.) Die Blankounterschrift als Willenserklärung kraft normativer Zurechnung

Es fragt sich, ob die Blankounterschrift eine Willenserklärung kraft normativer Zurechnung ist[283]. Diese erfüllt den Mindesttatbestand einer Willenserklärung[284]. Unter einer Willenserklärung kraft normativer Zurechnung ist jedes Verhalten einer Person zu verstehen, welches nach der Erfahrung des Verkehrs unter Würdigung

---

[280] Larenz/Wolf, AT, § 28, Rz. 4, 7.

[281] Zur durchaus umstrittenen Andeutungstheorie: I. Scherer, Diss., S. 46; Larenz/Wolf, AT, § 28, Rz. 82, 93; RGZ 154, S. 42 (45); BGHZ 63, S. 360 (362); BGH WM 1987, S. 686 (688); BGH WM 1992, S. 177 (179); BGH NJW 1996, S. 2792 (2793); kritisch: Häsemeyer, Die gesetzliche Form, S. 172 ff.; Medicus, AT, Rz. 330. U.a. dazu auch MüKo (Mayer/Maly/Busche), 4. Aufl, § 133, Rz. 53; Palandt (Heinrichs), § 133, Rz. 19.

[282] Dazu auch Larenz/Wolf, AT, § 28, Rz. 81 mit Beispielen und BGH NJW 1989, S. 1484-1486.

[283] Zum Rechtscharakter von Willenserklärungen kraft normativer Zurechnung: vgl. MüKo (Kramer), 4. Aufl., Vor § 116, Rz. 18.

[284] Vgl. MüKo (Kramer), 4. Aufl. Vor § 116, Rz. 18.

aller Umstände des konkreten Falles regelmäßig den Schluss auf einen bestimmten auf einen Rechtserfolg gerichteten Willen gestattet, ohne Rücksicht darauf, ob ein solcher Schluss im Einzelfall auch zutrifft. In diesem normativen Sinne soll noch nicht einmal das Erklärungsbewusstsein essentiell sein, soweit nur Zurechenbarkeit des äußeren Tatbestandes gegeben ist, denn es soll allein auf das vertrauenstheoretisch bestimmte Bild der Erklärung ankommen[285]. Dies sei eine Konsequenz des Gedankens der Selbstverantwortung und des mit diesem korrespondierenden Vertrauensschutzprinzips im Rechtsgeschäftsverkehr[286].

Unterschrift und Blankounterschrift geben als objektiver Maßstab Gewissheit über den Namensträger als Zurechnungssubjekt für die Rechtswirkungen des Geschäfts. Damit wäre dem Erfordernis der Zurechenbarkeit des äußeren Tatbestandes Genüge getan. Aber die Zurechnung einer gar nicht oder nur unvollständig vorhandenen Erklärung lässt noch nicht den Schluss auf einen bestimmten auf einen konkreten Rechtserfolg gerichteten Willen zu. Natürlich mag es aus der Perspektive des Vertrauensschutzes dahin stehen, ob wirklich ein solcher innerer Wille bei der Person vorhanden gewesen ist oder nicht. Denn auf den inneren Willen kommt es ja auch bei der Auslegung einer Erklärung nicht an[287]. In diesem normativen Sinne mag auch das Erklärungsbewusstsein noch nicht essentiell sein. Schließlich kann das, was dem Willen der Person nicht entspricht, unter den Voraussetzungen der §§ 119 ff, 123 f. BGB angefochten werden. Aber die vertrauenstheoretische Bindung ohne Bestandskraft[288] an das zurechenbare Bild einer Erklärung drückt bereits aus, dass der Mindesttatbestand, von dem hier die Rede ist, nicht erfüllt sein kann, wenn das objektive Bild, das als Vertrauensgrundlage dienen soll, seinerseits mangels Anhaltspunkten nicht geeignet ist, den Schluss auf einen konkreten Geschäfts- und Rechtsfolgewillen zuzulassen: Der Schutz des Vertrauens auf das Bild einer unvollständigen Erklärung kann nicht dahin gehen, dass man sich die fehlenden Teile der Erklärung ohne Anhaltspunkte einfach hin-

[285] Vgl. MüKo (Kramer), 4. Aufl., Vor § 116, Rz. 18; Schmidt-Salzer, JR 1969; 281 ff (283 ff); Kellmann, JuS 1971, S. 609 ff (612); Jahr, JuS 1989, S. 249 (251)..

[286] Vgl. MüKo (Kramer), 4. Aufl., Vor § 116, Rz. 18 unter Verweis auf OLG Celle WM 1988, S. 1436 (1437).

[287] Vgl. Larenz/Wolf, AT, § 28, Rz. 34.

[288] Siehe MüKo (Kramer), 4. Aufl., Vor § 116, Rz. 19.

zudenken kann. In diesem Bereich gibt es kein schützenswertes Vertrauen, weil der Vertrauenstatbestand fehlt. Eine Willenserklärung kraft normativer Zurechnung setzt somit neben der normativen Zurechenbarkeit auch Anhaltspunkte voraus, die das Vorhandene inhaltlich bestimmbar machen. Allein die Zurechenbarkeit eines Umstandes, aus dem nach seinem objektiven Bild allenfalls auf eine abstrakt rechtliche Relevanz geschlossen werden kann, bildet keine Grundlage für eine vertrauenstheoretisch verbindliche Willenserklärung. Ein Minimum an Rechtsfolgen muss durch den Parteiwillen festgesetzt werden, weil sich die Rechtswirkungen auf dieses Rechtsgeschäft zurückführen lassen müssen[289]. Daher kann die Blankounterschrift nicht Willenserklärung kraft normativer Zurechnung sein.

3.) Die Blankozeichnung als eigenständiger Erklärungsakt

Die Unterschrift wird von demjenigen vollzogen, den die Rechtswirkungen des Geschäfts treffen sollen. Deshalb wird vertreten[290], dass sie das *entscheidende* Stück des äußeren Erklärungstatbestandes ist. Gerade die Funktion der Unterschrift bei schriftformbedürftigen Erklärungen zeige, dass den Blankettgeber nicht nur die Wirkungen rechtsgeschäftlichen Handelns träfen, sondern dass er auch selbst handele[291]. Demnach sei die Erklärungsbedeutung der Unterschrift folgendermaßen zu sehen: Die Niederlegung des Textes sei nur Vorbereitung. Als eigentlicher Erklärungsakt sei erst dessen Unterzeichnung anzusehen und so sei nach der Verkehrsanschauung der Aussteller der Urkunde und damit Erklärender derjenige, der sie unterschrieben habe. Also sei der Blankozeichner der Erklärende. Aus eben diesem Grunde leiste der Blankettgeber ja auch seine Unterschrift, weil er nämlich die endgültige Erklärung im Verkehr als die seinige angesehen wissen wolle[292].

---

[289] V. Tuhr, AT II, 1, S. 194; P. Fischer, Diss., S. 96.

[290] G. Fischer, Diss., S. 14 ff (14).

[291] G. Fischer, Diss., S. 16.

[292] G. Fischer, Diss., S. 15.

Diese Argumentation vermag nicht zu überzeugen. Denn auch der Vertretene will die endgültige Erklärung letztlich im Verkehr als die seinige angesehen wissen, mag dies auch nur für die Rechts*wirkungen* des Geschäfts gelten[293]. Denn der Vertreter wird ebensowenig wie der Blankettnehmer von den Rechtswirkungen des Geschäfts getroffen. Zuordnungssubjekt bezüglich der Wirkungen des Geschäfts und auch bezüglich der Parteirolle ist somit stets der Vertretene[294] und nicht nur der Blankettgeber. Darüber hinaus ist auch nicht einzusehen, warum die Textniederschrift als Vorbereitungshandlung und die Unterzeichnung als eigentlicher Erklärungsakt gelten soll. Historisch dient die Blankounterschrift der Vorbereitung der Willenserklärung, weil sie zeitlich vor der Textniederschrift erfolgt. Mit deren Eintragung oder ergänzender Ausfüllung entsteht erst die Willenserklärung[295]. Folglich ist die Blankounterschrift der antizipierte Teilakt des objektiven Erklärungstatbestandes. Die Vervollständigung zur Willenserklärung folgt nach. Die Textniederschrift verleiht dem unfertigen und vorweggenommenen Teilerklärungsakt erst den Charakter einer Willenserklärung. Daraus, dass die Unterschrift ursprünglich das einzig sinnlich Wahrnehmbare ist, kann nicht der Schluss gezogen werden, dass die Blankounterschrift als antizipierter Teilakt einer schriftlichen Willenserklärung eigentlicher Erklärungsakt ist. Denn dies kann immer nur die Erklärung selbst in Verbindung mit den sie begleitenden Umständen sein, weil darin erst der konkrete, bestimmte rechtsgeschäftliche Erfolg zum Ausdruck kommt, an den sich der Blankozeichner überhaupt binden kann. Zu recht wird deshalb das entscheidende Tatbestandsstück im Erklärungstext gesehen[296].

---

[293] Vgl. MüKo (Schramm), § 164, Rz. 15; auch Staudinger (Schilken), § 164, Rz. 9; Flume, Das Rechtsgeschäft, § 46, 1, S. 793, 794.

[294] Vgl. MüKo (Schramm), 4. Aufl., § 164, Rz. 14, 15; Staudinger (Schilken), § 164, Rz. 9; Flume, Das Rechtsgeschäft, § 46, 1, S. 793, 794.

[295] Vgl. MüKo (Förschler), 3. Aufl., § 126, Rz. 18; MüKo (Einsele), 4. Aufl., § 126, Rz. 11; RGZ 63, S. 230 (232)

[296] Canaris, Vertrauenshaftung, S. 56.

4.) Die Blankounterschrift als Imperfectum (herrschende Meinung)

Nach herrschender Meinung stellt die blanko gegebene Namenszeichnung keine Willenserklärung dar. Die Willenserklärung entstehe erst mit der Eintragung des Textes[297]. Die Blankounterschrift wird als „imperfectum" gesehen[298]. Als Erklärung lasse sie jeglichen Inhalt vermissen, sei überhaupt nicht vorhanden oder unvollständig und daher wirkungslos oder einfach keine Erklärung. Denn zu den Erfordernissen einer wirksamen Willenserklärung gehöre auch ihre Richtung auf den Adressaten[299]. Gemeint ist das Erfordernis der Adressierung an eine bestimmte oder bestimmbare Person. Daran fehle es beim Blankett aber regelmäßig, weil die Person des Gläubigers erst durch die spätere Ausfüllung bestimmt werde.

Dass die Richtung auf den Adressaten bei empfangsbedürftigen Willenserklärungen Voraussetzung des Wirksamwerdens ist, steht außer Zweifel. Entscheidend ist aber, dass die inhaltlichen Anforderungen, die an eine wenigstens bestimmbare Willenserklärung zu stellen sind, fehlen. Eine inhaltlich unbestimmte und nicht bestimmbare Willenserklärung kann auch nicht durch ihre Adressierung an einen Adressaten Gültigkeit erlangen. Sie ist für sich betrachtet noch nicht einmal Erfüllung der Schriftform und damit Träger prozessualer Vermutungen. Dasjenige, worauf sie ihre formal aneignende Wirkung entfalten soll, muss ja auch erst niedergeschrieben werden. Folglich ist sie erst recht nicht Beweiszeichen auf einen konkreten rechtsgeschäftlichen Willen. Ohne Belang ist es daher auch, ob der Adressat bei einem Blankett mit unvollständigem, noch auszufüllenden Text bereits erkennbar ist.

Der herrschenden Ansicht ist somit jedenfalls darin zuzustimmen, dass die Blankounterschrift weder allein noch in Verbindung mit Erklärungsfragmenten die Voraussetzungen einer auf die Herbeiführung eines konkreten rechtsgeschäftlichen Erfolges gerichteten Willenserklärung erfüllt, weil es vor ihrer Vervollständigung

---

[297] Vgl. RGZ 63, S. 230 (232); MüKo (Förschler), 3. Aufl., § 126, Rz. 18; MüKo (Einsele), 4. Aufl., § 126, Rz. 11; Möller, WM 1965, S. 94 (96); von Tuhr, AT II, 1, § 61, S. 415.

[298] Siegel, Diss., S. 8, 29; Siegel, LZ, 1909, Spalte 538; zur herrschenden Meinung vgl.: P. Fischer, Diss., S. 89 ff.

[299] Von Tuhr, AT II, 1, § 61, S. 415; 429; W. Meyer, Diss., S. 3, 76; Lehmann, Die Unterschrift, S. 20.

regelmäßig noch am konkreten Rechtsfolgewillen fehlt und nichts da ist, was im Wege der Auslegung oder Auslegungsergänzung zur Ermittlung des konkreten Inhalts des Geschäftswillens herangezogen werden könnte. Es trifft zu, dass die Willenserklärung erst mit der Ausfüllung entsteht. Die herrschende Meinung wertet das ausgefüllte Blankett als Erklärung des Blankettgebers[300]

5.) Eigener Standpunkt: Die Blankounterschrift als antizipiertes Zeichen (auf den Willen des Namenszeichners, sich an die Rechtsfolgen einer künftigen Willenserklärung in seinem Namen binden zu wollen)

Nach der hier vertretenen Ansicht ist die für den Erklärungsempfänger erkennbare Blankounterschrift, also das offene Blankett, objektiviertes Zeichen auf einen Handlungswillen, weil sie aus vermutlich autonom niedergeschriebenen Schriftzeichen besteht. Sie spielt für das Erklärungsbewusstsein ebensowenig eine Rolle wie die nicht blanko gegebene Unterschrift. Es verbleibt die Frage nach ihrer Bedeutung für den Geschäftswillen. Denn sie wird der Erklärungsniederschrift vorweggenommen und kann anders als die nicht blanko erfolgte Unterschrift ohne den erforderlichen sinngebenden Zusammenhang mit dem Erklärungstext nicht als Bekenntnis zum konkreten Geschäfts- und Rechtsfolgewillen und als Zeichen für die auf die Erzeugung einer bestimmten Rechtsfolge gerichteten Absicht verstanden werden[301]. Abgesehen davon, dass sie den Handlungswillen dokumentieren kann, fehlt ihr die Verbindung zu jenen Willenselementen, deren Bildung wesentliche Grundvoraussetzung einer Willenserklärung sind. Vor der Ausfüllung kommt allenfalls in den Erklärungsfragmenten noch der abstrakte Wille, eine rechtlich relevante Erklärung abzugeben, also das Erklärungsbewusstsein zum Ausdruck. Das Erklärungsbewusstsein wird heute aber nicht einmal mehr als notwendiger Bestandteil einer Willenserklärung angesehen[302]. Der konkrete Geschäfts- und Rechtsfolgewille ist noch nicht in Schriftzeichen zum Ausdruck gebracht worden.

---

[300] Vgl. MüKo (Förschler), 3. Aufl., § 126, Rz. 18.

[301] Vgl. für die Willenserklärung: Flume, Das Rechtsgeschäft, § 4, 5; zu den Erfordernissen einer Willenserklärung: Larenz/Wolf, § 24, Rz. 11; BGHZ 21, S. 102 (106).

[302] Brox, AT, § 4, Rz. 83; BGHZ 91, S. 324 (327); 109, S. 177.

Es fehlt aber nicht nur an der Manifestation eines konkreten Geschäftswillens in der Urkunde. Vielmehr ist es überhaupt schon fraglich, ob der Blankettgeber einen solchen Geschäfts- und Rechtsfolgewillen bereits gebildet hat[303]. Nur vereinzelt ist diese Frage in der Blankettliteratur gestellt worden[304]. So heißt es: „Der Blankettnehmer will dem ihm vom Blankettgeber mitgeteilten Willen durch die Ausfüllung zur Kundgabe nach außen und damit zur Wirksamkeit verhelfen. Diesen Willen hat der Blankettgeber schon erklärt, er wird nur später wirksam"[305], nämlich dann, wenn er in Schriftzeichen seinen erkennbaren Ausdruck gefunden hat. Oder es heißt, durch die Textniederschrift würden die vom Aussteller mündlich überlieferten Angaben fixiert[306]. Bei diesem Sachverhalt bestünde Übereinstimmung zwischen Geschäftswillen und Erklärung. Dies sei eine normale Willenserklärung[307]. Dagegen wurde eingewandt, dass man bei der Frage, wie das Wollen des Blankettgebers rechtlich zu qualifizieren sei, davon ausgehen müsse, dass die Willenserklärung ein Akt des Willensvollzuges sei[308]. Deshalb wird bezweifelt, ob der vom Blankettgeber mitgeteilte mündlich überlieferte Wille als Geschäftswille im dargelegten Sinne gelten kann[309]. Der Argumentation ist zuzustimmen. Denn der Blankettgeber hat regelmäßig noch gar keinen konkreten Geschäfts- und Rechtsfolgewillen gebildet und wählt diese Erklärungsart, weil er noch gar nicht weiß, wie der konkrete Inhalt der Erklärung lauten wird, wie hoch beispielsweise die Bürgschaftssumme sein wird. Er kennt also im Normalfall des Blankettierens noch gar nicht den genauen Inhalt seiner künftigen Verpflichtung und kann deshalb hinsichtlich dieser fehlenden Erklärungsbestandteile auch keinen konkreten Geschäftswillen bilden. Wenn der Blankettgeber einen solchen Willen nicht hat und die Blankounterschrift vor der Ausfüllung weder als Bekenntnis zu einem konkreten Geschäftswillen verstanden werden kann noch einen entsprechenden Schein entste-

---

[303] Das folgt aus den Ausführungen von Möller, Diss., S. 8; dazu P. Fischer, Diss., S. 80, 81; vgl. auch Mansfeld, LZ 1909, Spalte 183; W. Meyer, Diss., S. 76.

[304] P. Fischer, Diss., S. 81; so aber Möller, Diss., S. 7, 47 f; Mansfeld, LZ 1909, Spalte 183; W. Meyer, Diss., S. 76.

[305] Möller, Diss., S. 7.

[306] Mansfeld, LZ 1909, Spalte 182.

[307] So Klügge, Diss., S. 24; P. Fischer, Diss., S. 80.

[308] P. Fischer, Diss., S. 80, 81 unter Verweis auf Flume, das Rechtsgeschäft, § 4, 5.

[309] P. Fischer, Diss., S. 80, 81.

hen lässt, dann erfüllt sie weder tatsächlich noch scheinbar die Voraussetzungen einer Willenserklärung.

Theoretisch ist es aber denkbar, dass der Blankettgeber ausnahmsweise einen konkreten Geschäftswillen gebildet hat und sich dennoch dieser Erklärungsart bedient. Soweit dann die Blankounterschrift vor der Ausfüllung für den Empfänger auch als Bekenntnis zu diesem konkreten Geschäftswillen verstanden werden kann, so kann sie in dieser Verbindung bereits die Voraussetzungen einer Willenserklärung erfüllen.

Regelmäßig steht sie aber als antizipierter Begleitumstand in sinngebender Beziehung zu einer künftigen Willenserklärung, weil diese als Akt des Willensvollzuges nicht vor der Bildung eines konkreten Geschäftswillens vorhanden sein kann. Wenn die nicht blanko gezeichnete Unterschrift die für den Erklärungsempfänger objektivierte Bedeutung hat: „Ich will das, was ich inhaltlich konkret mit der Niederschrift der Erklärung zum Ausdruck gebracht habe, auch verbindlich herbeiführen", dann erklärt der Blankozeichner: „Ich will mich jetzt schon (antizipiert) an die Rechtswirkungen einer künftigen Willenserklärung in meinem Namen binden". Sie ist folglich antizipiertes Zeichen auf den Willen des Namenszeichners, sich an die Rechtsfolgen einer künftigen Willenserklärung in seinem Namen binden zu wollen. Dies ist vermutlich der Grund dafür, warum in der Literatur[310] und der Rechtsprechung[311] häufig die Unwiderruflichkeit der dem Blankettnehmer erteilten Ausfüllungsbefugnis bejaht wird. Der Eintritt dieser Rechtsfolgen ist aber nicht die Wirkung der „Geschäfts- und Rechtsfolgewillensäußerung" des Blankettgebers, sondern die Wirkung der erkennbaren Geschäfts- und Rechtsfolgewillensäußerung des Blankettnehmers, weil die Rechtsfolgen erkennbar regelmäßig nicht durch den Willen des Blankettgebers, sondern durch den Willen des Blankettnehmers festgesetzt werden. Steht sie bereits unterhalb eines lückenhaften Erklärungstextes, so vermag sie auch nur Teilakt dieses lückenhaften Teils zu sein. Als der die lückenhaften Erklärungsfragmente begleitender Umstand ist sie antizipiertes Zei-

---

[310] K.H. Müller, Diss., S. 49; Siegel, Diss., S. 65; zur Widerruflichkeit: G. Fischer, Diss., S. 31 ff; P. Fischer, Diss., S. 168.

[311] BGH NJW 1969, S. 2050 f.; RGZ 33, S. 44 (44); RGZ 8, S. 56 (59).

chen auf einen Willen des Unterzeichners, sich in seinem Namen an die vom Ausfüllenden erklärten Rechtsfolgen rechtlich binden zu wollen. Danach ermöglicht sie nicht die Zuordnung einer *vorhandenen* Willenserklärung zum Rechtssubjekt, sondern lediglich die Zuordnung der Rechtswirkungen einer *künftigen* Willenserklärung zum Rechtssubjekt. Denn auch die Rechtswirkungen des Vertretergeschäfts treffen den Geschäftsherrn[312].

Damit wird also die niedergeschriebene Erklärung nicht zur Willenserklärung des Blankettgebers, obwohl sie seine Unterschrift trägt. Auch das ausgefüllte Blankett ist nicht wegen der Unterschrift des Blankettgebers dessen Willenserklärung[313]. Vielmehr ähnelt der zum Ausdruck gebrachte Wille des Blankettgebers, sich an etwas binden zu wollen, was noch von einem anderen zu erklären ist, mag er dies nach Weisung oder weisungsfrei tun, dem Willen eines Vertretenen, der in einer Vollmachtsurkunde oder durch Vollmachtskundgabe zum Ausdruck bringt, dass er einen anderen bevollmächtigt habe. In vertretbarer Weise wird deshalb auch eine Ähnlichkeit mit der Vollmachtskundgabe gesehen: Die Unterschrift sei als Kundgabe der Vollmachtserteilung aufzufassen. Der Verkehr entnehme daraus, dass jemand seine Unterschrift mit oder ohne lückenhaften Text einem anderen überlasse und dieser tätig werde, dass er jenen auch bevollmächtigt habe[314]. Denn auch sie ist Zeichen auf einen Willen, sich an die künftige Willenserklärung eines anderen binden zu wollen.

6.) Ergebnis zur Bedeutung der Blankounterschrift im objektiven Erklärungstatbestand eines offen ausgefüllten Blanketts

Die Blankounterschrift ist selbst nicht Willenserklärung. Sie paßt weder in die Tatbestände bestimmungsbedürftiger Willenserklärungen noch kann sie als solche kraft normativer Zurechnung gewertet werden. Auch in Verbindung mit einem lückenhaften Text erfüllt sie bei offener Blankettlage regelmäßig nicht die Mindester-

---

[312] Vgl. MüKo (Schramm), § 164, Rz. 108 f.

[313] So aber die herrschende Meinung, siehe 2.Kap.A,III.

[314] So zum Beispiel Bornemann, Diss., S. 38.

fordernisse einer schriftlichen Willenserklärung[315]. Sie ist vielmehr Zeichen auf einen Willen des Unterzeichners, sich in seinem Namen an die Rechtswirkungen einer künftigen Willenserklärung binden zu wollen. Sie ermöglicht so die Zuordnung der Rechtswirkungen einer künftigen Willenserklärung zum Rechtssubjekt.

Damit ist widerlegt, dass *wegen ihrer Existenz* rechtsgeschäftliches Handeln des Blankettnehmers nicht vorliegen könne. Unter Berücksichtigung dieses Gesichtspunktes wird die Frage, ob die Ausfüllungshandlung des Blankettnehmers geeignet ist, die Mindesterfordernisse einer schriftlichen Willenserklärung zu erfüllen, neu gestellt.

D. Die Rechtsnatur der Ausfüllungshandlung

I. Die Schwierigkeiten der rechtlichen Einordnung

Wie die Ausfüllungshandlung dogmatisch einzuordnen ist, ist umstritten[316]. Obwohl die herrschende Meinung das unausgefüllte Blankett als unvollständige und daher wirkungslose Erklärung des Blankettgebers betrachtet[317], lehnt sie auch ein rechtsgeschäftliches Handeln des Blankettnehmers ab[318]. Das unausgefüllte Blankett sei noch keine Willenserklärung, die Ausfüllungshandlung nur Realakt (Skripturakt)[319]. Streng genommen liegt also, folgt man der herrschenden Meinung, weder eine Willenserklärung des Blankettgebers, noch eine solche des Blankettnehmers vor. Erst mit der Ausfüllung und Vervollständigung des Blanketts durch den

---

315 Zur Ausnahme siehe S. 64.

316 Vgl. beispielhaft nur P. Fischer, Diss., S. 104 ff. zum Stand der Meinungen S. 105 ff.; Benedict, Jura 1999, S. 78 (78); G. Müller, AcP 181, S. 515 (518 ff).

317 Siehe dazu oben Kap. 2, C., III., 4.).

318 W. Meyer, Diss., S. 3, *(75?)* 76; Siegel, AcP 111, S. 1 (114); Siegel, Diss., S. 8, 29; von Tuhr, AT II 1, § 61, S. 415: "Vor der Ausfüllung eine wirkungslose Erklärung"; K.H. Müller, Diss., S. 10 f., 22, 26;Canaris, Vertrauenshaftung, S. 56; MüKo (Schramm), 4. Aufl., § 172, Rz. 14; P. Fischer, Diss., S. 106; Feldmann, Diss., S. 19; F. Möller, Diss., S. 7, 9.

Blankettnehmer entstehe die Willenserklärung des Blankettgebers. Die Vorstellungen darüber, wie die Ausfüllung wirkt, gehen dabei auseinander[320]. Die Ausfüllung durch den Blankettnehmer könne deshalb nicht rechtsgeschäftlicher Natur sein, weil die Erklärung wegen der Unterschrift des Blankettgebers entweder dessen Erklärung (Aneignungstheorie[321]) sei oder als seine Erklärung gelte (Fiktionstheorie)[322]. Übereinstimmend steht man auf dem Standpunkt, dass es für die Frage der Rechtsnatur der Ausfüllungshandlung allein auf den Empfängerhorizont des Dritten ankomme[323]. So wird das äußere Erscheinungsbild des schriftlichen Erklärungstatbestandes, also die Urkunde, für die rechtliche Einordnung der Blanketterklärung als maßgeblich erachtet. Die entscheidende Rolle wird dabei der Unterschrift des Blankettgebers[324] auf dem ausgefüllten Blankett zugedacht. Sie sei die Wiederholung des im Kontext Gesagten, wie das „ja" auf eine längere Frage, womit sich der Schluss aus der Unterschrift auf den Aussteller der Urkunde rechtfertige[325] und worauf schließlich auch die Beweisregel des § 440 II ZPO beruhe.

Weil also die Blanketturkunde die Namensunterschrift des Blankettgebers trägt, kann sie nach herrschender Auffassung nicht die Willenserklärung des ausfüllenden Blankettnehmers, sondern nur die des Blankettgebers verkörpern[326]. Danach

---

319 MüKo (Schramm), 4. Aufl., § 172, Rz. 14; derselbe § 185, Rz. 49; so auch P. Fischer, Diss., S. 104 ff, 151 f; Canaris, Vertrauenshaftung, S. 55, 56: „ Der Blankettnehmer perfiziert die Erklärung".

320 P. Fischer, Diss., S. 106.

321 So wohl F. Möller, Diss., S. 6, 7, 8.

322 Vgl. dazu P. Fischer, Diss., S. 110, 111; Brammertz, Diss., S. 33, 37; Lehmann, Die Unterschrift, S. 25, für Fiktion: Voß, IheringJb 56, S. 412 (417); von Tuhr, AT II 1, § 61, S. 415.

323 So zum Beispiel Flume, Das Rechtsgeschäft, § 43, 4, S. 755 f.; vgl. auch G. Fischer, Diss., S. 12.

324 Siehe K.H. Müller, Diss., S. 28; F. Möller, Diss., S. 7 f., 43; G. Fischer, Diss., S. 16 f.; von Tuhr, AT II 1, § 61, S. 415.

325 Lehmann, Die Unterschrift, S. 28; Feldmann, Diss., S. 20 unter Berufung auf Lehmann; ähnlich auch G. Fischer, Diss., S. 16.

326 Von Tuhr, AT II, 1, § 61, S. 415; F. Möller, Diss., S. 43; Feldmann, Diss., S. 20; Klügge, Diss., S. 47, 50; K.H. Müller, Diss., S. 28; Entweder heißt es, dass die ausgefüllte Urkunde als Erklärung des Blankettgebers gilt, weil sie von ihm unterschrieben worden ist (so von Tuhr) oder weil die die Unterschrift ein nach der Verkehrsauffassung schlüssiges Zeichen auf den Willen des Unterzeichners ist, den später über seine Unterschrift gesetzten Text zu erklären, dass also die fertige Urkunde seine Willenserklärung sein soll (so K.H. Müller, Diss., S 28; ähnlich Siegel, Diss., S. 14, 16).

könnte der Blankettnehmer weder Stellvertreter des Blankettgebers noch dessen Ermächtigter[327] sein.

Gegen diesen überwiegend vertretenen Standpunkt ist einzuwenden, dass er nicht alle Teilakte der Entstehung der Erklärung berücksichtigt und autonom beurteilt. Dies ist jedoch geboten[328]. Schließlich ist dem Erklärungsempfänger bei offener Blankettausfüllung die arbeitsteilige Vorgehensweise von Blankettgeber und Blankettnehmer bekannt. Stellt man allein auf die Unterschrift des Blankettgebers ab, birgt dies die Gefahr, dass sie wie ein „trügerisches Indiz"[329] den Blick auf die Rechtsnatur der Blankettausfüllung und damit auch der Blanketterklärung verstellt. Die Betrachtungsweise reduziert die Möglichkeit, die Rechtsnatur der Ausfüllungshandlung richtig einzuordnen, weil für die Bestimmung der Ausfüllungshandlung nur die Beurteilung dessen bleibt, was dem Blankettnehmer angesichts der Unterschrift des Blankettgebers, die die Erklärung nach herrschender Meinung zu seiner eigenen mache, zu tun übrig bleibt[330].

Werden außerdem als Modelle für die Zurechnung der Erklärung zum Blankettgeber die für den Formtatbestand des § 126 BGB entwickelte Aneignungstheorie oder die Fiktionstheorie auf den materiellen Erklärungstatbestand übertragen[331], so fehlt es nicht nur an der Differenzierung zwischen Form und Auslegung des objektiven Erklärungstatbestandes. Vielmehr bleibt auf diesem Wege auch offen, wie die Verwirklichung von Teilstücken eines Rechtsgeschäfts materielle Wirkungen in der Rechtssphäre anderer schaffen kann[332]. Würde man mit der herrschenden Meinung beiden Teilakten die rechtsgeschäftliche Qualität absprechen, so

---

[327] Dazu auch G. Müller, AcP 181, S. 515 (520 f); K.H. Müller, Diss., S. 36; F. Möller, Diss., S. 42 ff.; G. Fischer, Diss., S. 19 f.; P. Fischer, Diss., S. 152 ff; kein Stellvertreter: von Tuhr, AT II 1, § 61, S. 415; Feldmann, Diss., S. 19.

[328] So auch P. Fischer, Diss., S. 115.

[329] Bornemann, Diss., S. 11.

[330] So zu recht P. Fischer, Diss., S. 110, 112, 113 unter Verweis auf W. Meyer, Diss., S. 42, 43.

[331] P. Fischer, Diss., S. 110, 111; so auch jüngst Benedict, Jura 1999, S. 78 ff.

[332] P. Fischer, Diss., S. 109. Aus der Hinnahme solch evidenter Widersprüche schließt P. Fischer darauf, dass man das Streben nach einer dogmatischen Einordnung der Blanketterklärung in das System des Zivilrechts aufgegeben habe, Diss., S. 105.

fehlte es genau genommen an den Voraussetzungen einer Willenserklärung[333]. Die Urkunde, die aus einem Blankett entstanden ist, enthielte nur eine Fiktion[334]. Die Fiktion könnte freilich nur Rechtswirkungen entfalten, wenn die Ausfüllung verdeckt vorgenommen worden ist, weil ansonsten die erforderliche Vertrauensgrundlage fehlt. Versteht man dagegen beide Handlungen als rechtsgeschäftliche Akte[335], dann stellt sich die Frage, ob nun die Willenserklärungen beider in der Urkunde enthalten sind, beziehungsweise, wessen Willenserklärung ihren Ausdruck in den Schriftzeichen findet. Auch wenn man im Blankettnehmer nur einen Boten oder Erklärungsgehilfen[336] sieht, ist seine Rechtsstellung unklar. Übermittelt er nur eine fremde Willenserklärung durch diktierte Ausfüllung? Und wie sind die Fälle zu beurteilen, in denen der Blankettnehmer nicht nur als Übermittler einer fremden Willenserklärung erscheint, sondern eigene Entscheidungsfreiheit über Inhalt und Abgabe der Erklärung hat[337]?

Letztlich hat sich die Ansicht als herrschend durchgesetzt, dass der Blankettnehmer zwar nicht rechtsgeschäftlich handelt, die Ausfüllungshandlung aber dennoch gemeinsame Züge mit der Stellvertretung aufweist[338]. Sie sei Gestaltungsrecht mit Sonderstellung, weil sie nämlich nicht unmittelbar auf die Begründung, Änderung oder Aufhebung eines Rechtsverhältnisses abziele[339], oder einfach Realakt[340]. Die Gemeinsamkeiten von Stellvertretung und Blankettausfüllung rechtfertigten eine analoge Anwendung der gesetzlichen Vorschriften über die Stellvertretung, obwohl die Ausfüllung reine Tathandlung sei und keine rechtsgeschäftliche Qualität

---

[333] So auch Möller, Diss., S. 8: „Einer muss es doch sein".

[334] So zum Beispiel Brammertz, Diss., S. 33; Stellungnahme dazu bei F. Möller, Diss., S. 7 (8)

[335] So G. Fischer, Diss., S. 16, 24; Voß, IheringJb. 56, S. 417, 459.

[336] So vertreten F. Möller, Diss., S. 7 f, 43; K.H. Müller, Diss., S. 28.

[337] Vgl. G. Fischer, Diss., S. 13; für Entscheidungsspielraum auch Mansfeld, LZ 1909, Spalte 183.

[338] Vgl. dazu auch G. Müller, AcP 181, S. 515 (522); Benedict, Jura 1999, S. 78 (79); Feldmann, Diss., S. 28; G. Fischer, Diss., S. 24; ders. JuS 1998, S. 205 (206 f.); Eckardt, Jura 1997, S. 189 (191 f.).

[339] Feldmann, Diss., S. 27; P. Fischer zum Gestaltungsrecht, Diss., S. 108 f.; von Tuhr, AT II 1, § 61, S. 415; K.H. Müller, Diss., S. 31 (33); Nischik, Diss., S. 19.

[340] MüKo (Schramm), 4. Aufl., § 185, Rz. 54, derselbe, § 172, Rz. 14.

besitze[341]. In seiner Funktion ähnele die Begebung einer Blanketterklärung und deren Ausfüllung der Vollmacht[342]. Im Sprachgebrauch hat sich die Bezeichnung „Ausfüllungsermächtigung“ durchgesetzt.

Aus dem Überblick wird deutlich, dass die verschiedenen Auffassungen zur Rechtsnatur der Ausfüllungshandlung nicht nur auf einer Vielzahl von Theorien[343] beruhen. Vielmehr wird auch deutlich, dass die rechtliche Einordnung noch immer unklar ist[344]. Ob die Ausfüllungshandlung als Realakt einzustufen ist, als Botentätigkeit oder als rechtsgeschäftliche Handlung im eigenen oder fremden Namen, bedarf daher der Klärung.

II. Der Lösungsansatz: Die Orientierung an den bestehenden gesetzlichen Wertungen

Verschiedene Erklärungsversuche beschränken sich auf einzelne Blankettarten. So wurde die Vorvertragstheorie für das Blankoakzept oder die Bedingungstheorie speziell für Wechselblankette entwickelt[345]. Die Vorvertragstheorie[346] ging davon aus, dass zwischen dem Akzeptanten und dem Blankettnehmer ein Vorvertrag auf Herstellung einer Wechselforderung geschlossen wurde. Gegen die Vorvertragstheorie setzte sich schließlich die Bedingungstheorie[347] durch. Danach ging man

341 Vgl. G. Fischer, Diss., S. 24; Feldmann, Diss., S. 27, 28; v. Tuhr, AT II 1, § 61 II 1, S. 415; Wächter, Diss., S. 38; Canaris, Vertrauenshaftung, S. 56; Keim, NJW 1996, S. 2274; Palandt (Heinrichs), Einf. vor § 164, Rz. 14 (zur analogen Anwendung); MüKo (Schramm), 4. Aufl., § 172, Rz. 14.

342 G. Fischer, Diss., S. 24; Feldmann, Diss., S. 28; von Tuhr, AT II 1, § 61 II 3, S. 415; Wächter, Diss., S. 38; Canaris, Vertrauenshaftung, S. 56.

343 Hier soll nur auf die Dissertationen von Feldmann, S. 13 ff; F. Möller, S. 5 ff; G. Fischer, S. 5 ff; P. Fischer, S. 123 ff verwiesen werden.

344 Vgl. nur Benedict, Jura 1999, S. 78 (79).

345 Vgl. Beuthien zur Bedingungstheorie, BB 1966, S. 603 (605) m.N.; Feldmann, S. 13 (15); G. Fischer, Diss., S. 5 ff.; K.H. Müller, Diss., S. 38 ff; OLG Celle MDR 1953, S. 432 (432).

346 Vgl. dazu RGZ 8, S. 56 (58 f.); Ausführungen zur Theorie: P. Fischer, Diss., S. 129 ff.; G. Fischer, Diss., S. 5.

347 Vgl. dazu Beuthien, BB 1966, S. 603 (605); siehe dazu auch die Ausführungen bei G. Fischer, Diss., S. 5, 6.

davon aus, dass mit der Begebung des Blanketts eine fertige Wechselverpflichtung entsteht, die nur durch die Ausfüllung bedingt ist.

Andere Theorien, wie die von *Sohm* begründete und von *Mansfeld* weiterentwickelte Offertentheorie[348] beanspruchen Geltung für alle Blankettarten. Danach sei mit der Hingabe des Blanketts zwar noch kein Vertrag zustande gekommen. Der Aussteller gebe aber bereits ein vollständiges Angebot ab, die sich an einen unbestimmten Dritten richte und durch die Entgegennahme des ausgefüllten Blanketts angenommen werde[349]. Die meisten dieser Theorien sind jedoch überholt[350]. Als beständig haben sich vor allem diejenigen Erklärungsmodelle erwiesen, die sich an den bestehenden gesetzlichen Wertungen des BGB orientieren und für alle Blankettarten entwickelt worden sind[351]. So werden im neueren Schrifttum lediglich die drei Rechtsinstitute besprochen, die die Zurechnung von Erklärungstatbeständen bei der Einschaltung dritter Personen regeln[352]. Denn nur die Heranziehung gesetzlicher oder gewohnheitsrechtlicher Institute mit vergleichbarer Interessenlage eröffnen den Zugang zu den Wertungen des bürgerlichen Rechts.

1.) Der tatsächliche Entstehungsvorgang der Erklärung als Ausgangspunkt

Ausgangspunkt für die Bestimmung der Rechtsnatur muss nach dem Empfängerhorizont bei der offenen Blankettausfüllung der gesamte, tatsächliche und erkennbare Entstehungsvorgang der Erklärung sein. Der Blankettgeber setzt seine Blankounterschrift auf eine leere oder teilweise ausgefüllte Urkunde. Die Textniederschrift, also die Ausfüllung des Blanketts, erfolgt ganz oder teilweise durch den

---

[348] Vgl. nur die zusammenfassenden Ausführungen bei G. Fischer, Diss., S. 5 ff; Mansfeld, LZ 1909, Spalte 177 (181 f.) und P. Fischer, Diss., S. 127, 128.

[349] G. Fischer, Diss., S. 5; ähnlich wohl auch RGZ 2, S. 89 (91).

[350] G. Fischer, Diss., S. 7; Feldmann, Diss., S. 13 (14 ff).

[351] So setzt sich auch G. Müller, AcP 181, S. 515 (518) nur noch mit der Frage auseinander, welches der drei Rechtsinstitute (Botenschaft, Verfügungsermächtigung und Stellvertretung) sich für die Blankettausfüllung durch einen Dritten fruchtbar machen lassen. Auch Eckardt, Jura 1997, S. 189 (191 f.) setzt sich lediglich mit der Verwandtschaft der Ausfüllungsbefugnis mit Botenmacht und Vollmacht auseinander.

[352] Vgl. G. Müller, AcP 181, S. 515 (518); Eckardt, Jura 1997, S. 189 (191 f.); G. Fischer, JuS 1998, S. 205 (207): „atypischer Fall der arbeitsteiligen Vornahme eines Rechtsgeschäfts".

Blankettnehmer. Daraus entsteht eine Willenserklärung. An der Entstehung der Willenserklärung sind folgerichtig verschiedene Personen, nämlich Blankettgeber und Blankettnehmer beteiligt. Damit ist die Blanketterklärung arbeitsteiliges Handeln[353]. Es liegt also nahe, dass der Gesetzgeber die Blankettausfüllung einer der *Arbeitsteilungsformen* des BGB zugeordnet hat[354]. In Betracht kommen somit die für die rechtsgeschäftliche Sphäre entwickelten Arbeitsteilungsformen der Stellvertretung und des Boten oder Erklärungsgehilfen[355]. Auch die Ermächtigungstheorie knüpft an die gesetzlichen Wertungen arbeitsteiligen Handelns an. Deshalb muss man sich mit diesen Formen arbeitsteiligen Handelns vorrangig auseinandersetzen[356].

Es lässt sich noch ein weiterer Grund dafür anführen, dass eine Orientierung an bestehenden gesetzlichen Wertungen und damit an den dem BGB bekannten Arbeitsteilungsformen der richtige Lösungsweg zur Bestimmung der Rechtsnatur der Ausfüllungshandlung ist: Die Blanketterklärung ist als Rechtsinstitut bereits im 19. Jahrhundert entstanden und damit vor dem BGB. Sie findet bereits in den Motiven Erwähnung[357], war dem Gesetzgeber als Rechtsinstitut also bekannt. Dass das Rechtsinstitut keine ausdrückliche positiv-rechtliche Regelung erfahren hat, kann somit nur auf einem redaktionellen Versehen beruhen, es sei denn, der Gesetzgeber hat das Blankettieren einer der arbeitsteiligen Handlungsformen des BGB zugeordnet oder jedenfalls wertungsmäßig mit einer solchen für vergleichbar gehalten und deshalb keinen Regelungsbedarf gesehen. Zunächst soll daher die Möglichkeit geprüft werden, ob es unter eine dem BGB bekannten Formen der Arbeitsteilung subsumiert werden kann[358], wenn unter einer möglicherweise vom Blankettnehmer stammenden Willenserklärung, vorausgesetzt sein Tun besitzt überhaupt rechtsgeschäftliche Handlungsqualität[359], die Unterschrift des Blankettge-

---

[353] G. Fischer, Diss., S. 9; P. Fischer, Diss., S. 82.

[354] ähnlich G. Fischer, Diss., S. 8, 9; so wohl auch P. Fischer, Diss., S. 152 ff.

[355] Zu den Theorien im einzelnen und zu ihren Vertretern sogleich.

[356] Vgl. G. Fischer, Diss., S. 6, 8.

[357] Motive I, S. 185

[358] So auch G. Müller, AcP 181, S. 515 (518).

[359] Was von der überwiegenden Ansicht abgelehnt wird.

bers steht. Schließlich unterzeichnet der Vertreter im ordnungsgemäßen Verfahren selbst mit seinem eigenen Namen[360].

2.) Die Zuordnung zu den Arbeitsteilungsformen des BGB mit rechtsgeschäftlicher Handlungsqualität

a.) Die Subsumtion der Blankettausfüllung unter die Arbeitsteilungsform der Ermächtigung – rechtsgeschäftliches Handeln im eigenen Namen des Blankettnehmers

Die Ermächtigungstheorie[361] sieht den Blankettnehmer als Ermächtigten, der eine Regelung in der Rechtssphäre des Blankettgebers schafft. Danach kann der Inhaber eines Rechts als Berechtigter nach § 185 BGB einen anderen ermächtigen, über sein Recht zu verfügen. Die Rechtsmacht des Ermächtigten unterscheidet sich von der Vollmacht dadurch, dass der Ermächtigte über das Recht des anderen im eigenen Namen verfügen kann[362]. Entsprechend betrachten die Vertreter dieser Ansicht die Ausfüllung durch den Blankettnehmer als ein Handeln im eigenen Namen, dessen Grundlage deshalb auch nicht Vollmacht sein könne[363]. Sie beziehen sich vor allem auf die Fälle, in denen der Ausfüllende im eigenen Interesse tätig wird[364]. Hier handele der Ausfüllende aus eigenem Recht und im eigenen Namen mit der Rechtsmacht, auf einen fremden Rechtskreis durch Rechtsgeschäft einzuwirken[365]. Neben dem Handeln im eigenen Namen unterscheidet sich die Ermächtigung von der Stellvertretung dadurch, dass die angestrebte Fremd-

---

360 Vorentwürfe der Redaktoren zum BGB, § 13, S. 80 (100).

361 Baumgärtel. DNotZ 1957, S. 652, 653; Haußmann, Gruchot 58, S. 289 (296 ff); W. Narjes, Diss., S. 17 ff; Rittner, DB 1958, S. 675 (675 f.).

362 Larenz/Wolf, AT, § 46, Rz. 25; Ludewig, Diss., S. 2 ff; Flume, Das Rechtsgeschäft, § 57, S. 903.

363 F. Möller, WM 1965, S. 94 ff.; ders. Diss., S. 42 f., ausdrücklich.

364 Vgl. G. Fischer, Diss., S. 7; F. Möller, Diss., S. 43; Bornemann, Diss., S. 19

365 G. Fischer, Diss., Nachweise auf S. 19, Fn. 104; Ludewig, Diss., S. 2.

wirkung nur gegenstandsbezogen[366], nicht aber personenbezogen ist, so dass sie nicht einmal offengelegt werden muss. Die Ausfüllungsermächtigung gebe dem Adressaten die Befugnis, die unvollständig beurkundete Willenserklärung zu vervollständigen. Darin liege das artbildende Merkmal der Blanketterklärung[367]. Ob die Rechtswirkungen der Blanketterklärung für und gegen den Blankettgeber durch ein Eigengeschäft des Blankettnehmers begründet werden können, soll im folgenden einer kritischen Würdigung unterzogen werden.

Die Ermächtigung ist ein Sondertatbestand der in den §§ 182 ff. BGB geregelten Zustimmung des Berechtigten zur Ausübung oder Geltendmachung eines Rechts durch einen Nichtberechtigten im eigenen Namen, insbesondere zu einer Verfügung. Die h.M versteht darunter die Erteilung der Macht, im eigenen Namen ein fremdes Recht auszuüben oder geltend zu machen[368]. Grundsätzlich ist die Ermächtigung beschränkt auf Verfügungsgeschäfte. Denn nur für Verfügungsgeschäfte findet sie in § 185 I BGB ihre gesetzliche Grundlage[369]. Bei der Verfügungsermächtigung geht es um die Einwirkung auf Rechte, die einem fremden Rechtskreis zuzuordnen sind[370]. Hier wird die Legitimation zur Ausübung und Geltendmachung des fremden Rechts im eigenen Namen erteilt[371]. Im Vordergrund stehen hier die Übertragung des Rechts, der Verzicht auf dasselbe und seine Belastung. § 362 II BGB kennt, indem er auf § 185 BGB verweist, die Ermächtigung zur Empfangnahme einer Leistung und zur Einziehung einer Forderung durch einen Dritten, der nicht Gläubiger ist[372]. Weil der Blankettnehmer keine Einziehung vornimmt, sondern eine rechtsgeschäftliche Verpflichtung des Blankettgebers erst

---

[366] Flume, Das Rechtsgeschäft, § 57, S. 904

[367] G. Fischer, Diss., S. 19, m.w.N.; Bornemann, Diss., S. 18 (19).

[368] Staudinger (Schilken), Vorbem. zu §§ 164 ff, Rz. 62; Flume, Das Rechtsgeschäft, § 57, 1 b, S. 904 f.; Lehmann-Hübner, AT, § 37 VI, S. 334; G. Fischer, Diss., S. 19.

[369] Staudinger (Schilken), Vorbem. zu §§ 164 ff, Rz. 65.

[370] Vgl. Flume, Das Rechtsgeschäft, § 57 1, S. 903, 905; zur Verfügungsermächtigung: Staudinger (Schilken), Vorbem. Zu §§ 164 ff, Rz. 63 f.; auch MüKo (Schramm), § 185, Rz. 31 ff; ders, vor § 164, Rz. 38.

[371] Flume, Das Rechtsgeschäft, § 57, 1 c, S. 904; Staudinger (Schilken), Vorbem. zu §§ 164 ff, Rz. 63.

[372] Larenz/Wolf, AT, § 46, Rz. 26.

herbeiführen soll, kann der Unterfall der Einziehungsermächtigung hier unberücksichtigt bleiben.

Es fragt sich, ob das Ausfüllungsrecht unter den Begriff der Ermächtigung subsumiert werden kann. Versteht man darunter die Rechtsmacht, im eigenen Namen ein fremdes Recht geltend zu machen oder auszuüben, dann könnte der Blankettgeber durch Ermächtigung nur die Zuständigkeit zur gegenständlichen Einwirkung auf seine Rechtssphäre verleihen. Das Rechtsgeschäft als Akt würde allein vom ermächtigten Blankettnehmer vorgenommen[373]. Es wäre sein eigenes Rechtsgeschäft und könnte den Blankettgeber nicht verpflichten. Da aber der Blankettgeber aus der Blanketturkunde selbst verpflichtet wird, kommt eine Qualifizierung der Ausfüllungsbefugnis als Ermächtigung nicht in Betracht.

Allerdings wird der Begriff der Ermächtigung auch in einem weiteren Sinne verstanden[374]. Über die von Rechtsprechung und Lehre herausgebildete Rechtsfigur der Ermächtigung[375] hinaus wird vertreten, dass aus § 185 BGB das allgemeines Recht folge, auf das eigene Vermögen einzuwirken[376]. *Cohn* bezeichnete dieses Recht als Verwaltungsrecht am eigenen Vermögen[377]. Die Ausübung dieses Rechts könne auch anderen überlassen werden[378]. Zwar bildet die Ermächtigung im so weit gefaßten Sinne schon keinen einheitlichen und selbständigen Rechtsbegriff mehr und ist bereits wegen ihrer Konturenlosigkeit abzulehnen[379]. Doch soll untersucht werden, ob das Ausfüllungsrecht ein solches dem Blankettnehmer zur Verfügung überlassenes Verwaltungsrecht am Vermögen des Blankettgebers sein kann.

---

[373] G. Fischer, Diss., S. 19 unter Verweis auf Flume, § 57, 1 a, S. 902.

[374] Staudinger (Gursky), § 185, Rz. 107 f. zur Ermächtigung im weiteren Sinne; Ludewig, Diss., S. 2 ff, § 8, S. 31, § 19, S. 72 ff.

[375] Palandt (Heinrichs), § 185, Rz. 13.

[376] Ludewig, Diss., S. 36.

[377] Ludewig, Diss., S36 ff; Hirsch, Die Übertragung, S. 57; Cohn, Das rechtsgeschäftliche Handeln, S. 73; siehe auch P. Fischer, Diss., S. 159, 160.

[378] Cohn, Das rechtsgeschäftliche Handeln, S. 72 f.; dazu auch P. Fischer, Diss., S. 159,160.

[379] So auch Staudinger (Gursky), § 185, Rz. 107: Die Mehrheit des Schrifttums betont, dass die so verstandene Ermächtigung keinen einheitlichen und selbständigen Rechtsbegriff bildet. M.N.; siehe auch Flume, Das Rechtsgeschäft, § 57, S. 903.

Der ermächtigte Blankettnehmer würde dadurch die Rechtsmacht erhalten, im eigenen Namen über einen Gegenstand des Vermögens des Ermächtigenden zu verfügen und könnte, ohne Stellvertreter zu sein, im Rahmen der Ausübung dieses fremden Verwaltungsrechts mit unmittelbarer Wirkung für den Blankettgeber rechtsgeschäftlich handeln[380]. Zweifelhaft ist allerdings, dass die Verfügung des Blankettnehmers über den Vermögensgegenstand zur rechtsgeschäftlichen Verpflichtung des Ermächtigenden führen soll[381]. Das fremde Verwaltungsrecht kann nicht durch Verpflichtungsgeschäfte, die der Ermächtigte im eigenen Namen eingeht, ausgeübt werden. Denn das Recht, den Ermächtigenden persönlich durch ein im eigenen Namen des Ermächtigten vorgenommenes Rechtsgeschäft zu verpflichten, würde mit dem Offenheitsprinzip des § 164 BGB in Widerspruch stehen[382]. Die Ermächtigung im so verstandenen Sinne würde sich folglich zur objektiven Sollensordnung in Widerspruch setzen. Aus diesem Grunde ist auch die Ermächtigung, kraft derer jemand im eigenen Namen für und gegen einen anderen einen Schuldvertrag schließt, nach der ständigen Rechtsprechung und der h.M in der Literatur als allgemeine Rechtsfigur nicht anerkannt[383]. Man würde also der unzulässigen Verpflichtungsermächtigung Tür und Tor öffnen[384], wenn der Blankettnehmer imstande wäre, den Blankettgeber durch die Ausfüllung rechtsgeschäftlich zu verpflichten, weil dieser ihm sein *Verwaltungsrecht am Vermögen* zur Ausübung überlassen hat. Dass die Wirkung der Blankettausfüllung mittels der Überlassung eines Verwaltungsrechts erklärt werden kann, wird daher zu Recht abgelehnt[385]. Die Fähigkeit Verpflichtungen einzugehen, könne schon nicht als Recht bezeichnet werden[386].

---

[380] Vgl. Larenz/Wolf, AT, § 51, Rz. 25; MüKo (Schramm), 4. Aufl., § 185, Rz. 6.

[381] Dazu F. Möller, Diss., S. 44 in Fn. 173.

[382] Vgl. Staudinger (Gursky), § 185, Rz. 104 m.w.N.; F. Möller, Diss., S. 44 und Fn. 173; P. Fischer, Diss., S. 155; so wohl auch G. Fischer, Diss., S. 20: „Die Mitwirkungsrolle des Ausfüllenden bleibt häufig verborgen".

[383] Mit ausführlicher Stellungnahme: MüKo (Schramm), 4. Aufl., § 185, Rz. 46 ff; Flume, Das Rechtsgeschäft, § 57, S. 905, 906; Staudinger (Schilken), Vorbem. zu §§ 164 ff, Rz. 70 f.; Staudinger (Gursky), § 185, Rz. 104-106.

[384] P. Fischer, Diss., S. 155; Klügge, Diss., S. 52, 54; F. Möller, Diss., S. 44, Fn. 173; W. Meyer, Diss., S. 18.

[385] P. Fischer, Diss., S. 160; so auch G. Müller, AcP 181, S. 515 (520); Müller-Freienfels, Die Vertretung, S. 85 f. allgemein dazu, dass eine Rechtsmacht kein Recht ist. Ebenso von

Möglicherweise liegt hier aber der Fall einer ausnahmsweise zulässigen Verpflichtungsermächtigung vor. Auf den Einwand, dass die Verpflichtungsermächtigung deshalb nicht zugelassen werden könne, weil auf diese Weise das für die Stellvertretung geltende Offenheitsprinzip ausgehöhlt würde, wird nämlich entgegnet, dass derartige Überlegungen speziell bei der Blanketterklärung überflüssig seien[387]. Das Argument könne beim Blankett nicht durchgreifen, weil klar sei, dass der Unterzeichner Geschäftspartner des Erklärungsempfängers werde[388]. Bei offener Drittbezogenheit müsse man die Verpflichtungsermächtigung für zulässig erachten.

Zwar stellt die Rechtsordnung mit der Rechtsfigur der Stellvertretung ein geeignetes Instrument für die offene Drittbezogenheit zur Verfügung, so dass erst recht kein Bedürfnis für die Zulassung einer offengelegten Verpflichtungsermächtigung besteht[389]. Weitergehend wird sogar vertreten, dass die offengelegte Verpflichtungsermächtigung notwendigerweise Stellvertretung sei[390]. Damit würde sich erübrigen, ob hier ein Fall ausnahmsweise zulässiger Verpflichtungsermächtigung vorliegt. Es fragt sich dennoch, ob diese Argumentation zutreffend ist. Will man die Verpflichtungsermächtigung für zulässig erklären, dann müsste man das Offenheitsprinzip des Stellvertretungsrechts generell auch für die Ermächtigung zur Verpflichtung eines anderen für anwendbar erklären, damit man letztlich das Risiko seiner Umgehung ausschalten kann. Die von den Vertretern der Ermächtigungstheorie in die Unterschrift hineininterpretierte Offenlegung, dass nämlich die Wirkungen des Rechtsgeschäfts den Unterzeichner treffen und nicht den Ausfüllenden, würde aber doch gerade die Parteirolle des Blankettnehmers wieder ver-

---

Tuhr, AT I, S. 160, 161; ebenfalls allgemein zur Unzulässigkeit von Verpflichtungsermächtigungen: Medicus, BR, Rz. 29 f..

386 P. Fischer, Diss., S. 160; v. Tuhr, AT I, S. 160, 161; Müller-Freienfels, Die Vertretung, S. 85.

387 F. Möller, Diss., S. 44 Fn. 173; allgemein zur offengelegten Verpflichtungsermächtigung: Staudinger (Gursky), § 185, Rz. „106, m.w.N.; offengelegte Verpflichtungsermächtigung ist notwendigerweise Stellvertretung.": so auch MüKo (Schramm), 4. Aufl., § 185, Rz. 46; MüKo (Gottwald), 4. Aufl., § 328, Rz. 175.

388 P. Fischer, Diss., S. 156.

389 Staudinger (Gursky), § 185, Rz. 106 m.w.N.

390 Vgl. Staudinger (Gursky), § 185, Rz. 106; Siber, IheringJb 67, S. 81, 102, 137; Peters, AcP 171, S. 234 (240 f.).

decken. Denn der Zweck des Offenheitsprinzips erschöpft sich nicht allein darin, dem Geschäftsgegner erkennbar zu machen, wen die Rechtswirkungen des Geschäfts treffen sollen, dass also ein anderer als der Handelnde Zuordnungssubjekt der spezifischen Wirkungen des Rechtsgeschäfts sein soll. Vielmehr wird damit auch die Parteirolle im Rechtsgeschäft erkennbar festgelegt. Sie ist von Bedeutung für die Fragen, wer Anfechtungsberechtigter und Anfechtungsgegner ist (§ 143 BGB), wer Erklärender im Sinne des § 122 BGB ist, auf wessen Person es etwa bei der Konvaleszenz nach § 185 II BGB ankommt, wem ein im Vertrag vorbehaltenes Rücktrittsrecht zusteht und anderes mehr[391]. Es soll also auch klar sein, wer rechtsgeschäftlich handelt und in welchem Namen er dies tut. Die Parteirolle des Blankettnehmers, wäre er Ermächtigter, bestünde darin, im eigenen Namen ein eigenes Geschäft mit gegenstandsbezogenen Wirkungen für den Unterzeichner zu führen. Folglich verdeckt die Unterschrift sogar seine Parteirolle, weil aus ihr nicht folgt, dass der Blankettnehmer im eigenen Namen handelt. Das Problem lässt sich auch nicht lösen, indem man die Verpflichtungsermächtigung einfach für zulässig hält und anschließend die Klärung der tatsächlichen Parteirolle des Ausfüllenden fordert, um so die Unterschiede zwischen Vollmacht und Ermächtigung zu wahren[392]. Schließlich unterscheiden sich Stellvertretung und Ermächtigung dadurch, dass das Vertretergeschäft ausschließlich und in allen Beziehungen auf den Vertretenen gerichtet ist und ihn allein betrifft. Der Vertreter verlässt die Bühne nach Abschluss des Geschäfts[393]. Das vom Ermächtigten abgeschlossene Geschäft bleibt hingegen sein eigenes, mögen auch die gegenstandsbezogenen Wirkungen den Ermächtigenden treffen[394]. Die Parteirollen sind also klar und bedürfen keiner Klärung mehr, um Stellvertretung und Ermächtigung voneinander unterscheiden zu können[395].

---

[391] MüKo (Schramm), 4. Aufl., § 164, Rz. 15.

[392] P. Fischer, Diss., S. 156.

[393] MüKo (Schramm), 3. Aufl., § 164, Rz. 15, ausdrücklich, aber auch in der 4. Aufl., § 164, Rz. 15.

[394] MüKo (Schramm), 4. Aufl., Vor § 164, Rz. 38, 39; Flume, Das Rechtsgeschäft, § 57, S. 904.

[395] Zur Abgrenzung von Stellvertretung und Ermächtigung siehe auch Beuthien, in FS für Medicus zum 70. Geburtstag, S. 1 (9): Die Ermächtigung beziehe sich nur auf einen fremden Rechtsgegenstand. Dagegen erstrecke sich die Vertretungsmacht aufgrund des Offen-

Ginge man davon aus, dass der Blankettnehmer mit der Ausfüllung eine Rechtshandlung im eigenen Namen vornimmt, die unmittelbare Rechtswirkungen in der Sphäre des ihn ermächtigenden Blankettgebers auslöst, so stünde bereits das äußere Erscheinungsbild des Blanketts[396] im Widerspruch dazu, dass der Blankettnehmer doch angeblich ein Eigengeschäft im eigenen Namen abschließt. Wer nämlich im eigenen Namen ein eigenes Geschäft abschließt, der tritt auch so in Erscheinung. Geschäftspartner des Erklärungsempfängers müsste demgemäß der Blankettnehmer als Ausfüllungsermächtigter sein. Nach außen tritt dieser aber gerade nicht im eigenen Namen auf. Vielmehr handelt er im Namen des Blankettgebers, dessen Namensunterschrift sich auf der Urkunde befindet. Dieser ist wegen seiner Unterschrift auch für den Erklärungsempfänger derjenige, den die Rechtswirkungen des Geschäfts treffen sollen. Allein, dass der Blankettnehmer ein eigenes Interesse an dem Geschäft haben kann[397], macht ihn aber nicht zum Geschäftsherrn. Zu Recht vertraut der Erklärungsempfänger darauf, dass die Rechtswirkungen eines Geschäfts regelmäßig den treffen, den er durch die Unterschrift identifizieren kann, wenn sich für ihn aus der Erklärung nichts anderes ergibt[398]. Die Unterschrift ist doch im normalen Erklärungstatbestand schriftlicher Willenserklärungen das Zeichen auf einen bestimmten Geschäfts- und Rechtsfolgewillen. Sie ist das wichtigste und notwendige Schlussglied für die Äußerung des Verpflichtungswillens[399]. Gerade deshalb muss ja auch der Stellvertreter, der im ordnungsgemäßen Verfahren mit seinem Namen zu unterzeichnen hat, gesondert zum Ausdruck bringen, dass die Rechtswirkungen des Geschäfts einen anderen treffen sollen (Offenheitsprinzip). Damit würde die Blankounterschrift gerade verdecken, dass der Blankettnehmer im eigenen Namen ein eigenes Rechtsgeschäft abschließt, dessen Wirkungen die Person treffen sollen, deren Name unter der Erklärung steht. Man müsste also die Offenlegung des Handelns im eigenen Namen und damit der Parteirolle des ermächtigten Blankettnehmers fordern, wenn

---

heitsprinzips der Stellvertretung auf die Person des Vertretenen. Dementsprechend sei jeweils der Geschäftsherr ein anderer.

[396] Also das, was der Rechtsverkehr der Blankounterschrift an Bedeutung beimißt.

[397] Unterscheidung nach dem Grad des Interesses: Haußmann, Gruchot 58, S. 289 ff. (296 f.); ders. In ZHR 73, S. 203 (208); Önder, Diss., S. 20; Ludewig, Diss., S. 55.

[398] Vgl. Larenz in FS für Lehmann, S. 248; P. Fischer, Diss., S. 162 f.

man die Verpflichtungsermächtigung beim Blankett ausnahmsweise für zulässig erklären will. Folglich steht die Ermächtigungstheorie im Widerspruch zur Verkehrsauffassung von der Unterschriftsbedeutung. Schließt doch der Verkehr gerade aus der Unterschrift auf ein eigenes Geschäft des Blankettgebers. Nach der Verkehrssitte ist sie Zeichen auf den Willen des Namenszeichners, dass das Schriftstück durch Ausfüllung in seinem Namen zu einer rechtlichen Erklärung ergänzt werden soll, die ihn in ihren Rechtswirkungen trifft (siehe S. 58). Es lässt sich also feststellen, dass die Unterschrift und die Blankounterschrift bekunden, dass das Rechtsgeschäft im Namen des Unterzeichnenden abgeschlossen wird und seine Wirkungen für und gegen ihn entfaltet. Die Ermächtigungstheorie ist damit als unhaltbar abzulehnen. Mit ihr kann nicht begründet werden, warum die Verwirklichung von Teilstücken eines Rechtsgeschäfts eine Regelung in der Rechtssphäre des Blankettgebers schaffen kann.

b.) Die Subsumtion der Blankettausfüllung unter die Arbeitsteilungsform der Stellvertretung - rechtsgeschäftliches Handeln in fremdem Namen

Die Blankettausfüllung könnte ihrer Rechtsnatur nach Stellvertretung sein. Soweit die Erkennbarkeit rechtsgeschäftlichen Tuns im Namen eines anderen gewährleistet ist, ist ein rechtgeschäftliches Handeln des Blankettnehmers nicht ausgeschlossen. Aus der Blankounterschrift als Zeichen auf den Willen des Blankettgebers, dass das Blankett zu einer rechtlichen oder außerrechtlichen Erklärung des Blankettgebers ergänzt werden soll, folgt dies jedenfalls nicht. Die Blankounterschrift kann nicht, wie die Unterschrift, ohne den erforderlichen sinngebenden Zusammenhang mit dem Erklärungstext Zeichen für die auf die Erzeugung einer bestimmten Rechtsfolge gerichteten Absicht sein (Siehe S. 58 m.N.). Vielmehr ist sie in ihrer Bedeutung losgelöst vom objektiven Erklärungstatbestand nach der Verkehrssitte zu beurteilen[400], weil ein objektiver Erklärungstatbestand vor der Ausfüllung eben noch nicht vorhanden ist. Nach der Verkehrssitte ist sie Zeichen

---

[399] Lehmann, Die Unterschrift, S. 29.

[400] Die Beurteilung der Bedeutung der Unterschrift nach der Verkehrssitte nehmen auch Lehmann, Die Unterschrift, S. 22; K.H. Müller, Diss., S. 9 ff vor.

auf den Willen des Namenszeichners, dass das Schriftstück durch Ausfüllung in seinem Namen zu einer rechtlichen Erklärung ergänzt werden soll, die ihn in ihren Rechtswirkungen trifft (siehe S. 58). Die Blankounterschrift objektiviert den antizipierten Willen, sich an die Rechtswirkungen eines noch in der Zukunft liegenden Rechtsgeschäfts zu binden. Danach lässt sich rechtsgeschäftliches Handeln des Blankettnehmers und damit die Möglichkeit, dass es sich bei seinem Tun rechtsdogmatisch um Stellvertretung handeln kann, nicht mit dem Argument ablehnen, unter der Erklärung stehe die Unterschrift des Blankettgebers. Dies gilt jedenfalls bei dem hier in Rede stehenden offenen Blankett, bei dem die Unterschrift des Blankettgebers auch als offenkundige Bevollmächtigung des Blankettnehmers zur Ausfüllung verstanden werden kann.

Der scheinbare Widerspruch, in welchem die Blankounterschrift des Blankettgebers zur Ausfüllungshandlung des Blankettnehmers steht, weil eine vom Blankettnehmer stammende Willenserklärung (und mag sich diese auch nur auf die Entscheidung über das „Ob" der Erklärung oder wesentliche Teile der Erklärung, wie Adressat, Hauptschuld bei der Bürgschaft usw. beziehen) die Unterschrift des Blankettgebers trägt, löst sich ohnehin auf, wenn man sich vergegenwärtigt, dass das Verständnis von der Stellvertretung während der Befassung der Redaktoren des BGB mit der Blanketterklärung im 19. Jahrhundert noch unter dem Einfluß des Willensdogmas stand: Alle Theorien, die eine Stellvertretung als zulässig erachteten, wurden von der Vorstellung getragen, dass der Wille des Stellvertreters und der des Vertretenen identisch sein müssen. Bei der Frage, ob der Blankettnehmer Vertreter des Blankettgebers sein könnte, ist daher immer zu erinnern, dass die Blanketterklärung dem Gewohnheitsrecht des 19. Jahrhunderts entstammt. Will man die für eine Rechtsfigur wie die Stellvertretung geltenden Rechtssätze verstehen, kritisch werten und fortbilden, dann muss man über das Wesen der Rechtsfigur und ihre Einordnung in die Zusammenhänge der Rechtsordnung Klarheit gewinnen[401]. Dazu gehört es auch, dass man das Rechtsinstitut aus dem Blickwinkel der Zeit seiner Entstehung unter Berücksichtigung der damaligen Rechtsauffassungen betrachtet. Ob die Blankettausfüllung Stellvertreterhandeln

---

[401] Flume, Das Rechtsgeschäft, § 43, 3, S. 753 zu diesem Erfordernis in einem anderen Zusammenhang. Die Aussage hat Allgemeingültigkeit.

sein kann, erhellt sich vor dem Hintergrund der Stellvertretungstheorien des 19. Jahrhunderts:

aa.) Das Blankett im Lichte der Stellvertretungstheorien des 19. Jahrhunderts und der Einfluß durch die Willenslehre

In der deutschen Rechtswissenschaft des 19. Jahrhunderts herrschte auf Grund der Willenslehre, welche beim Rechtsgeschäft die Rechtsfolgen in unmittelbare Beziehung zum Willen des Betroffenen setzte, Streit über das Wesen der Stellvertretung[402]. Uneinigkeit herrschte darüber, wie es möglich sei, dass aus der Willenserklärung des Vertreters eine Rechtswirkung für und gegen den Vertretenen eintreten könne. Man ging davon aus, dass der Wille zur Selbstbestimmung nur für den Wollenden selbst eine Bindung rechtfertigen könne. Für die gewillkürte Stellvertretung war es in besonderem umstritten, in welchem Verhältnis der Wille des Vertretenen und der des Vertreters zu dem von dem Vertreter abgeschlossenen Rechtsgeschäft stehen[403]. Es wurde auch vertreten, dass die Stellvertretung als allgemeines Institut nicht anzuerkennen sei. Es sei nicht möglich, den Vertretenen durch den Willen des Vertreters auf Grund obligatorischer Rechtsgeschäfte zu verpflichten[404]. Diese Auffassung konnte sich aber nicht durchsetzen. Die Belange des geschäftlichen Verkehrs waren vorrangig[405].

Nach der von Savigny begründeten Geschäftsherrntheorie[406] ist bei der Stellvertretung rechtsgeschäftlich Handelnder allein der Vertretene. Der Vertreter ist danach nur der Träger des rechtlichen Willens des Vertretenen, so dass die Rechtsfolgen des Vertretergeschäfts auf den Willen des Vertretenen zurückzuführen sind. Nach dieser Theorie wird folglich gar nicht zwischen Boten und Stellvertreter diffe-

---

[402] Zusammenfassend zur Geschichte der Stellvertretung, siehe den Überblick bei Flume, Das Rechtsgeschäft, § 43, 2 und 3, S. 750 ff.; MüKo (Schramm), 4. Aufl., Vor § 164, Rz. 67 ff.

[403] Flume, Das Rechtsgeschäft, § 43, 2, S. 751ff..

[404] So Puchta, Pandekten § 52, S. 82; Mitteis, Die Lehre von der Stellvertretung, § 10, S. 84 ff; Flume, Das Rechtsgeschäft, § 43, S. 752.

[405] Vgl. MüKo (Schramm), 4. Aufl., Vor § 164, Rz. 2.

renziert. Denn auch der Stellvertreter tut nicht seinen eigenen Willen kund, sondern ist nur Übermittler eines fremden Willens.

Die Repräsentationstheorie[407] geht dagegen davon aus, dass der Vertreter den Vertretenen repräsentiere. Zwar sei der Vertreter der Handelnde des Rechtsgeschäfts, die Rechtswirkungen des Geschäfts träfen aber den Vertretenen. Dies musste aber erst mit der Willenslehre in Einklang gebracht werden, und zu diesem Zwecke bediente man sich der Fiktion: Die Willenserklärung des Vertreters sei als Willenserklärung des Vertretenen zu denken[408]. Winscheid[409] formulierte dies so: „Man muss also sagen, dass als Willenserklärung des Vertretenen gedacht (fingiert) werde nicht die Willenserklärung des Vertreters, sondern eine Willenserklärung wie die des Vertreters, nur nicht bloß eine Willenserklärung gleichen Inhalts, sondern eine Willenserklärung mit allen Besonderheiten, welche dieselbe aus dem Zustande des Innern des Vertreters empfängt, ein Stück Seelenleben von gleicher Beschaffenheit wie dasjenige, welches sich in dem Vertreter vollzog, als er die Willenserklärung abgab". Zuletzt wurde auch noch eine vermittelnde Theorie vertreten[410], wonach der Vertreter und der Vertretene bei der Stellvertretung, soweit sie auf Bevollmächtigung beruhe, zusammen handeln.

Der historische Gesetzgeber hatte sich von der heute überholten Willenslehre noch nicht richtig gelöst. So ist in den Motiven[411] noch von der „Vertretung im Willen" die Rede. Die Verfasser des BGB folgen der Repräsentationstheorie, was wohl auf den Einfluß Windscheids zurückzuführen ist, der Mitglied in der Ersten Kommission zum Entwurf eines BGB war[412]. Dies zeigt die Regelung des § 166 I

---

[406] Von Savigny, System III, § 113, Obligationenrecht II § 54 ff.; zur Theorie Savigny's: Mitteis, Die Lehre von der Stellvertretung, S. 89 ff.

[407] Die unter anderem von Winscheid vertreten wurde, der Mitglied der ersten Kommission zum Entwurf des BGB war. Winscheid, § 73 Fn. 16b, S. 208; Mitteis, Die Lehre von der Stellvertretung, § 12, S. 97 ff; Laband, ZHR 10, S. 183 (226).

[408] Motive I, S. 225; Protokolle I, S. 290 ff..

[409] Winscheid, Pandektenrecht I § 73 Fn. 16b, S. 208.

[410] Vgl. Lenel, JheringJb. 36, S. 1 ff., 13 ff.; dazu Staudinger (Schilken), Vorbem. Zu §§ 164 ff., Rz. 11; Mitteis, Die Lehre von der Stellvertretung, §§ 13, 14, S. 109 ff: zum Zusammenwirken von Vertreter und Vertretenen; Flume, Das Rechtsgeschäft, § 43, S. 752.

[411] Motive I, S. 223.

[412] Staudinger, Einl. Zur I. Kommission.

BGB, wonach es bei Willensmängeln und bei der Kenntnis beziehungsweise beim Kennenmüssen bestimmter Umstände auf die Person des Vertreters ankommt. Auch in den Entscheidungen des Reichsgerichts heißt es noch, dass Stellvertretung notwendig die Vertretung im Willen verlange[413]. Damit ist zwar nicht die echte Vertretung im Willen gemeint, sondern eigentlich die Vertretung in der Erklärung. Man hatte jedoch die Vorstellung, dass auch bei einer Vertretung in der Erklärung der dahinter stehende Wille des Stellvertreters mit dem des Vertretenen identisch sein müsse, da man sich nicht erklären konnte, dass ein fremder Wille zur Selbstbestimmung einen anderen als den Wollenden selbst binden konnte[414]. Noch heute geht es darum, die unmittelbare Fremdwirkung des Vertreterhandelns mit dem Grundsatz der Privatautonomie, also konkret mit der Selbstbestimmung des Vertretenen widerspruchsfrei zu vereinbaren. Nach dem modernen Verständnis von (gewillkürter) Stellvertretung geschieht dies durch Zurechnung der Rechtswirkungen des allein vom Vertreter vorgenommenen Rechtsgeschäfts. Dessen rechtsgeschäftliches Tätigwerden mit Wirkungen im Rechtskreis des Vertretenen hat er selbst privatautonom veranlaßt[415].

Somit stammt die Blanketterklärung aus einer Zeit, in der über das Wesen der Stellvertretung ein heftiger Streit herrschte, und wesentlicher Kernpunkt dieses Streits war die Schwierigkeit, zwischen dem Willen des Stellvertreters und dem des Vertretenen eine Identität herzustellen[416]. Man konnte sich ohne diese Willensidentität nicht erklären, dass der Stellvertreter den Geschäftsherrn verpflichten kann. Vor diesem Hintergrund erscheint nun die Konstruktion der Blanketterklärung und insbesondere die Bedeutung der Blankounterschrift in einem anderen Licht: Nach damaliger Vorstellung waren Unterschrift und konsequenterweise auch die Blankounterschrift immer nur Zeichen auf einen *identischen* Willen. Einerseits war die Unterschrift Zeichen auf einen Willen des Unterzeichnenden. Das war im ordnungsgemäßen Verfahren der Stellvertreter selbst. Zugleich war die

---

[413] Zum Beispiel RG Gruchot 58, S. 176 (179).

[414] Zu alledem siehe auch Flume, Das Rechtsgeschäft, § 43, 2, S. 751 f..

[415] Regelmäßig Auftrag im Innenverhältnis, vgl. MüKo (Schramm), 4. Auf., § 164, Rz. 96; MüKo (Schramm), Vor § 164, Rz. 68 (durch das Bevollmächtigungsgeschäft).

[416] Vgl. Flume, Das Rechtsgeschäft, § 43, 2, S. 751 f..

Unterschrift Zeichen auf einen mit dem Willen des Stellvertreters identischen Willen des Vertretenen.

Bei der Blanketterklärung, die nicht dem ordnungsgemäßen Entstehungsverfahren entspricht[417], befindet sich die Unterschrift des Vertretenen unter einer Erklärung, die entweder vom Blankettnehmer abgegeben oder jedenfalls von ihm zu einer rechtsgeschäftlichen Erklärung vervollständigt wird. Aber auch die Unterschrift des Blankettgebers ist in diesem Zusammenhang nur Zeichen auf einen Willen, der seinerseits identisch ist mit dem Willen des Blankettausfüllers. Wegen der Willensidentität war es also gleichgültig, wessen Bindungsbekenntnis unter die Erklärung gesetzt wurde. Das Bindungsbekenntnis des Vertretenen war mit dem des Blankettnehmers identisch. Es mussten lediglich die formalen Voraussetzungen der Schriftformvorschrift (§ 126 BGB), die übrigen Voraussetzungen der Stellvertretungsvorschriften sowie die Voraussetzungen des materiellen Erklärungstatbestandes einer schriftlichen Willenserklärung erfüllt sein.

Wesentliches Problem bei der Bestimmung der Rechtsnatur des Blanketts ist heute, dass man das willenstheoretische Problem nicht lösen kann, wenn man sich der Willenslehre der Dogmatik des 19. Jahrhunderts versperrt. Ohne diesen willenstheoretischen Denkansatz kann man sich nicht erklären, wie neben der Willensäußerung des Vertreters noch ein anderer Wille, nämlich der des Vertretenen stehen kann, der außerdem noch identisch sein soll mit dem Willen, den der Vertreter in der Urkunde geäußert hat. Das Verständnisproblem hat sich also verkehrt. Die Blankounterschrift verkörpert die durch die Unterzeichnung seitens des Blankettgebers und die Ausfüllung durch den Blankettnehmer objektivierte Willensidentität, die unter die heutige Vorstellung von Stellvertretung nicht mehr paßt. Nach damaligem Verständnis war es aber der die Stellvertretung tragende Ge-

---

[417] Hier stellt sich die Frage, was als im ordnungsgemäßen Verfahren zustande gekommene Willenserklärung zu bezeichnen ist. Aus der Formulierung folgt bereits, dass es auch ein außerordentlichen Entstehungsverfahren gibt. Was als solches anzusehen ist, erschließt sich bereits aus den Vorentwürfen der Redaktoren zum BGB, § 13, S. 80 (100) und Motive I, S. 184, 185: Dabei handelt es sich um die Fälle, in denen der Aussteller den Text niederschreibt und anschließend auch unterschreibt. Aus dem Rahmen eines ordnungsgemäßen Verfahrens fallen folglich alle von fremder Hand geschriebenen Texte raus, bei denen die Unterschrift aneignende Wirkung entfaltet. Denn das Unterschreiben des von fremder Hand geschriebenen steht dem Unterschreiben des von Erklärenden eigenhändig geschriebenen nur gleich.

danke, dass zwischen dem Willen des Stellvertreters und dem des Vertretenen eine Identität des Willens hergestellt werden müsse, damit Stellvertretung überhaupt theoretisch denkbar war. Hinzu kommt, dass man die allein für die Formwahrung entwickelten Theorien auf den Erklärungstatbestand überträgt, also die Trennung von Form und Erklärung nicht vollzieht.

Es fragt sich nun, wie die Vertreter der zur damaligen Zeit vorherrschenden Ansichten zum Stellvertreterhandeln die Blanketterklärung und das Handeln des Blankettnehmers rechtlich beurteilt haben. Dabei ist die Willenslehre des 19. Jahrhunderts zu berücksichtigen und ebenso das, was nach damaligen Vorstellungen unter Stellvertretung verstanden wurde. So wird im folgenden hypothetisch die Blanketterklärung aus der Sicht der das 19. Jahrhundert beherrschenden Vorstellungen über die Stellvertretung betrachtet.

(1) Blanketterklärung und Geschäftsherrntheorie

Nach der Geschäftsherrntheorie müsste der Vertretene der rechtsgeschäftlich Handelnde sein, während der Vertreter nur als Mittler und als Träger von dessen rechtsgeschäftlichem Willen erscheint. Die Anhänger der Geschäftsherrntheorie stellten die nach ihrer Vorstellung von Stellvertretung erforderliche Willensidentität her, indem sie im Vertreter den Träger des rechtsgeschäftlichen Willens des Vertretenen sahen. Danach betätigt also auch der Vertretene seinen Willen durch den Vertreter als Mittler. Der Geschäftsherr ist selbst der Wollende dessen, was der Vertreter erklärt. Die Vertreter der Geschäftsherrntheorie sahen immer nur im Vertretenen denjenigen, der seinen eigenen privatautonomen Willen betätigt, sei es auch durch den Vertreter als Mittler und Überbringer dieses Willens[418]. Aus diesem Grunde unterschied man nicht zwischen Stellvertretung und Botenschaft. Im jüngeren Schrifttum erfolgt vereinzelt wieder eine Annäherung an die Geschäftsherrntheorie, indem die Stellvertretung als Erklärungsmittlung begriffen wird. Der Stellvertreter äußere keine eigene, sondern eine fremde (nicht nur fremdwirkende)

---

[418] Vgl. Flume, Das Rechtsgeschäft, § 43, 3, S. 753.

Willenserklärung. Erklärender im Rechtssinne sei der Vertretene als Geschäftsherr[419].

Konkretisiert der Blankettnehmer mit der Blankettausfüllung den antizipierten Bindungswillen des Blankettgebers an die Rechtswirkungen einer künftigen rechtsgeschäftlichen (oder außerrechtsgeschäftlichen) Willenserklärung und entsteht diese im Namen des Blankettgebers, so betätigt dieser seinen Willen durch den Blankettnehmer, der nach dieser Ansicht Träger des Willens des Blankettgebers ist. Die Unterschrift verdeutlicht im Zusammenhang mit der Blankettausfüllung, dass der Blankettgeber der Wollende des Rechtsgeschäfts ist, das durch die Stellvertretung zustande gebracht werden soll. Die Unterschrift des Blankettgebers steht also der Annahme von Stellvertreterhandeln nicht im Wege, auch wenn im Normalfall der Stellvertretung (und im ordnungsgemäßen Erklärungsverfahren) der Vertreter die von ihm abgegebene Erklärung unterzeichnet. Dies deckt sich auch mit der Anschauung des Verkehrs, der in der Unterschrift im Normaltatbestand schriftlicher Willenserklärungen das Zeichen auf den Geschäftswillen des unterzeichnenden Geschäftsherrn sieht.

Man kann die Unterschrift des Blankettgebers danach als versinnbildlichten Ausdruck der Willensidentität in den Schriftzeichen sehen. Nach der Geschäftsherrntheorie konnte der Blankettnehmer nur Vertreter oder Bote des Blankettgebers sein; in den Rechtsfolgen wurde nicht differenziert. Folglich konnte es keine auf der Unterschrift beruhenden Zweifel daran geben, dass das Blankett rechtsgeschäftliche Arbeitsteilung ist. Sähe man im Stellvertreter wieder den Erklärungsmittler des Vertretenen, so erhielte auch das Rechtsinstitut der Blanketterklärung klare Konturen.

(2) Blanketterklärung und Repräsentationstheorie

Als nächstes stellt sich die Frage, wie sich das Handeln des Blankettnehmers aus der Sicht der Repräsentationstheorie darstellt. Nach dieser ist der Vertreter Han-

---

[419] Vgl. Beuthien, FS für Medicus, S. 1 ff. (23).

delnder des Rechtsgeschäfts, dessen Wirkungen den Vertretenen treffen. Fiktiv sei dessen erklärter Wille als der des Vertretenen zu denken. Die Repräsentationstheorie hatte sich als herrschend durchgesetzt. In den Motiven heißt es dann auch, dass der Vertreter im Willen bei ordnungsgemäßem Verfahren mit seinem Namen unterschreibt[420]. Nun fällt die Blanketterklärung aus dem Rahmen eines solchen ordnungsgemäßen Erklärungsverfahrens heraus: Nicht nur, dass beim Zustandekommen des Schriftstücks mehrere Personen beteiligt sind und die Unterschrift eine besondere, nämlich aneignende Wirkung entfalten muss; ebensowenig ordnungsgemäß in diesem Sinne ist es, dass die Unterzeichnung vor der Textniederschrift erfolgt. Deshalb hat der Gesetzgeber in den Motiven im Zusammenhang mit der Formfrage auch ausdrücklich darauf hingewiesen, dass es nicht darauf ankommt, ob die Textniederschrift zeitlich vor oder nach der Unterzeichnung erfolgt[421]. Es kann hieraus eben nicht geschlossen werden, dass der Vertreter im Willen mit seinem Namen unterschreiben muss. Dies ist nur im normalen Verfahren des Vertreterhandelns der Fall. Aus dem Hinweis der Gesetzesverfasser auf das ordnungsgemäße Erklärungsverfahren lässt sich auf die Existenz eines außerordentlichen Verfahrens schließen.

Nach der Repräsentationstheorie müsste der Blankettnehmer der Handelnde des Rechtsgeschäfts sein, dessen Wirkungen aber den Blankettgeber treffen. Um dieses Ergebnis des Repräsentationsgedankens mit der Willenslehre in Einklang zu bringen und damit dem Erfordernis einer Willensidentität zu genügen, nutzte man das Mittel der Fiktion: Die Willenserklärung des Vertreters sei als Willenserklärung des Vertretenen zu denken; aber nicht bloß als eine solche gleichen Inhalts, sondern eine Willenserklärung mit allen Besonderheiten, welche dieselbe aus dem Zustande des Innern des Vertreters empfängt; also ein Stück Seelenleben gleicher Beschaffenheit wie dasjenige, welches sich im Vertreter vollzog, als er die Willenserklärung abgab[422]. Somit wird hier die Willensidentität mit Hilfe einer Fiktion hergestellt. Es fragt sich, wie repräsentationstheoretisch das Handeln des Blankettnehmers zu beurteilen ist. Der Blankettnehmer vervollständigt ein Schriftstück,

---

[420] Vorentwürfe der Redaktoren zum BGB, S. 81 (101), § 13.

[421] Siehe Motive I, S. 185.

welches das Zeichen auf den antizipierten Willen des Geschäftsherrn trägt, sich an die Rechtswirkungen einer künftigen Willenserklärung in seinem Namen binden zu wollen. Im Augenblick ihrer Ausfüllung ist die Willenserklärung in ihrer Vollständigkeit von einem identischen Willen getragen. So wie der Vertreter die Willenserklärung aus dem Zustand seines Innern empfangen hat, ist der Wille des Geschäftsherrn von gleicher Beschaffenheit, entstammt dem gleichen Stück Seelenleben. Genau diese Identität dokumentiert wiederum auch das Blankett. Es versinnbildlicht die fiktive Willensidentität.

Wegen der auch die Repräsentationstheorie noch beherrschenden Willensidentität bedurfte es gar nicht der Aneignungs- oder Fiktionstheorie für den objektiven Erklärungstatbestand. Deshalb ist hier eine weitere Bestätigung dafür zu finden, dass die für den formalen Tatbestand des § 126 BGB entwickelten Theorien nicht auf den materiellen Erklärungstatbestand zu übertragen sind. Denn man dachte sich ohnehin die Willenserklärung des Vertreters als die des Vertretenen und bedurfte deshalb keiner weiteren Erklärungsmittel. Somit steht die Unterschrift des Blankettgebers auch nach repräsentationstheoretischer Sichtweise der Annahme rechtsgeschäftlichen Handelns des Blankettnehmers nicht entgegen. Wenn also die Ausfüllungshandlung des Blankettnehmers die Voraussetzungen rechtsgeschäftlichen Handelns sowie die weiteren Tatbestandsmerkmale des § 164 BGB verwirklicht, so käme die Stellvertretung als Arbeitsteilungsform in Betracht.

(3) Blanketterklärung und Vermittlungstheorie

Nach der Vermittlungstheorie handeln beide „wahrhaft" und sind gemeinsam Erzeuger des Rechtsgeschäfts. Stellvertreter und Vertretener handeln zusammen rechtsgeschäftlich[423]. Deshalb konnte es für die Vertreter dieser Auffassung dahinstehen, welcher Teil des sinnlich wahrnehmbaren Erklärungstatbestandes von wem stammt. Für sie war es daher auch unerheblich, welcher Teilakt von wem ausgeführt wurde. Dass es sich bei der Blanketterklärung um einen Fall handelt, in

---

[422] Winscheid, Pandektenrecht, Bd. I, 5. Aufl., 1879, § 73, Fn. 16 b., S. 208.

[423] Mitteis, Die Lehre von der Stellvertretung, § 13, S. 109 ff (112).

dem Blankettnehmer und Blankettgeber den rechtsgeschäftlichen Tatbestand gemeinsam verwirklichen, wird auch noch heute vertreten[424]. Würde man insoweit dem vermittlungstheoretischen Konzept der Stellvertretung folgen, so ließe sich auch hier begründen, warum der Blankettnehmer als Stellvertreter angesehen werden könnte.

(4) Vereinbarkeit mit den stellvertretungstheoretischen Konzeptionen des 19. Jahrhunderts

Es wird deutlich, dass die Zulässigkeit der Blanketterklärung mit allen stellvertretungstheoretischen Konzeptionen vereinbar war. Die Blankounterschrift war jedenfalls kein Anlaß, daran zu zweifeln, dass die Entstehung der Blanketterklärung der Arbeitsteilungsform der Stellvertretung zugeordnet werden kann. Vielmehr symbolisiert das Blankett die Vereinheitlichung beider Willen. Ob diese Vereinheitlichung auf einer Fiktion beruht oder darauf, dass man im Vertreter nur den Träger eines fremden Willens sah oder eben beide rechtsgeschäftlich zusammenwirkten, ist dabei ohne Belang. Entscheidend ist die damals vorherrschende Vorstellung von der Willensidentität.

Die Handlungsform des Blankettierens lässt sich somit in den Regelungsrahmen der Stellvertretung einordnen. Sie war mit den damaligen Vorstellungen von Stellvertretung vereinbar, vorausgesetzt, die Ausfüllungshandlung erfüllt auch die weiteren Tatbestandsmerkmale der Vertretung. Die Blankounterschrift, sogar ganz allgemein die Unterschrift als Zeichen für den Bindungswillen[425], war mit dem Institut der Stellvertretung wegen des tragenden Gedankens von der Willensidentität zwischen dem Willen des Vertretenen und dem des Vertreters durchaus kompatibel[426]. Damit klärt sich zudem, warum das Rechtsinstitut des Blanketts keine positivrechtliche Regelung erfahren hat.

---

[424] Siehe G. Fischer, Diss., S. 24; bereits Voß, IheringJb. 56, S. 417 (459).

[425] Benedict, Jura 1999, S. 78 (80) spricht allerdings im Rahmen des Formtatbestandes von einer Bestätigungsfunktion der Namensunterschrift.

[426] Sei es kraft Fiktion, so Brammertz, Diss., S. 33 oder wirklich durch Übermittlung, so zum Beispiel F. Möller, Diss., S. 8.

bb) Die heutige Stellvertretungslehre im Zeichen der Abstraktion - Das Ende des Postulats der Willensidentität

Es ist fraglich, ob das Rechtsinstitut dem heute vorherrschenden Verständnis zugeordnet werden kann, am Vertretergeschäft sei nur und ausschließlich der Vertreter beteiligt, nicht aber auch der Vertretene. Die heutige Lehre steht im Zeichen der Abstraktion, dass heißt, der Trennung der Bevollmächtigung nicht nur vom Grundgeschäft, sondern auch vom Vertretergeschäft[427]. In dieser Form war die Abstraktion bei den frühen, unter dem Einfluß des Willensdogmas stehenden Lehren (Geschäftsherrn-, Repräsentations- und Vermittlungstheorie) noch nicht vollzogen. Es überrascht deshalb nicht, dass sich zu Beginn der Auseinandersetzung um die dogmatische Einordnung der Blanketterklärung die Vollmachtstheorie als für alle Blankette geltende Lehre hat behaupten können[428]. Die Blankounterschrift entsprach dem Postulat der Willensidentität. Nach dem heutigen Verständnis wird die Willenserklärung des Vertreters bei der gewillkürten Stellvertretung dem Vertretenen zugerechnet, weil er dessen Tätigwerden in seinem Rechtskreis durch die Bevollmächtigung veranlaßt hat oder weil der Vertreter kraft Gesetzes zu seiner Vertretung befugt ist, so dass das Prinzip selbstbestimmten Handelns eine Einschränkung erfährt.

Nach der Repräsentationstheorie und der modernen Lehre von der Stellvertretung ist eine wirksame Vertretung allerdings ohne wirksames rechtsgeschäftliches Vertreterhandeln sachlogisch undenkbar[429]. Denn nach diesen Lehren bildet der Vertreter den Willen. Folglich muss die Ausfüllungshandlung rechtsgeschäftliche Handlungsqualität besitzen. Ob der Blankettnehmer rechtsgeschäftlich handelt, wenn er die Ausfüllung des Blanketts vornimmt, wird die anschließende Gegenüberstellung von Vollmachts-, Boten- und Erklärungsgehilfentheorie zeigen.

---

[427] MüKo (Schramm), 4. Aufl., § 164, Rz. 96, 97; Staudinger (Schilken), Vorbem. Zu §§ 164, Rz. 33; Pawlowski, JZ 1996, S. 125, 126 f..

[428] F. Möller, Diss., S. 42.

[429] G. Frotz, Verkehrsschutz, S. 23 (24).

cc.) Rechtsgeschäftliches Handeln des Blankettnehmers als Voraussetzung der Stellvertretung nach der heutigen Lehre

Die Ausfüllungshandlung könnte rechtsgeschäftliches Handeln, Ausübung von Gestaltungsmacht oder einfacher Realakt sein. Rechtsgeschäftliches Handeln ist das eigenverantwortliche Tätigwerden zur Begründung, Aufhebung oder Änderung von Rechten und Pflichten, also das Treffen eigenverantwortlicher, rechtsverbindlicher Regelungen im Rahmen der Rechtsordnung[430]. Im Vordergrund steht also die eigenverantwortliche und selbstbestimmte Gestaltung der Lebensverhältnisse. Lehnt man mit der herrschenden Meinung ein rechtsgeschäftliches Handeln des Ausfüllenden ab, so hat sein Tun nur die Bedeutung eines Realakts[431]. Deshalb fällt es besonders schwer, den faktischen Akt in seiner Wirkung denjenigen Rechtsinstituten zuzuordnen, die das Zivilrecht für arbeitsteiliges, fremdwirkendes Handeln bereitstellt[432]. Das gilt ebenso für diejenigen Auffassungen, die in der Blanketterklärung einander ergänzende, inhaltlich selbständige Willensakte sehen, die den Aussteller als rechtsgeschäftliche Regelung binden[433]. Diese begreifen das Blankett als Zwischenform, „die mit der einen Rechtsform mehr, mit der anderen weniger Übereinstimmung aufweist, wobei der Übereinstimmungsgrad wiederum je nach Blankettart variieren kann“[434]. Für die rechtliche Behandlung bliebe dann nur ein Rückgriff auf die analoge Anwendung der für ähnliche gesetzlich geregelte Rechtsinstitute geltenden Vorschriften. So wird sowohl von der herrschenden Meinung als auch von denjenigen, die in der Blanketterklärung eine rechtsgeschäftliche Handlung sehen, an der Blankettnehmer und Blankettgeber durch selbständige Willensakte mitwirken, das Recht der Stellvertretung analog heran-

---

430 Palandt (Heinrichs), Überblick vor § 104, Rz. 1; vgl. auch Larenz/Wolf, AT, § 22 I, Rz. 1.

431 Vgl. P. Fischer, Diss., S. 104, er spricht von einem „Faktum“.

432 Vgl. P. Fischer, Diss., S. 104.

433 So zum Beispiel G. Fischer, Diss., S. 24, der darin deshalb einen atypischen Fall der Arbeitsteilung sieht.

434 So G. Fischer, Diss., S. 8.

gezogen[435]. Die damit verbundenen Rechtsunsicherheiten werden gesehen[436] und als unabänderlich hingenommen. Ob dem zugestimmt werden kann, hängt unter anderem davon ab, ob der Gesetzgeber hier tatsächlich eine Regelungslücke gelassen hat, die eine analoge Anwendung der Vorschriften, die er für arbeitsteiliges, fremdwirkendes Handeln zur Verfügung stellt, rechtfertigt. In Betracht kommen hier die für den Boten oder Erklärungsgehilfen geltenden Regeln sowie die Stellvertretung. Dass der Blankettnehmer eigenverantwortlich und selbstbestimmt handelt, wird von den Vertretern der Boten- und Erklärungsgehilfentheorie abgelehnt. Von den Vertretern der Vollmachtstheorie wird dies hingegen bejaht.

(1) Die Boten- und Erklärungsgehilfentheorie:

Die Vertreter der Botentheorie[437] gehen davon aus, dass der Blankettnehmer mit der Weitergabe des ausgefüllten Blanketts eine Willenserklärung des Ausstellers übermittelt und deshalb Bote ist oder jedenfalls eine botenähnliche Stellung hat. Der Blankettnehmer werde nicht rechtsgeschäftlich tätig, wenn er eine fremde Willenserklärung lediglich ergänze (perfiziere)[438]. Er wolle nur der des Blankettgebers zur Wirksamkeit verhelfen[439]. Das sei Botentätigkeit oder jedenfalls mit dieser verwandt[440]. Dies gelte auch bei der offenen Blankettlage[441]. Zur Begründung wird auf den fehlenden Vertretungswillen abgestellt[442]. Dies ist der Wille, eine rechtsgeschäftliche Regelung zu treffen, deren Rechtswirkungen in der Person eines

---

[435] G. Fischer, Diss., S. 24; ders., JuS 1998, S. 205 (207); K. Feldmann, Diss., S. 28; G. Müller, AcP 181, S. 515 (523); Eckardt, Jura 1997, S. 189 (192).

[436] Vgl. die Einschränkungen bei G. Fischer, Diss., S. 24; G. Müller, AcP 181, S. 515 (521 ff).

[437] W. Meyer, Diss., S. 42 ff; F. Möller, Diss., S. 8; ders, WM 1965, S. 94 (97); K.H. Müller, Diss., S. 29; „Stellung ähnlich wie ein Bote: Nischik, Diss., S. 18; von Tuhr, AT II 1, § 61, S. 415, Fn. 79; zur Botentheorie Stellung nehmend: G. Fischer, Diss., S. 10 ff; P. Fischer, Diss., S. 106 ff; G. Müller, AcP 181, S. 515 (519).

[438] F. Möller, WM 1965, S. 94 (97); ders. Diss., S. 43; vgl. auch Nischik, Diss., S. 18.

[439] F. Möller, Diss., S. 7; ähnlich Nischik, Diss., S. 18; ablehnend: P. Fischer, Diss., S. 115

[440] F. Möller, Diss., S. 8; K.H. Müller, Diss., S. 29; Nischik, Diss., S. 18.

[441] F. Möller, Diss., S. 57; Kühne, Diss., S. 126 f.; zur Schwäche der Botentheorie bei offener Blankettlage: G. Müller, AcP 181, S. 515 (519); Canaris, Vertrauenshaftung, S. 55 f..

[442] F. Möller, Diss., S. 7.

anderen eintreten sollen[443]. Nach Ansicht der Vertreter der Boten- und Erklärungsgehilfentheorie ist der Wille des Ausfüllenden darauf gerichtet, selbst keine rechtsgeschäftliche Erklärung abzugeben, sondern dem vom Blankettgeber mitgeteilten Willen durch die Ausfüllung zur Kundgabe nach außen und damit zur Wirksamkeit zu verhelfen[444]. Der Ausfüllende wolle also gar nicht rechtsgeschäftlich tätig werden, sondern nur eine mechanische Handlung vornehmen[445].

Zum gleichen Ergebnis kommen diejenigen, die im Blankettnehmer einen unselbständigen Erklärungsgehilfen sehen, dessen Tätigkeit nach außen nicht in Erscheinung tritt[446]. Der Unterschied zwischen der Boten- und der Erklärungsgehilfentheorie besteht lediglich darin, dass der Schreib- oder Erklärungsgehilfe beim Zustandekommen einer fremden Willenserklärung mitwirkt, während der Bote als äußerer Erklärungsgehilfe eine bereits vollständig abgegebene Erklärung eines anderen übermittelt[447]. Der Bote ist beschränkt auf den äußeren Transport einer bereits vollständig abgegebenen Willenserklärung oder auf die technische Weiterleitung einer empfangenen, aber nicht an ihn gerichteten Willenserklärung[448]. Er übermittelt also den Willen des Geschäftsherrn ohne eigene Rechtsgestaltung und ohne eigenen Entscheidungsspielraum. Der Schreibgehilfe nimmt im Vorbereitungsstadium der Willenserklärung seine Rolle wahr, ist aber am eigentlichen rechtsgeschäftlichen Akt nicht beteiligt[449]. Nach der Boten- und Erklärungsgehilfentheorie ist rechtsgeschäftliches Handeln des Blankettnehmers abzulehnen.

---

[443] Vgl. MüKo (Schramm), § 164, Rz. 53 f. (3. Aufl.); ders. 4. Aufl., § 164, Rz. 59: „ der Wille, in fremdem Namen handeln zu wollen": Larenz/Wolf, AT, § 46, Rz. 98 zum Erfordernis des Vertretungswillens; zum Streitstand: Staudinger (Schilken), Vorbem. Zu §§ 164 ff, Rz. 36.

[444] F. Möller, Diss., S. 7.

[445] W. Meyer, Diss., S. 75; F. Möller, Diss., 7, 8; Brammertz, Diss., S. 27.

[446] K. H. Müller, Diss., S. 29, 56; Nischik, Diss., S. 18, 31; Klügge, Diss., S. 72 ff, 42.

[447] Vgl. Feldmann, Diss., S. 23.

[448] Vgl. Staudinger (Schilken), Vorbem. zu §§ 164 ff., Rz. 73; vgl. Motive I, S. 223.

[449] So Feldmann, Diss., S. 23.

(2) Die Vollmachtstheorie:

Nach der mittlerweile in modifizierter Form geltenden Vollmachtstheorie[450] liegt in der Blanketthingabe eine Bevollmächtigung, und der Blankettnehmer wird bei der Ausfüllung als Vertreter des Ausstellers tätig. Diese Ansicht, dass der Blankettnehmer bei der Ausfüllung als Bevollmächtigter des Blankettgebers handele, hat bereits von Savigny geäußert[451]. Die Materialien zum BGB[452] sahen schon in der Hingabe eines Blankowechsels die Erteilung einer unwiderruflichen Einwilligung, „welche mit der Vollmacht ganz nahe verwandt ist". Uneinig ist man sich allerdings darüber, ob nun der Vertreter eine eigene oder eine fremde Willenserklärung abgibt. So ging Siegel als Begründer der Vollmachtstheorie noch davon aus, dass der Ausfüllende eine Erklärung des Ausstellers abgibt[453]. Er perfiziere die Erklärung des Blankettgebers. Derjenige, auf dessen Willen aus der Erklärung rückgeschlossen werde, sei der Aussteller. Für diesen trete die Bindung ein. Der Blankettnehmer gebe die Erklärung für den Blankettgeber ab, ohne aus der Ausfüllung in seiner Person Rechte und Pflichten entstehen zu lassen[454]. Subjekt der Erklärung sei jedoch der Aussteller, für den folglich auch die Bindung eintreten müsse. Der Ausfüllende handele also so, dass die Rechtswirkungen des Geschäfts in der Person eines anderen eintreten. Es sei ein „Handeln auf den anderen". Dies sei Vollmacht. Diese Ansicht ist noch von der Geschäftsherrntheorie geprägt, nach der der Vertreter den Willen des Vertretenen erklärt. Demgegenüber hat man darzulegen versucht, dass der Blankettnehmer mit der Vervollständigung auch eine eigene Erklärung abgibt und die Herstellung der Namenszeichnung sowie ihre Begebung sich nicht als ein Teil der schließlichen Willenserklärung darstellt[455]. In ähnlicher Weise wird argumentiert, dass der Nehmer eines Bürgschaftsblanketts, der die Urkunde in Anwesenheit des Gläubigers ausfüllt, einen rechtsgeschäftlichen Akt vornimmt, durch den die rechtsgeschäftliche Regelung des Blankettge-

---

[450] Siegel, Diss., S. 16 ff. als Begründer der Vollmachtstheorie, modifiziert durch u.a. Bornemann, Diss., S. 20 ff.; P. Fischer, Diss., S. 154 ff., 167.

[451] v. Savigny, System des heutigen Römischen Rechts, Bd. III, S. 267.

[452] Protokolle I, S. 144 f.

[453] Siegel, Diss., S. 16, 18.

[454] Siegel, Diss., S. 18.

bers vervollständigt wird[456]. Letztgenannter Ansicht liegt der Gedanke zugrunde, dass es sich bei der Blankounterschrift um eine bestimmungsbedürftige Willenserklärung handelt und damit sowohl der Blankettgeber als auch der Blankettnehmer rechtsgeschäftlich handeln[457].

(3) Gegenüberstellung und kritische Würdigung der Blanketttheorien; Entwicklung des eigenen Lösungsansatzes über die Funktion der Hilfsperson im Rechtsgeschäft

Gegen die Boten- und Erklärungsgehilfentheorie ist eingewandt worden, dass eine Willenserklärung immer dort vorliege, wo die Rechtsordnung auf den Willen als Wirkursache verweist; auf die rechtliche Einordnung des fraglichen Aktes durch den Handelnden selbst komme es dagegen nicht an[458]. Der Ausfüllende wird aber im Regelfalle kraft eigenen Willensentschlusses tätig, wenn er die Entscheidung über den Inhalt und die Verwertung des Blanketts trifft[459]. Er betätigt dann seinen eignen Willen und erklärt diesen durch die Niederschrift bei der Ausfüllung des Blanketts. Selbst die Vertreter der Boten- und Erklärungsgehilfentheorie räumen ein, dass der Blankettnehmer die Möglichkeit habe, auf die Willenserklärung des Ausstellers kraft eigenen Willens einzuwirken[460]. Daraus folgt zwangsläufig, dass der Blankettnehmer, dem eine solche Möglichkeit eingeräumt ist, eine über die bloße Tätigkeit eines Erklärungsgehilfen oder Boten hinausgehende Rechtsstellung innehat[461]. Diese Konsequenz erkennen die Vertreter der Boten- und Erklärungsgehilfentheorie jedoch nicht.

---

455 Bornemann, Diss., S. 30 f..

456 P. Fischer, Diss., S. 161.

457 P. Fischer, Diss., S.115 (120).

458 So P. Fischer, Diss., S. 115; auch G. Müller, AcP 181, S. 515 (519); G. Fischer, Diss., S. 11; Bornemann, Diss., S. 23..

459 P. Fischer, Diss., S. 107.

460 So selbst K.H. Müller, Diss., S. 30.

461 Feldmann, Diss., S. 25; auch G. Müller, AcP 181, S. 515 (519); ähnlich Canaris, Vertrauenshaftung, S. 64 f..

Es ist zudem umstritten, ob beim Stellvertreter überhaupt ein entsprechender Vertretungswille, mit dessen Fehlen die Vertreter der Boten- und Erklärungsgehilfentheorie argumentieren[462], vorhanden sein muss. Im Schrifttum wird zwar ein solcher Wille überwiegend gefordert[463]. Der BGH lässt es hingegen genügen, dass jemand bei bestehender Vertretungsmacht erkennbar als Vertreter gehandelt hat, ohne dass es dabei auf einen inneren Vertretungswillen des Handelnden ankommt[464]. Er stellt also bei bestehender Vertretungsmacht auf den Empfängerhorizont ab und begründet seinen Standpunkt damit, dass die Erklärung, wenn sie nicht ausdrücklich im eigenen oder fremden Namen abgegeben worden sei, gemäß § 164 I BGB nach den allgemeinen Grundsätzen der Auslegung beurteilt werden müsse. Insoweit komme es auf den wirklichen Willen des Vertreters nicht an[465]. Für die Blanketterklärung gilt, dass diese wegen der Unterschrift des Blankettgebers ohnehin ausdrücklich und im wahrsten Sinne des Wortes im Namen desselben abgegeben wird. Aus der Sicht des Empfängers gibt der Ausfüllende beim offenen Blankett seine Erklärung also für den Blankettgeber ab.

Hinzu kommt ein weiterer Aspekt: Bote, Erklärungsgehilfe und Stellvertreter unterscheiden sich nach ihrer jeweiligen Funktion als Hilfsperson voneinander[466]. Sie lassen sich klar von der jeweils zu erfüllenden Aufgabe her abgrenzen[467]. Der Erklärungsgehilfe wirkt bei der Entstehung einer Erklärung mit, ohne selbst eine Willenserklärung abzugeben. Seine Gehilfentätigkeit tritt nach außen nicht hervor. Er ist innerer Erklärungsgehilfe[468]. Seine Funktion erschöpft sich in reiner Schreib- und Entwurfshilfe und reicht nicht in das Ausführungsstadium der rechtlichen

---

[462] Vgl. F. Möller, Diss., S. 7 und oben 2. Kap., D., II., 2.), b.), cc.), (1).

[463] Vgl. Soergel (Leptien), 13. Aufl., § 164, Rz. 12; Enneccerus/Nipperdey, § 178 II 2, S. 1091; Flume, Das Rechtsgeschäft, § 44, S. 775 f.; Flume, JZ 1962, S. 281 (281); MüKo (Schramm), 3. Aufl., § 164, Rz. 17, 57; ders. 4. Aufl., Rz. 59, 60; Staudinger (Schilken), Vorbem. Zu §§ 164 ff, Rz. 36; a. A.: Fikentscher, AcP, 154, S. 1 (16 ff); Erman (Palm), § 164, Rz. 15; Palandt (Heinrichs), § 164, Rz. 16; Larenz/Wolf, AT, § 46, Rz. 98.

[464] BGHZ 36, S. 30 (33); hierzu die Anm. von Flume, JZ 1962, S. 281 (281); BGH WM 1970, S. 816, der innere Wille ist nicht maßgebend.

[465] Vgl. BGHZ 36, S. 30 (33); Anm. Flume, JZ 1962, S. 281 (281).

[466] Vgl. MüKo (Schramm), 4. Aufl., Vor § 164, Rz. 42.

[467] Beuthien, FS für Medicus zum 70. Geburtstag, S. 1 (10).

[468] Feldmann, Diss., S. 23.

Handlung hinein[469]. Selbst wenn der Erklärungsgehilfe den Text nach eigenen Vorstellungen zum Ausdruck bringt, handelt es sich um bloße Vorschläge, weil die Entscheidungskontrolle darüber, ob und mit welchem Inhalt die Erklärung abgegeben werde, beim Unterzeichner verbleibt[470]. Wenn sich aber die Funktion des Blankettnehmers nicht in bloßer Vorbereitung und Entwurfshilfe erschöpft, sondern seine Funktion in das Ausführungsstadium der rechtsgeschäftlichen Handlung reicht, ist die Erklärungsgehilfentheorie abzulehnen[471]. Innere Erklärungsgehilfenschaft ist folglich auch dann abzulehnen, wenn der Blankettnehmer bei der Blankettausfüllung strikt nach Weisung handelt. Denn die *vollständige* Erklärung unterliegt nicht mehr der direkten Kontrolle und Entscheidung des Blankettgebers, so dass sich die Funktion des Gehilfen auch nicht in bloßer Vorbereitung der Erklärung und Entwurfshilfe erschöpft.

Damit reduziert sich die Frage nach der Zuordnung zu den dem bürgerlichen Recht bekannten Formen arbeitsteiligen Handelns darauf, ob der Blankettnehmer Bote oder Stellvertreter ist. Der Stellvertreter trifft eine rechtsgeschäftliche Regelung, die einen anderen berechtigt oder verpflichtet. Er bestimmt nach seinem Willen, welche rechtgeschäftliche Regelung für den Vertretenen gelten soll. Der Bote dagegen übermittelt nur eine fertige Willenserklärung an den Empfänger. Er vermittelt nur das Wirksamwerden einer bereits vollständig abgegebenen Willenserklärung, indem er deren tatsächlichen Zugang bewirkt[472]. Folglich ist der Bote äußerer Erklärungsgehilfe[473].

Ausschlaggebend und Hauptgrund dafür, dass nach überwiegender Meinung letztlich eine Willenserklärung des *Blankettgebers* vorliegen soll, ist die Existenz der Blankounterschrift als äußeres Zeichen auf eine eigene Willenserklärung des Blankettgebers[474]. Auch nach seinem äußeren Auftreten betätige sich der Blankettnehmer als Überbringer eines fremden Willens und allein darauf könne es für

---

469 G. Fischer, Diss., S. 10; vgl. Feldmann, Diss., S. 22 f..

470 G. Fischer, Diss., S. 10.

471 Mit diesem überzeugenden Argument: G. Fischer, Diss., S. 10.

472 MüKo (Schramm), 4. Aufl., Vor § 164, Rz. 42.

473 Feldmann, Diss., S. 23; Beuthien, FS für Medicus zum 70. Geburtstag, S. 1 (10).

die Unterscheidung zwischen Stellvertreter und Bote ankommen[475]. Aus der Unterschrift könne der Erklärungsempfänger ersehen, dass es sich nicht um die Willenserklärung des Blankettnehmers handele, sondern um die des Blankettgebers. Schließlich erfolge die Abgrenzung des Boten vom Stellvertreter gemäß der herrschenden Meinung ebenfalls nach dem Auftreten der Hilfsperson gegenüber dem Geschäftsgegner[476].

Der aus der Blankounterschrift gezogene Schluss der herrschenden Meinung wird erstens durch die Ermittlung der Bedeutung der Blankounterschrift im objektiven Erklärungstatbestand bei offener Blankettlage widerlegt. Denn sie ist das objektive Zeichen auf einen Handlungswillen sowie auf den Willen des Namenszeichners, sich in seinem Namen an die vom Ausfüllenden zu erklärenden Rechtsfolgen rechtlich antizipiert (bereits jetzt) binden zu wollen. Sie ermöglicht die Zuordnung der Rechtswirkungen einer künftigen Willenerklärung zum Rechtssubjekt. Da aber auch die Rechtswirkungen des Vertretergeschäfts den Geschäftsherrn treffen und der Vertreter nach Abschluss des Geschäfts von der Bühne abtritt[477], kann die Unterschrift nicht zur Begründung dafür angeführt werden, dass es sich allein wegen ihr nur um die Willenserklärung des Blankettgebers handeln könne[478]. Zweitens wurde eine historische Begründung dafür geliefert, dass die antizipierte Unterzeichnung einer künftigen von einem anderen abgegebenen Willenserklärung im Namen des Unterzeichners durchaus denkbar ist.

Drittens ist speziell gegen die Vertreter der Boten- und Erklärungsgehilfentheorie einzuwenden, dass so die wirkliche Funktion des Blankettnehmers als Hilfsperson völlig unberücksichtigt bleibt, obwohl sich Stellvertretung und Botenschaft nach

---

474 Vgl. von Tuhr, AT II 1, § 61, S. 415; F. Möller, Diss., S. 8; K.H. Müller, Diss., S. 28.

475 Vgl. zur Botentheorie F. Möller. Diss., S.7, 8; K.H. Müller, Diss., S. 27-29; Brammertz, Diss., S. 33, 37; P. Fischer, Diss., S. 106 f. m.N..

476 G. Fischer, Diss., S. 11 f.; zum Abgrenzungskriterium der h.M.: MüKo (Schramm), 4. Aufl., Vor § 164, Rz. 43

477 MüKo (Schramm), 3. Aufl. ,§ 164, Rz. 108 f.; 4. Aufl., § 164, Rz. 130 f..

478 Zum Beispiel von Tuhr, AT II, § 61, S. 415 u.a.

der jeweils von ihnen zu erfüllenden Aufgabe abgrenzen lassen[479]. Die Vertreter der Boten- und Erklärungsgehilfentheorie stellen nicht einmal auf das äußere Auftreten des Blankettnehmers gegenüber dem Erklärungsempfänger oder den Entstehungsvorgang der Erklärung ab, sondern lediglich auf das objektive Bild der *ausgefüllten Erklärung*. Für sie ist nämlich der Blankettnehmer auch bei der offenen Blankettlage Bote[480]. Ob sich die Funktion der Hilfsperson nach ihrem äußeren Auftreten gegenüber dem Erklärungsempfänger bestimmt oder danach, welche Funktion ihr im Innenverhältnis zum Geschäftsherrn zugeteilt worden ist, ist also offensichtlich für die Vertreter dieser Theorie nicht entscheidend. Denn schließlich ist bei der offenen Blankettausfüllung nach außen erkennbar, dass der Blankettnehmer jedenfalls regelmäßig kraft eigenen Willensentschlusses tätig wird. Zum auslegungsfähigen Erklärungsverhalten zählt aber nicht allein das Schriftstück und die Unterschrift des Blankettgebers. Vielmehr sind bei der Auslegung von nicht eindeutigen Erklärungstatbeständen[481] nach den §§ 133, 157 BGB auch alle weiteren die Erklärung begleitenden Umstände und daher nicht nur die ausgefüllte Urkunde und die Unterschrift zur Auslegung heranzuziehen[482]. Bei der offenen Blankettlage, um die es hier als Grundform des Blankettierens geht, ist die Ausfüllung durch den Blankettnehmer dem Erklärungsempfänger bekannt, weil sie vor seinen Augen vorgenommen wird oder ihm jedenfalls mitgeteilt worden ist.

Bei formbedürftigen Erklärungen gilt zwar einschränkend, dass außerhalb der Erklärung liegende Umstände, die ja selbst nicht der vorgeschriebenen Form bedürfen[483], nach der Rechtsprechung in der Urkunde angedeutet sein müssen[484]. Allerdings ist erst *nach* der Ermittlung des wirklich Gewollten aus Erklärung und Begleitumständen zu fragen, ob der durch Auslegung *ermittelte* Erklärungsinhalt in

[479] Beuthien, a.a.O., S. 1 (10).

[480] So schon P. Fischer, Diss., S. 107 mit Nachweisen; Henle, AT, S. 137; Kühne, Diss., S. 126, 127; ebenso G. Müller, AcP 181, S. 515, (519).

[481] Die Frage, ob der Erklärungstatbestand eindeutig ist oder nicht muss ohnehin erst einmal negativ beantwortet werden können.

[482] Siehe dazu auch oben 2. Kap., C., II..

[483] Larenz/Wolf, AT, § 28, Rz. 80; von Tuhr, AT II 1, § 63, S. 505; MüKo (Mayer-Maly/Busche), 4. Aufl., § 133, Rz. 29.

[484] BGHZ 63, S. 360 (362); 80, S. 242 (244 f., 250); 87, S. 150 (154).

der Urkunde angedeutet ist und so der Form genügt[485]. Denn Erklärungsbedeutung und Formfrage sind voneinander zu trennen. Folglich ist zunächst der Inhalt der abgegebenen Erklärung gegebenenfalls durch Eliminierung von Falschbezeichnungen und Beseitigung von Widersprüchen[486] sowie die die Erklärung begleitenden Umstände auszulegen. Ob, beziehungsweise dass der Erklärungsempfänger mit dem Blankettnehmer die Vertragsverhandlungen und mögliche Vorgespräche geführt hat, wird sich regelmäßig aus den die urkundliche Erklärung begleitenden Umständen ergeben. Zu berücksichtigen sind außerdem solche Umstände, aus denen erkennbar ist, dass der Blankettnehmer über das „Ob" des Geschäfts entscheidet. Hieraus lässt sich bei der offenen Blankettlage ermitteln, ob der in der ausgefüllten Erklärung niedergeschriebene Wille der autonome Wille des Blankettnehmers und damit er der rechtsgeschäftlich Handelnde ist. Ungeachtet der Kritik des Schrifttums an der Andeutungstheorie fragt es sich nun, ob der durch Auslegung von Erklärung und Begleitumständen ermittelte Erklärungsinhalt in der Urkunde andeutungsweise seinen Niederschlag gefunden hat. Hier ist nun tatsächlich allein die vom Blankettgeber unterzeichnete Urkunde relevant. Dabei ist die Blankounterschrift auf der Urkunde als das antizipierte Zeichen auf den Willen des Namenszeichners, sich an die Rechtswirkungen einer künftigen Willenserklärung in seinem Namen seitens einer von ihm dazu ermächtigten Person binden zu wollen, von Bedeutung. Durch ihre Existenz und ihre Bedeutung nach der Verkehrssitte weiß der Erklärungsempfänger um die Fremdwirkung der Willensbetätigung des Blankettnehmers. Folglich findet die Berechtigung zum rechtsgeschäftlichen Tätigwerden in fremdem Namen die erforderliche Andeutung in der Urkunde. Die Blankounterschrift indiziert die Fremdwirkung des Handelns bei der offenen Blankettausfüllung. Dem steht nicht entgegen, dass der Blankettnehmer im Einzelfall die Rechtsstellung eines Boten haben kann[487]. Das liegt aber schon in der Natur des Botenrechts, dessen Geltungsbereich sich ja gerade innerhalb des Regelungsrahmens der Stellvertretungsvorschriften, in den die Blanketterklärung einzu-

---

[485] Palandt (Heinrichs), § 133, Rz. 19; BGHZ 86, S. 41 (46, 47); Medicus, AT, Rz. 330.

[486] Palandt (Heinrichs), § 133, Rz. 19, m.w.N.; Soergel (Hefermehl), 13. Aufl., § 133, Rz. 28 (die Auslegung ist von der Formfrage zu trennen.)

[487] Siehe Feldmann, Diss., S. 24 und Fn. 61; vgl. auch G. Fischer, Diss., S. 13; Siegel, Diss., S. 20.

ordnen ist, entwickelt hat[488]. Damit steht fest, dass die Blanketterklärung eine eigene Willenserklärung des Blankettnehmers beinhalten *kann*. Ob der Blankettnehmer Bote oder Stellvertreter ist, hängt nämlich davon ab, ob er einen Spielraum im Hinblick auf das „Ob" oder „Wie" der Ausfüllung hat. Fehlt ein entsprechender Verhandlungsspielraum bezüglich des Ob oder Wie der Willenserklärung, dann liegt eine Willenserklärung des Blankettgebers vor, weil der nicht mit Verhandlungsspielraum ausgestattete Blankettnehmer vom Blankettgeber als Bote auf den Weg gebracht wird. Das Wesen der Ausfüllungshandlung bewegt sich somit innerhalb des Regelungsrahmens der Stellvertretung in Abgrenzung zur Botenschaft.

(4) Eigener Lösungsansatz: Die Abgrenzung der Rechtsstellung des Blankettnehmers als Bote oder Stellvertreter anhand des eingeräumten Entscheidungsspielraums als Abgrenzungskriterium

Wenn die Blanketterklärung trotz der Blankounterschrift eine rechtsgeschäftliche Erklärung des Blankettnehmers enthalten kann, dann kommt Vertreterhandeln dennoch nur in Betracht, wenn der Blankettnehmer selbst eine die Geschäftswirkungen mitbegründende Willenserklärung abgegeben hat. Hierbei ist auf die Anforderungen abzustellen, die an rechtsgeschäftliches Vertreterhandeln zu stellen sind. Diese sind erfüllt, wenn die Hilfsperson Entscheidungsfreiheit darüber innehat, ob die Vertretungswirkung zustande kommt[489]. Denn rechtsgeschäftliches Handeln setzt ein bestimmtes Maß an privatautonomer Gestaltungsfreiheit voraus.

Die obigen Ausführungen haben ergeben, dass gerade der vom Blankettgeber ausgeführte Teilakt keine rechtsgeschäftliche Qualität besitzt, weil die Willenserklärung erst künftig entsteht und es zudem vor der Ausfüllung an der nötigen Bestimmbarkeit fehlt. Denn regelmäßig besteht seitens des Blankettgebers noch nicht die abschließende Gewissheit über die essentialia negotii, die erforderlich ist, um eine auf einen konkreten rechtsgeschäftlichen Erfolg gerichtete private Wil-

---

[488] Vgl. Staudinger (Schilken), Vorbem. Zu §§ 164 ff., Rz. 73.

[489] Vgl. Müller-Freienfels, Die Vertretung, S. 72, 201.

lensäußerung in den Verkehr zu entlassen[490]. Setzt man in diesem Zusammenhang bei der Frage an, warum der Urkundenaussteller überhaupt die Erklärungsart wählt, gelangt man umgehend zu der Erkenntnis, dass er dies tut, weil er beispielsweise noch nicht weiß, wie hoch die Bürgschaftssumme oder beim Blankoakzept die wertmäßig zu sichernde Schuld sein wird[491]. Kennt der Blankettgeber nicht den genauen Inhalt seiner späteren Verpflichtung, so kann er hinsichtlich dieser Leerstelle im rechtsgeschäftlichen Tatbestand keinen konkreten Geschäftswillen äußern, sondern allenfalls einen Rahmen festsetzen, innerhalb dessen er gebunden sein will. In der Einräumung eigenen Ermessensspielraums besteht deshalb auch die praktische Bedeutung des Blanketts[492]. Denn diese beruht ja gerade darauf, dass der Aussteller noch keine endgültige, vollständige Geltungsanordnung treffen muss[493]. Außerdem wird es der Blankettgeber dem Blankettnehmer unter Umständen freistellen, ob er das Geschäft zum Abschluss bringen will[494]. Auch aus diesem Grunde erscheint es nicht vertretbar, in der Ausfüllung grundsätzlich nur eine rein mechanische Handlung und Gehilfentätigkeit zu sehen. Deshalb spricht auch der BGH von einem rechtlichen Spielraum im Unterschied zur rein mechanischen Übertragung[495]. Anderenfalls wäre auch unverständlich, warum der Blankettgeber keine vollständige Urkunde begeben hat[496].

Erst mit der Ausfüllung durch den Blankettnehmer entfaltet sich die Willenserklärung. Damit setzt der Blankettnehmer die Willenserklärung durch *seinen* Hand-

---

[490] Die inhaltlichen Anforderungen an das, was die schriftliche Bürgschaftserklärung enthalten muss (Bestimmtheitserfordernisse), ergeben sich aus § 765 BGB. Für diese Erklärung ordnet § 766 BGB sodann die Schriftform an. Vgl. BGH WM 1970, S. 816

[491] Bornemann, Diss., S. 13, 14 für die Blankobürgschaft; P. Fischer, Diss., S. 81; G. Müller, AcP 181, S. 515 (519): „nur einen Entwurf angefertigt."; Im Umkehrschluss auch G. Fischer, Diss., S. 13.

[492] Vgl. Brammertz, Diss., S. 34; Bornemann, Diss., S. 13, 14; P. Fischer, Diss., S. 81; zum eigenen Ermessen vgl. auch G. Müller, AcP 181, S. 515 (519)

[493] P. Fischer, Diss., S. 81.

[494] Bornemann, Diss., S. 14; insbesondere dann, wenn der Blankettnehmer ein eigenes Interesse am abzuschließenden Geschäft hat: dazu G. Fischer, Diss., S. 23 f..

[495] Vgl. BGH NJW 1967, S. 1037 (1038); auch G. Fischer, Diss., S. 11 gegen eine rein mechanische Wiedergabe.

[496] So P. Fischer, Diss., S. 107, 108.

lungsakt in Geltung[497], denn er stellt die rechtsgeschäftlichen Wirkungen zwischen dem Aussteller und dem Dritten her[498]. Durch ihn und durch seine Entscheidung über das „Ob“ erhält die Willenserklärung auch die für ihre Wirksamkeit erforderliche Richtung auf den Adressaten[499], der dem Blankettgeber häufig noch unbekannt ist. Ebenso wird gerade in den Fällen, in denen der Blankettnehmer ein eigenes Interesse an dem durch die Blanketterklärung zustande zu bringenden Geschäft hat, die Entscheidung darüber, ob das Geschäft zustande kommt, mit beim Blankettnehmer liegen[500]. Hier habe der Blankettnehmer sogar die Freiheit zu entscheiden, ob er überhaupt von der Möglichkeit Gebrauch machen wolle[501]. Die Befugnisse gehen damit regelmäßig weit über den Transport oder die rein mechanische Wiedergabe einer fremden Erklärung hinaus[502].

Die Innehabung eines solchen Entscheidungsspielraums, wie er dem Blankettnehmer regelmäßig zusteht, ist das entscheidende Abgrenzungsmerkmal zwischen Bote und Stellvertreter. Denn in den Motiven heißt es: „Soweit der Person, deren man sich bedient, eine Willenswahl offengelassen ist, die Grundsätze der Vertretung Platz zu greifen haben“[503]. Weder der Bote noch der ihm gleichgestellte innere Erklärungsgehilfe setzt einen (autonomen) eigenverantwortlichen, selbstbestimmten, rechtsgestaltenden Willensakt, weil sie nicht über rechtsgeschäftlichen Entscheidungsspielraum im Zeitpunkt des Wirksamwerdens der Erklärung verfügen. Anhand dieses Abgrenzungsmerkmals wurde von Rechtsprechung und Lehre die gesamte Dogmatik des Botenrechts innerhalb des Regelungsrahmens der Stellvertretungsvorschriften entwickelt[504]. Folglich kommt es für die Abgrenzung nach der Funktion oder Aufgabe der Hilfsperson im Rechtsgeschäft auch

---

497 Canaris, Vertrauenshaftung, S. 55.

498 Canaris, Vertrauenshaftung, S. 55, 56; vgl. G. Müller, AcP 181, S. 515 (522).

499 Zu dem Erfordernis: Lehmann, Die Unterschrift, S. 16 ff. (18): „selbstverständlich kann diese Richtung auf den Adressaten vor der Entscheidung, ob ... nicht gegeben sein“.

500 G. Fischer, Diss., S. 23, 24.

501 Bornemann, Diss., S. 14.

502 Siehe Feldmann, Diss., S. 25; P. Fischer, Diss., S. 107; vgl. G. Müller, AcP 181, S. 515 (519, 522): „Rechtsmacht, rechtsgeschäftliche Wirkungen zwischen dem Unterzeichner und dem Erklärungsempfänger herzustellen“.

503 Motive I, in Mugdan, S. 476 oder Motive I, S. 223.

504 Staudinger (Schilken), Vorbem. Zu §§ 164 ff., Rz. 73.

einzig auf die Möglichkeit der Willenswahl an. Der Geschäftsherr mag den Inhalt des Geschäfts sogar in allen Einzelheiten vorschreiben, so dass keinerlei inhaltliche Gestaltungsfreiheit besteht. Es genügt aber zur Erfüllung der Anforderungen an rechtsgeschäftliche Stellvertretung, wenn die Hilfsperson mit ihrer Entscheidung über das „Ob" des Geschäfts die Wirkungen rechtsgeschäftlich mitbegründet[505] und damit über ein wenn auch als Minimum zu bezeichnendes Maß an privatautonomer Gestaltungsfreiheit verfügt, das ihrem Tun den Charakter selbstbestimmten Gestaltungshandelns verleiht[506]. Der Blankettnehmer wird auch dann kraft eigenen Willensentschlusses tätig und trägt die Entscheidung über die Verwertung des Blanketts[507]. Das genügt, um über ein Maß an Entscheidungs- und Willensfreiheit zu verfügen, welches dem eines Vertreters gleicht[508].

Trotz dieser Erkenntnisse wird gegen rechtsgeschäftliches Vertreterhandeln eingewandt[509], der Blankettnehmer vollziehe nur ein unwesentliches Stück des äußeren Erklärungsaktes, weil wesentlicher Erklärungsakt die Unterschrift sei. Dem ist nicht zuzustimmen. Die Unterschrift gehört selbstverständlich zum objektiven Erklärungsakt. Denn der objektive Tatbestand einer *vollständigen* schriftlichen Willenserklärung besteht aus Text und Unterschrift[510]. Die Unterschrift ist jedoch ein Teil des objektiven Erklärungstatbestandes, der nur *in Verbindung* mit dem niedergeschriebenen Erklärungstext das äußere objektiv erkennbare Erscheinungsbild der Absicht des Erklärenden ist, einen bestimmten rechtsgeschäftlichen Erfolg herbeiführen zu wollen[511]. Vor der Ausfüllung fehlt der Blankounterschrift aber diese Verbindung. Sie wird vor der Ausfüllung sogar für bedeutungslos gehalten[512]. Schließlich ist sie der Bildung eines konkreten Geschäftswillens regelmäßig vorweggenommen. Denn diesen bildet und äußert

---

505 Müller-Freienfels, Die Vertretung, S. 72, 201; Bornemann, Diss., S. 14.

506 So auch Hueck, AcP 152, S. 436: „Der kleinste Entscheidungsspielraum genügt."

507 P. Fischer, Diss., S. 107; Feldmann, Diss., S. 24, 25.

508 Vgl. Müller-Freienfels, Die Vertretung, S. 72; Feldmann, Diss., S. 25, der verweist auf K.H. Müller, Diss., S. 29 f.; von Tuhr, AT II 1, § 61, S. 415; G. Fischer. Diss., S. 13.

509 So G. Fischer, Diss., S. 14 ff..

510 siehe dazu auch K.H. Müller, Diss., S. 26, sieh dazu auch die Ausführungen oben.

511 Siehe oben 2. Kap. C., II., 3.).

512 Vgl. F. Möller, Diss., S. 41; ähnlich Canaris, Vertrauenshaftung, S. 55, er spricht von einem bloßen Entwurf; so auch G. Müller, AcP 181, S. 515 (519); Siegel, Diss., S. 18 f.

weggenommen. Denn diesen bildet und äußert regelmäßig der Blankettnehmer innerhalb des vom Blankettgeber festsetzbaren Rahmen[513]. Deshalb hat die Blankounterschrift im materiellen äußeren Erklärungstatbestand als erkennbar der Bildung eines konkreten Geschäftswillens vorweggenommener Teilakt nach der Verkehrssitte die Bedeutung eines antizipierten Bekenntnisses oder Zeichens auf einen Willen des Blankettgebers, sich an die Rechtswirkungen einer künftig in seinem Namen abzugebenden Willenserklärung binden zu wollen. Die Blankounterschrift indiziert also die Fremdwirkung der vom Ausfüllenden herrührenden Erklärung oder des von ihm stammenden Erklärungsteils.

Damit kommt als wesentlicher Erklärungsakt die Ausfüllungshandlung in Betracht. Mit ihr manifestiert der Blankettnehmer eigenen Handlungswillen, denn sein Verhalten ist bewusst gesteuert. Er wird kraft eigenen Willensentschlusses tätig[514]. Er hat auch Erklärungsbewusstsein, denn er will mit der Textniederschrift eine rechtlich relevante Erklärung schaffen. Sein Geschäftswille muss die Anforderungen an den Geschäftswillen eines Vertreters erfüllen. Dessen Geschäftswille ist verbunden mit dem Vertretungswillen. Der Geschäftswille des Vertreters und damit auch des mit Entscheidungsspielraum ausgestatteten Blankettnehmer, ist der Wille, einen konkreten rechtsgeschäftlichen Erfolg herbeizuführen, der in seinen Rechtswirkungen nicht ihn selbst, sondern den Unterzeichner betrifft. Folglich muss der Blankettnehmer den Willen haben, durch seinen rechtsgeschäftlichen Beitrag eine konkrete Regelung für den Blankettgeber ins Leben zu rufen. Selbst die Vertreter der Botentheorie sehen ein, dass „dem Blankettnehmer die Möglichkeit eingeräumt ist, kraft eigenen Willens auf die Willenserklärung des Blankettgebers einzuwirken“[515]. Da der eigentliche, konkrete Rechtsfolgen erzeugende Willensinhalt erst mit der Willensbildung im Rahmen seines rechtlichen Spielraums[516] durch den Blankettnehmer zu dessen Willensentschluss reift und darauf gerichtet ist, dass die Rechtswirkungen des von ihm bestimmten und gewollten rechtsgeschäftlichen

---

513 Vgl. G. Müller, AcP 181, S. 515 (519); Canaris, Vertrauenshaftung, S. 55.

514 Vgl. P. Fischer, Diss., S. 107 f.; G. Müller, AcP 181, S. 515 (519).

515 Vgl. K.H. Müller, Diss., S. 29 f..

516 BGH NJW 1967, S. 1037 (1038). Hier ist die Rede von einem rechtlichen Spielraum bei der Ausfüllung.

Erfolges den Unterzeichner treffen, hat der Blankettnehmer auch den erforderlichen Geschäftswillen eines Vertreters[517]. Folglich gibt der Blankettnehmer eine insgesamt vollständige rechtsgeschäftliche Erklärung ab. Die möglicherweise bereits vom Blankettgeber niedergeschriebenen lückenhaften Erklärungsteile kann er sowohl objektiv als auch subjektiv zum Bestandteil seiner Willenserklärung machen, weil er die Erklärungsfragmente kraft seines Willens in seine Willensbildung mit einbeziehen kann.

Folglich ist die Unterschrift des Blankettgebers sinnlich wahrnehmbarer Teilakt des objektiven Erklärungstatbestandes. Entscheidender Teilakt bei der aus einem nur blanko unterschriebenen Schriftstück entstehenden Willenserklärung ist aber die Eintragung des Erklärungstextes durch den Blankettnehmer. Denn durch sie erhält das Blankett seinen rechtsgeschäftlichen Charakter[518]. Ist diese Ausfüllungshandlung von der Willensautonomie des Blankettnehmers beherrscht und mag dies auch nur für das „Ob" der Erklärung gelten, dann stammt von ihm der rechtsgeschäftliche Handlungsakt. Ist hingegen die Ausfüllungshandlung auf Weisung ohne eigenen Entscheidungsspielraum erfolgt, dann ist der rechtsgeschäftliche Akt vom Blankettgeber selbst vorgenommen, weil dann sein autonomer Wille in der Erklärung Niederschlag findet. Er steuert die Eintragung des Erklärungstextes durch den Blankettnehmer mit seiner Weisung. Der entscheidende rechtsgeschäftliche Akt ist damit seine Weisung bezüglich des Ob und udes Wie der Ausfüllung. Die Ausfüllungshandlung ist dann Kundgabe seines Willens nach außen[519].

Ob der mit dem erforderlichen Entscheidungsspielraum ausgestattete Blankettnehmer letztlich auch als Stellvertreter des Blankettgebers gehandelt hat, hängt aber nicht allein von der Frage ab, ob er rechtsgeschäftlich handeln konnte (trotz der Unterschrift des Blankettgebers auf der von ihm ausgefüllten Urkunde) und er

---

[517] Zum Erfordernis der Kundgabe (Offenheitsprinzip) später.

[518] So ja auch die herrschende Meinung: MüKo (Schramm), 4. Aufl., § 172, Rz. 14; G. Müller, AcP 181, S. 515 (519, 522): „Der Blankettnehmer erzeugt die rechtsgeschäftlichen Wirkungen; ähnlich Canaris, Vertrauenshaftung, S. 56

[519] Möller, Diss., S. 7, der jedoch grundsätzlich von botenähnlichem Handeln ausgeht; G. Fischer, Diss., S. 13: „Fälle diktierter Ausfüllung".

dies auch getan hat. Vielmehr müssen natürlich auch die weiteren Voraussetzungen der Stellvertretung (§ 164 I BGB) bei der Blankettausfüllung erfüllt sein.

dd.) Die Wahrung des Offenkundigkeitsprinzips durch die offene Blankettausfüllung

Neben dem Erfordernis rechtsgeschäftlichen Handelns muss der Vertreter auch erkennbar in fremden Namen handeln. Dieses Prinzip des offenkundigen Handelns in fremdem Namen ist einer der tragenden Grundsätze der Vertretungsvorschriften des BGB[520]. Bereits in den Motiven wird die Kundgabe des Vertretungswillens als wesentlicher Bestandteil des in Vertretung vorgenommenen Rechtsgeschäfts bezeichnet. Hieraus werde erkennbar, wen die Rechte und Pflichten treffen sollten[521].

Neben dem Argument, dass der Blankettnehmer schon wegen der Unterschrift des Blankettgebers nicht rechtsgeschäftlich handeln könne, wird als weiteres Argument darauf hingewiesen, dass zumindest fraglich sei, ob der Grundsatz der Offenkundigkeit der Stellvertretung bei der Blankettausfüllung gewahrt werde[522]. Denn die Mitwirkungsrolle des Blankettnehmers als Verwirklichung eigenen rechtsgeschäftlichen Willens trete nicht nach außen in Erscheinung. Aus § 164 I BGB folge aber, dass wenigstens aus den Umständen erkennbar sein müsse, dass die Wirkungen des Rechtsgeschäfts nicht in der Person des Vertreters, sondern in der des Vertretenen eintreten sollen[523]. Von der Mitwirkung des Blankettnehmers wisse der Erklärungsempfänger unter Umständen nichts. Erst recht wis-

---

[520] Vgl. Staudinger (Schilken), Vorbem. Zu den §§ 164 ff., Rz. 35; MüKo (Schramm), § 164, Rz. 14 f.; Einsele, JZ 1990, S. 1005; K. Schmidt, JuS 1987, S. 425 (426).

[521] Motive I, S. 225 f..

[522] Hierauf berufen sich nicht nur die Vertreter der Boten- und Erklärungsgehilfentheorie, sondern ebenfalls diejenigen, die sich für eine analoge Anwendung der Stellvertretungsregeln aussprechen. Vgl. die Nachweise in der nächsten Fußnote.

[523] Feldmann, Diss., S. 18; P. Fischer, Diss., S. 161; BGH WM 1978, S. 1151 (1152): "wer nach den objektiven Umständen als Vertreter in Betracht kommt"; BGH NJW-RR 1988, S. 475 (476) m.w.N.; BGH WM 1976, S. 15 (16).

se er nicht, ob der Blankettnehmer im eigenen oder im fremden Namen gehandelt habe.

Ob diese Feststellung allerdings als entscheidendes Argument gegen die Vollmachtstheorie angeführt werden kann, kann dahinstehen. Erstens bleibt die Mitwirkung des Vertreters auch bei den heute allgemein als Stellvertretung anerkannten Fällen der Unterzeichnung mit fremden Namen verborgen[524]. Zweitens ist bei der offenen Blankettausfüllung die Offenkundigkeit des Handelns im Namen des Blankettgebers, wie sich bereits im Zusammenhang mit den Ausführungen zur Ermächtigungstheorie gezeigt hat, ohnehin gewahrt. Denn hier erfolgt die Ausfüllung des Blanketts in Gegenwart des Erklärungsempfängers, oder er ist durch Mitteilung von ihr in Kenntnis gesetzt worden[525]. Zweifel darüber, ob das Offenkundigkeitsprinzip gewahrt ist, melden sich also lediglich im Falle der verdeckten Blankettausfüllung, die später in einem eigenständigen Kapitel untersucht wird[526].

ee.) Die Subsumtion unter die moderne Theorie der Stellvertretung:

Soweit dem Blankettnehmer Entscheidungsspielraum eingeräumt ist, sind somit auf das Zusammenwirken von Blankettgeber und Blankettnehmer die Vorschriften für die rechtsgeschäftliche Stellvertretung (§§ 164 ff BGB) heranzuziehen. Die Untersuchung hat ergeben, dass die offene Blankettausfüllung unter die Stellvertretung subsumiert werden kann, weil es so gedacht war und nicht deshalb, weil sie ihr nahesteht[527]. Zu berücksichtigen ist allerdings, dass die heutige Lehre im Zeichen der Abstraktion steht, also Trennung der Bevollmächtigung nicht nur vom

---

[524] Feldmann, Diss., S. 18. Dass die Begründung nicht von entscheidender Bedeutung für die Ablehnung der Vollmachtstheorie ist, räumen die Gegner derselben bereits selbst ein.

[525] G. Fischer, Diss., S. 12; P. Fischer, Diss., S. 161; Feldmann, Diss., S. 18; Canaris, VH. S. 55; G. Müller, AcP 181, S. 515 (521).

[526] Vgl. G. Müller, AcP 181, S. 515 (521); Canaris, Vertrauenshaftung, S. 64: Die verdeckte Blankettlage ist eine pathologische Erscheinungsform der Blanketterklärung, die von der Grundform dieser arbeitsteiligen Vorgehensweise getrennt untersucht werden muss, weil die Beantwortung der durch sie speziell aufgeworfenen Probleme voraussetzt, dass über die Rechtsnatur ihrer Grundform Klarheit herrscht.

Grundgeschäft, sondern auch vom Vertretergeschäft. Unter Zugrundelegung des Abstraktionsgedankens lässt sich deshalb in der Begebung einer Blanketterklärung und deren Ausfüllung ein *nach heutiger Vorstellung* atypischer, aber dennoch unmittelbarer Fall der Arbeitsteilung im Sinne des § 164 I BGB feststellen[528].

Auch § 166 BGB lässt sich uneingeschränkt auf die offen ausgefüllte Blanketterklärung anwenden. Der von der herrschenden Meinung beim Blankettmissbrauch vertretene Ausschluss der Anfechtbarkeit[529] bezieht sich nur auf die Willensmängel aus dem Innenverhältnis, nicht jedoch auf die Mängel in der das Vertretergeschäft betreffenden Willensbildung.

III. Ergebnis zur Rechtsnatur der Ausfüllungshandlung

Damit paßt die Blanketterklärung unter die Arbeitsteilungsform der Stellvertretung. Sie kann folgerichtig rechtsgeschäftliche Handlungsqualität besitzen, wenn dem Blankettnehmer der dafür notwendige Entscheidungsspielraum seitens des Blankettgebers eingeräumt worden ist. Dies hängt entscheidend davon ab, welche Legitimation oder (Ausfüllungs-)befugnis ihm eingeräumt worden ist.

---

527 So aber zum Beispiel auch Canaris, Vertrauenshaftung, S. 56; G. Fischer, Diss., S. 24; von Tuhr, AT II 1, § 61, S. 415; Feldmann, Diss., S. 27; G. Müller, AcP 181, S. 515 (522): „Rechtsähnlichkeit nicht zu leugnen".

528 Ähnlich, aber mit anderer Begründung auch G. Fischer, Diss., S. 24; ders., JuS 1998, S. 205 (207).

529 Vgl. dazu G. Fischer, Diss., S. 83 f.; P. Fischer, Diss., S. 232 f..

E. Die Ausfüllungsbefugnis

I.) Rechtsnatur und Inhalt der Legitimation des Blankettnehmers

Fraglich ist, welche Rechtsmacht dem Blankettnehmer seitens des Blankettgebers übertragen worden ist. Auch hierüber herrscht Streit.

1) Ein Gestaltungsrecht

Die herrschende Meinung[530] sieht in der Ausfüllungsbefugnis ein Gestaltungsrecht. Sie sei subjektives Privatrecht des Blankettnehmers mit dem Inhalt, konkrete Rechtsbeziehungen durch einseitigen Willensakt zu gestalten[531]. Dabei wird ihr jedoch allenfalls der Charakter einer Rechtshandlung zuerkannt. Im Grunde sei sie reines Faktum[532]. Dem ist nicht zuzustimmen. Gestaltungsrechte sind einseitige, auf unmittelbare Rechtsänderung gerichtete Rechte, die durch einseitiges, empfangsbedürftiges Rechtsgeschäft ausgeübt werden[533]. Nach herrschender Ansicht wird die Ausfüllungsbefugnis aber nicht durch einseitiges Rechtsgeschäft ausgeübt[534]. Somit entspricht sie nicht einmal der allgemein gebräuchlichen Definition eines Gestaltungsrechts.

Es sollte vielmehr der Versuch unternommen werden, die Rechtsnatur der Ausfüllungsbefugnis auf privatautonome Begriffskategorien zurückzuführen[535]. In Be-

---

[530] Von Tuhr, AT II, 1, S. 415; Enneccerus/Lehmann, § 78 II 5, S. 311; BGH NJW 1967, S. 1037 (1038); Siegel, Diss., S. 16; vgl. auch Bornemann, Diss., S. 17; K.H. Müller, Diss., S. 31 ff.; Klügge, Diss., S. 32; P. Fischer, Diss., S. 151; G. Fischer, Diss., S. 21: „Ein Mittel zur arbeitsteiligen privatautonomen Rechtsgestaltung".; Önder, Diss., S. 14; Nischik, Diss., S. 19; Haußmann, Gruchot 58, S. 280 (304), Dölle, Festschrift für M. Wolf, S. 23 (32); Baumgärtel, DNotZ 1957, S. 652 (653); Feldmann, Diss., S. 26 f.

[531] Dazu auch Möller, Diss., S. 34 ff, der das Vorliegen eines Gestaltungsrechts ablehnt.

[532] P. Fischer, Diss., S. 151: „nur faktische Bedeutung"; MüKo (Schramm), § 185, Rz. 49; ders., § 172, Rz. 14: „die Vervollständigung der Urkunde ist kein Rechtsgeschäft sondern Realakt".

[533] Gestaltungsrechte sind subjektive Rechte, die dazu dienen, durch einseitige Gestaltungserklärung ein Rechtsverhältnis zu begründen, zu ändern oder zu beenden, Larenz/Wolf, AT, § 13, Rz. 29, insb. § 15, Rz. 78 ff.

[534] P. Fischer, Diss., S. 151 m.w.N..

[535] P. Fischer, Diss., S. 152; ebenso Önder, Diss., S. 14; G. Müller, AcP 181, S. 515 (518).

tracht kommt Vertretungsmacht oder Botenmacht als von der Rechtsordnung anerkannte Handlungsbefugnis mit unmittelbarer Wirkung auf den Rechtskreis eines anderen.

2.) Vertretungsmacht oder Botenmacht

Vertretungsmacht ist die Legitimation, für einen anderen durch Handeln in dessen Namen für ihn gültige rechtsgeschäftliche Regelungen zu treffen[536]. Botenmacht ist die Legitimation zur Übermittlung einer fertigen Willenserklärung. Es ist die Macht des Zugangsgehilfen. Sowohl der Vertreter als auch der Bote bedürfen einer besonderen Legitimation, wenn ihr Handeln den Geschäftsherrn binden soll. Fraglich ist, welcher rechtsgeschäftlichen Legitimation die Ausfüllungsbefugnis zugeordnet werden kann.

3.) Die Zuordnung der Ausfüllungsbefugnis

Die Ausfüllungsbefugnis, also die Zuständigkeit des Blankettnehmers, im Rechtskreis des Blankettgebers tätig zu werden, kennzeichnet ebenfalls eine solche Legitimation wie die des Boten oder Stellvertreters. Sein rechtsgeschäftliches Können richtet sich danach, wozu ihn der Blankettgeber legitimiert hat. Folglich stellt sich die Frage, ob ihm die Macht eines Zugangsgehilfen erteilt wurde oder die Macht, im Namen des Blankettgebers eine rechtsgeschäftliche Regelung mit Wirkung für und gegen diesen zu treffen.

Die praktische Bedeutung des Blanketts besteht darin, dass es dem Blankettnehmer Ermessens- und Entscheidungsspielraum gibt[537]. Warum sollte der Blankettgeber auch seine Unterschrift auf ein leeres Blatt Papier setzen und dem Blankettnehmer eine vollständige, mindestens bestimmbare Willenserklärung mündlich

---

536 Staudinger (Schilken), Vorbem. Zu §§ 164 ff., Rz. 17 m.w.N.; Erman (Palm), § 164, Rz. 14.

537 Brammertz, Diss., S. 34; Önder, Diss., S. 15; G. Fischer, Diss., S. 13; P. Fischer, Diss., S. 107; BGH NJW 1967, S. 1037 (1038); zum Entscheidungsspielraum siehe 2.Kap.,D.,II,2.)b.)cc.)(4).

mit auf den Weg geben und damit ein völlig überflüssiges Mißbrauchsrisiko schaffen? Zugegebenermaßen wird der Blankettgeber im Augenblick der Begebung des Blanketts regelmäßig nicht an die Möglichkeit des Mißbrauchs denken, denn schon die Blanketthingabe setzt ein gesteigertes Maß an Vertrauen in die Person des Blankettnehmers voraus. Dennoch ist kein Grund ersichtlich, ausgenommen Zeitmangel, warum der Blankettgeber seine fertige Erklärung nicht selbst niederschreibt oder niederschreiben lässt und anschließend unterschreibt[538]. Auch diejenigen, die sich für eine analoge Anwendung der gesetzlichen Vorschriften der Stellvertretung auf die im Gesetz nicht geregelte Blankettausfüllung ausgesprochen haben, räumen dem Blankettnehmer eine weitergehende Befugnis ein, als sie einem Boten zusteht[539]. So gebe die Ausfüllungsbefugnis dem Blankettnehmer kraft Rechtsgeschäft die Rechtsmacht, rechtsgeschäftliche Wirkungen zwischen dem Blankettgeber und einem Dritten herzustellen[540]. Folglich wird das Blankett begeben, um dem Blankettnehmer Entscheidungsspielraum zu verschaffen. Hinter diesem Zweck steht der Wille des Blankettgebers, mit der Erteilung der Ausfüllungsmacht die selbständige Wertung der Rechtsfolge an seiner Stelle einem anderen übertragen. Dies geschieht durch die Einräumung der Befugnis, für ihn selbständig wirksam zu handeln. Der Blankettgeber erteilt damit die Zuständigkeit der Vertretungsmacht[541], also die Legitimation, durch Handeln in seinem Namen für ihn gültige rechtsgeschäftliche Regelungen zu treffen[542].

Hat der Blankettnehmer ausnahmsweise keinen Entscheidungsspielraum im Hinblick auf das „Ob“ und sogar „Wie“ der Ausfüllung, so ist er Bote[543]. Der Blankettgeber erteilt dem Blankettnehmer in diesem Falle nur die Rechtsmacht eines Er-

---

[538] P. Fischer, Diss., S. 107, 108.

[539] K.H. Müller, Diss., S. 29: „gewissen Einfluß auf den Erklärungsinhalt“; von Tuhr, AT II 1, § 61, S. 415; G. Müller, AcP 181, S. 515 (519): „erkennbar eigenes Ermessen betätigt“: Feldmann, Diss., S. 24, 25, 28 geht ebenfalls von weitergehenden Befugnissen aus.

[540] Canaris, Vertrauenshaftung, S. 56.

[541] Vgl. Müller-Freienfels, Die Vertretung, S. 201: „Der Machtgeber räumt dem anderen das Mittel ein, für ihn selbst wirksam zu handeln. Er gibt ihm die Zuständigkeit der Vertretungsmacht

[542] Staudinger (Schilken), Vorbem, Zu §§ 164 ff., Rz. 17; Erman (Palm), § 164, Rz. 14.

[543] Vgl. Müller-Freienfels, Die Vertretung, S. 201 zum Boten: „er vermittelt nur den Willen des Prinzipals“ und S. 72.

klärungsgehilfen und Boten. Sobald ihm aber die Zuständigkeit der Entscheidung über das „Ob“ des Geschäfts eingeräumt ist, hat er Vertretungsmacht.

Weiterhin ist für die Erteilung wirksamer Vertretungsmacht erforderlich, dass der Blankettgeber auch den Willen hat, dem Blankettnehmer die in der Vollmacht liegende Befugnis zu erteilen, damit dieser den entscheidenden Entschluss für das Geschäft fassen und erklären kann. Der Blankettgeber übergibt dem Blankettnehmer das Blankett mit dem Zeichen auf seinen antizipierten Willen, sich an die Rechtswirkungen einer künftigen in seinem Namen abzugebenden Erklärung binden zu wollen (die Unterschrift).

Es wird sogar vertreten, dass nach der Verkehrsauffassung das Blankett auch als die Kundgabe einer allgemeinen Vollmacht aufzufassen sei[544]. Allerdings wird im Blankett nicht die Bevollmächtigung des Blankettnehmers kundgetan, so dass es an der schriftlichen Mitteilung von der Bevollmächtigung des Blankettnehmers, die auch der Bevollmächtigte selbst überbringen kann, fehlt. Eine durch den Bevollmächtigten selbst übermittelte mündliche Vollmachtsmitteilung genügt nicht[545]. Denn sie erfüllt nicht die Anforderungen, die der Rechtsscheintatbestand des § 171 BGB an das Vertrauen des Erklärungsempfängers stellt, weil die Mitteilung von der Bevollmächtigung durch den Bevollmächtigten selbst keine ausreichende Rechtsscheinbasis bildet. Somit ist diese Auffassung abzulehnen. Ihr ist allenfalls zuzugeben, dass die offene Blanketterklärung den Tatbeständen der § 171 ff. BGB insoweit ähnlich ist, als in allen Fällen ein antizipierter Bindungswille des Vertretenen gegenüber dem Erklärungsempfänger manifestiert wird. Je nach dem Innenverhältnis zwischen Blankettnehmer und Blankettgeber ist daher die Ausfüllungsbefugnis Vollmacht oder Botenmacht.

Es wird deutlich, dass eine für alle Fälle geltende Zuordnung zur Stellvertretungs- *oder* Botentheorie nicht möglich ist. Der Blankettnehmer ist Hilfsperson im Rechtskreis des Blankettgebers. Ob er als dessen Bote oder als dessen Stellvertreter gehandelt hat, richtet sich nach seiner jeweils zu erfüllenden Aufgabe, also da-

---

[544] Bornemann, Diss., S. 38

[545] Vgl. MüKo (Schramm), . Aufl., § 171, Rz. 6

nach, ob er wenigstens über das „Ob“ oder sogar das „Wie“ des Geschäfts entscheiden *durfte* und damit die Wirkungen rechtsgeschäftlich begründet hat[546]. In den Motiven[547] heißt es: „Wirkt jemand bei dem Zustandekommen eines Rechtsgeschäfts nur insofern mit, als er die Willenserklärung des einen Theiles auf dessen Veranlassung dem anderen Theile übermittelt, so ist er Mittelsperson, Bote. Wieweit der Begriff der Übermittlung reicht, ob der Bote auch dann noch Bote bleibt, wenn ihm freigestellt ist, zwischen mehreren Willenskundgebungen des Erklärenden zu wählen oder auch wohl die Kundgebung zu unterlassen, mag unter Umständen zweifelhaft sein, eignet sich aber nicht zur Entscheidung durch das Gesetz.“

Die Zuordnung zum einen oder anderen ist damit einzelfallabhängig und sollte dies nach den Motiven auch sein. Dort heißt es weiter: „Im Allgemeinen wird festzuhalten sein, dass, soweit der Person, derer man sich bedient, eine Willenswahl offengelassen ist, die Grundsätze von der Vertretung Platz zu greifen haben“[548]. Somit hat die Abgrenzung nach dem Vorhandensein eines (erkennbaren) Entscheidungsspielraums zu erfolgen[549]. Daraus folgt, dass anhand des Entscheidungsspielraums auch die dem Blankettnehmer eingeräumte Befugnis klar bestimmt werden kann.

4.) Ergebnis: Die Rechtsnatur der Ausfüllungsbefugnis nach dem erkennbaren Entscheidungsspielraum als entscheidendes Kriterium

Bei der offenen Blankettausfüllung ist dem Erklärungsempfänger erkennbar, dass ein anderer als der Unterzeichner die Urkunde ausfüllt oder ausgefüllt hat. Der Geschäftsgegner führt mit dem Blankettnehmer die Verhandlungen über die noch offenen Vertragsinhalte. Aus der Blankounterschrift schließt der Erklärungsemp-

---

[546] So die Definition des Vertreterhandelns von Müller-Freienfels, Die Vertretung, S. 72 u.a..

[547] Motive I, S. 223; Mugdan, S. 475 f..

[548] Motive I, S. 223.

[549] Zur Abgrenzung von Bote und Stellvertreter siehe MüKo (Schramm), 4. Aufl., Vor § 164, Rz. 43 ff; Staudinger (Schilken), Vorbem. Zu §§ 164 ff, Rz. 75, 76; Müller-Freienfels, Die Vertretung, S. 72; Larenz/Wolf, AT, § 46, Rz. 39.

fänger, dass der Blankettgeber den Blankettnehmer intern bevollmächtigt hat und ihm mit dem Blankett „ein Stück Vertrauensbasis in die Hand geben will". Somit ist nach dem äußeren Auftreten gegenüber dem Erklärungsempfänger der Schluss darauf, dass der Blankettnehmer nur als Bote eine fremde Willenserklärung übermittelt oder lediglich als Gehilfe in den Schreibvorgang eingeschaltet ist, nur möglich, wenn dieser *für den Geschäftsgegner erkennbar* nach Weisung gehandelt hat. Dabei wird es sich aber regelmäßig um Ausnahmefälle handeln. Die Ausfüllungsbefugnis des Blankettnehmers ist also in der Regel rechtsgeschäftlich erteilte Vertretungsmacht. Damit kann die Blankettausfüllung die Voraussetzungen des § 164 BGB erfüllen. Soweit der Blankettnehmer über einen erkennbaren Entscheidungsspielraum hinsichtlich der zu treffenden rechtsgeschäftlichen Regelung verfügt, ist er Vertreter des Blankozeichners.

II. Die Erteilung der Legitimation (Ausfüllungsbefugnis) zur Blankettausfüllung

Als nächstes ist die Frage zu beantworten, wie die Ausfüllungsbefugnis wirksam erteilt wird. Nachdem die Rechtsnatur der Ausfüllungshandlung und der Ausfüllungsbefugnis geklärt ist, gilt hier die Regelung des § 167 II BGB, soweit dem Blankettnehmer Vertretungsmacht eingeräumt ist.

1.) Die mündliche Erteilung – Grundsatz des § 167 II BGB

Regelmäßig genügt für die Erteilung wirksamer Vertretungsmacht die mündliche Erklärung. Selbst bei formbedürftigen Rechtsgeschäften, auf welche sich die Vollmacht bezieht, kann die Erteilung der Vertretungsmacht grundsätzlich gemäß § 167 II BGB mündlich erfolgen. Denn nach § 167 II BGB bedarf die Erklärung zur Erteilung der Vollmacht nicht der Form, die für das Rechtsgeschäft bestimmt ist, auf das sich die Vollmacht bezieht. Also ist es auch grundsätzlich ausreichend, wenn der Blankettgeber den Blankettnehmer mündlich legitimiert.

2.) Einschränkende Auslegung des § 167 II BGB

In besonderen Fällen wird § 167 II BGB einschränkend ausgelegt. Dies ist dann der Fall, wenn die Gefahr besteht, dass die mit bestimmten Formvorschriften angestrebten Zwecke durch die mündlich erteilbare Bevollmächtigung zur Vornahme des Geschäfts vereitelt werden können. Dementsprechend bedarf die Erteilung der Vollmacht zur Vornahme bestimmter formbedürftiger Rechtsgeschäfte der für diese geltenden Form. Insoweit wird § 167 II BGB einschränkend ausgelegt.

a.) Teleologische Reduktion für beurkundungsbedürftige Grundstücksgeschäfte (§ 311 b BGB, § 313 BGB a.F.)

Eine solche teleologische Reduktion des § 167 II BGB erfolgte zunächst für nach § 311 b BGB (§ 313 BGB a.F.) beurkundungsbedürftige Grundstücksgeschäfte[550]. Danach muss eine unwiderrufliche Vollmacht trotz der Vorschrift des § 167 II BGB notariell beurkundet werden. Nach der Rechtsprechung sollte gemäß § 311 b BGB (§ 313 BGB a.F.) die Vollmacht zu einem Grundstücksverkauf der notariellen Beurkundung bedürfen, wenn die Vollmacht bereits eine rechtliche oder tatsächliche Bindung des Vollmachtgebers zur Veräußerung enthält[551]. In der Literatur[552] wurde vertreten, dass es generell geboten sei, die Bevollmächtigung zu einem Vertrag, durch den der Vollmachtgeber zur Übereignung oder zum Erwerb eines Grundstücks verpflichtet werde, dem Formzwang des § 311 b BGB (§ 313 BGB a.F.) zu unterwerfen. Dies sei wegen der Warnfunktion des § 311 b BGB (§ 313 BGB a.F.) geboten[553].

---

[550] Z.B. BGH NJW 1952, S. 1210 (1211) mit Anm. Grussendorf, S. 1210 f..

[551] RGZ 104, S. 236 (237); BGH MDR 1970, S. 998 (998).

[552] Flume, Das Rechtsgeschäft, § 52, 2, S. 864; Müller/Freienfels, Die Vertretung, S. 275.

[553] Flume, Das Rechtsgeschäft, § 52, 2, S. 864 f..

b.) Erweiterung der einschränkenden Auslegung auf § 518 und § 766 BGB

Wegen ihrer Warnfunktion müssten deshalb auch die Formvorschriften des §§ 518, 766 BGB zu einer teleologischen Reduktion des § 167 II BGB führen und die Vollmachterteilung der Form des Vertretergeschäfts unterworfen werden [554]. Der Auffassung, dass die Vollmacht zur Erteilung einer Bürgschaft wegen der Warnfunktion des § 766 BGB nunmehr auch schriftlich erklärt werden muss und § 167 II BGB insoweit teleologisch zu reduzieren ist, hat sich zuletzt auch der BGH[555] angeschlossen.

c.) Die durch die teleologische Reduktion entstandenen Probleme am Beispiel der Bürgschaft

Damit ist im Bereich der Blankobürgschaften ein neues Problem entstanden: Denn nach der neuen Rechtsprechung des BGH aus dem Jahre 1996 kann eine formbedürftige Bürgschaft nicht mehr in der Weise wirksam erteilt werden, dass der Bürge eine Blankounterschrift leistet und einen anderen mündlich ermächtigt, die Urkunde zu ergänzen[556]. Dann fehlt es an einer wirksamen Bürgschaftserklärung, weil die blanko geleistete Unterschrift des Blankettgebers nicht zur Aneignung der Erklärung führt und er dadurch nicht zum Aussteller derselben wird. Ebenso fehlt es an einer wirksamen Bevollmächtigung, weil die formlos erteilte Vollmacht gemäß § 125 S. 1 BGB nichtig ist. Es soll im folgenden untersucht werden, welche Rechtsfolgen dies bei offener Blankettlage auslöst.

---

[554] Flume, Das Rechtsgeschäft, § 52, 2, S. 865; Larenz/Wolf, AT, § 47, Rz. 23; Müller/Freienfels, Die Vertretung, S. 290, 291; MüKo (Pecher), § 766, Rz. 12; Staudinger (Horn), § 766, Rz. 20; vgl. auch Rösler, NJW 1999, S. 1150 (1151, 1152): kritisch im Hinblick auf die Bevollmächtigung zum Abschluss eines Bürgschaftsvertrages, zustimmend hinsichtlich der Blankobürgschaft; ebenfalls zur Formbedürftigkeit der Vollmacht: Eckardt, Jura 1997, S. 189 ff(192); für generelle Formnichtigkeit des Blanketts: Benedict, Jura 1999, S. 78 (83).

[555] BGHZ 132, S. 119, (125 f.).

[556] BGHZ 132, S. 119 (122 f.); zur Begründung vgl. auch G. Fischer, JuS 1998, S. 205 (206 f.); MüKo (Schramm), 4. Aufl., § 167, Rz. 27; Medicus, JuS 1999, S. 833 (834).

3.) Die Rechtsfolgen bei formnichtiger Ausfüllungsbefugnis und formnichtiger Blanketterklärung

a.) Die Anwendbarkeit der zum Blankettmissbrauch in Analogie zu § 172 II BGB entwickelten Grundsätze

Der BGH hat auf das Problem in seiner Entscheidung aus dem Jahre 1996 die für den Blankettmissbrauch in Analogie zu § 172 II BGB entwickelten Rechtsscheingrundsätze übertragen[557]. Für schutzbedürftig hält er indessen nur der Empfänger eines verdeckt ausgefüllten Bürgschaftsblanketts[558]. Denn schutzbedürftig ist nur derjenige, der eine vollständige Urkunde erhält und annehmen darf, die Erklärung stamme vom Bürgen selbst, der Urkunde also die Ergänzung durch den nicht wirksam ermächtigten Dritten nicht ansehen kann[559] Somit scheitert der Rückgriff auf Rechtsscheingrundsätze bei der offenen Blankettlage. Fraglich ist, welche Rechtsfolgen die formnichtige Ausfüllungsbefugnis bei der offenen Blankettlage nach sich ziehen kann.

b.) Schwebende Unwirksamkeit nach § 177 I BGB

Grundsätzlich ist die schwebende Unwirksamkeit nach § 177 I BGB die Rechtsfolge, die eintritt, wenn der Vertreter nicht oder nicht wirksam legitimiert worden ist[560]. Bei Nichtigkeit der Bevollmächtigung wegen Nichtbeachtung der Form (§ 125 BGB) ist das Vertretergeschäft also normalerweise nach Maßgabe des § 177 BGB schwebend unwirksam. Der Schwebezustand kann beendet werden, indem der Vertretene (Blankettgeber) das schwebend unwirksame Geschäft genehmigt (§ 177 I BGB) oder seine Genehmigung verweigert. Die Genehmigung ist eine

---

[557] Vgl. BGHZ 132, S. 119 (127 f.).

[558] Vgl. BGHZ 132, S. 119 (128) mit Verweis auf BGHZ 40, S. 65 (68).

[559] BGHZ 132, S. 119 (128) mit Verweis auf BGHZ 40, S. 65 (68).

[560] Vgl. Staudinger (Schilken), § 177, Rz. 5; MüKo (Schramm), 4. Aufl., § 177, Rz. 9; G. Fischer, JuS 1998, S. 205 (208): „naheliegend"; Keim, JuS 1996, S. 2774 (2776).

empfangsbedürftige Willenserklärung[561]. Sie bedarf nach überwiegender Auffassung grundsätzlich nicht der für das Rechtsgeschäft vorgeschriebenen Form (§ 182 II BGB)[562]. Es ist allerdings umstritten, ob sie auch dann formfrei ist, wenn eine Vollmacht formbedürftig wäre[563]. Die Beantwortung dieser Frage ist aber nur von Belang, wenn die Rechtsfolgen des § 177 I BGB bei formnichtiger Ausfüllungsermächtigung des Blankettnehmers tatsächlich eintreten.

Nach Auffassung von *Keim*[564], der hinsichtlich der Rechtsfolgen bei formnichtiger Ausfüllungsermächtigung nicht zwischen offener und verdeckter Blankettausfüllung differenziert, müsse es bei der Rechtsfolge des § 177 I BGB bleiben: Die aufgrund mündlicher Ermächtigung vom Gläubiger ausgefüllte Bürgschaft[565] sei zwar formgerecht, jedoch mangels ordnungsgemäßer Ermächtigung entsprechend § 177 I BGB wie eine Erklärung eines Vertreters ohne Vertretungsmacht schwebend unwirksam[566].

---

561 Erman (Palm), § 177, Rz. 14.

562 MüKo (Schramm), 4. Aufl., § 167, Rz. 15; Soergel (Leptien), 13. Aufl., § 167, Rz. 14; Palandt (Heinrichs), § 182, Rz. 2; Erman (Palm), § 177, Rz. 14; dazu auch G. Fischer, JuS 1998, S. 205 (208); dafür, dass auch § 182 II BGB außer Kraft gesetzt werden müsse: Benedict, Jura 1999, S. 78 (83) m.N. in Fn. 60.

563 Formfrei: BGHZ 125, S. 218 (222 f.); Palandt (Heinrichs), § 182, Rz. 2; a.A.: Erman (Palm), § 177, Rz. 14; OLG München DnotZ 1951, S. 32; OLGZ 68, S. 6; Benedict, Jura 1999, S. 78 (83 m.N. in Fn. 60).

564 Keim, NJW 1996, S. 2774 ff..

565 In dem vom BGH entschiedenen Fall ging es um ein offen ausgefülltes Blankett, das zudem vom Erklärungsempfänger selbst vervollständigt worden ist; vgl. BGHZ 132, S. 119 ff (insb. S. 128)

566 In der Entscheidung des BGH aus dem Jahre 1996 (BGHZ 132, S.119 ff) wird demgegenüber grundsätzlich eine Haftung des Blankettgebers in entsprechender Anwendung des § 172 II BGB nach den für den Blankettmissbrauch entwickelten Rechtsscheingrundsätzen bejaht. Allerdings sind bei offener Blankettlage die Voraussetzungen einer Rechtsscheinhaftung in Analogie zu § 172 II BGB nicht erfüllt. Die Anwendung des § 172 II BGB auf den nicht formgerecht zur Ausfüllung ermächtigten Blankettnehmer setzt nämlich immer die Schutzbedürftigkeit des Erklärungsempfängers voraus. Dieser muss auf die Wirksamkeit der Erklärung vertraut haben. Er ist indessen nur dann schutzbedürftig, wenn er der Urkunde nicht ansehen kann, dass sie aus einem Blankett entstanden ist. Bei der offenen Blankettlage weiß der Erklärungsempfänger jedoch, dass es sich um ein vom Blankettnehmer ausgefülltes Blankett handelt. Unter Umständen hat er es sogar selbst ausgefüllt. So auch der BGH in der Entscheidung aus dem Jahre 1996, in BGHZ 132, S. 119 ff. Ob die Übertragung der für den Blankettmissbrauch entwickelten Rechtsscheingrundsätze in Analogie zu § 172 II BGB auf die formnichtige Ermächtigung zur Ausfüllung eines Blanketts übertragen werden können, soll im Rahmen der verdeckten Blankettlage untersucht werden. Denn dort wird die Frage relevant.

Es fragt sich allerdings, ob dies auch für die Blanketterklärung gilt und *Keim* darin recht zu geben ist, dass lediglich die Legitimation nach § 125 BGB nichtig ist und das Vertretergeschäft, also die Bürgschaft selbst nach § 177 I BGB schwebend unwirksam[567]. Schwebende Unwirksamkeit der Blanketterklärung kommt nur in Betracht, wenn dem Vertretergeschäft keine anderen Wirksamkeitshindernisse entgegen stehen[568]. Dies ist hier zweifelhaft. Denn die Form wird nach der Aneignungstheorie[569] bei der Blanketterklärung durch die aneignende Kraft der Blankounterschrift des Blankettgebers *gewahrt*. Diese aneignende Kraft kann die Blankounterschrift nicht entfalten, wenn dadurch die besonderen Zwecke der konkret für das jeweilige Rechtsgeschäft geltenden Formvorschrift vereitelt werden. Denn die Blankounterschrift muss die Formzwecke erfüllen, um den Aneignungsgedanken nicht in Widerspruch zum Formzweck des § 766 BGB zu setzen[570]. Der Zweck des § 766 BGB besteht darin, den Bürgen vor übereiltem Handeln zu schützen. Er soll sich den Inhalt seiner Erklärung und das Risiko seiner Haftung vor Augen führen. Dieser Zweck wird bei der Blankobürgschaft verfehlt, wenn die Ergänzung aufgrund mündlicher und damit formnichtiger Legitimation vorgenommen wird. Denn der Bürge hat sich das übernommene Risiko nicht vor Augen geführt, wenn er die Urkunde blanko unterzeichnet, diese allenfalls aus Erklärungsbruchstücken besteht und die Legitimation zur Ausfüllung ebenfalls ohne Beachtung des Warnzwecks der Formvorschrift erteilt worden ist[571]. Wenn die Blankounterschrift nicht zur Aneignung der Erklärungsniederschrift führt, ist der Unterzeichner nicht der Erklärende des Inhalts der Urkunde ist. Damit erfüllt die Blanketterklärung selbst nicht die Formvorschrift des 126 BGB, die verlangt, dass die Erklärung vom Aussteller und damit vom Erklärenden unterschrieben werden muss.

---

567 Keim, NJW 1996, S. 2774 (2775); ihm folgend: Staudinger (Horn), § 766, Rz. 45; Eckardt, Jura 1997, S. 189 (193) und Fn. 42: „die Bürgschaftserklärung als solche ist zwar formgerecht, wirkt aber nicht gegen den Unterzeichner"; zweifelnd: G. Fischer, JuS 1998, S. 205 (208).

568 Vgl. Staudinger (Schilken), § 177, Rz. 9; mit Verweis auf RGZ 121, S. 14 (18).

569 Siehe oben 2.Kap.,B,II.,1.)a.).

570 Vgl. oben 2.Kap.,B,II.2.).

571 Vgl. BGHZ 132, S. 119 (125); G. Fischer, JuS 1998, S. 205 (206) NJW 1996, S. 1467 (1468).

Daraus folgt, dass die Blankettbürgschaft selbst gemäß § 125 BGB formnichtig ist und nicht lediglich infolge der Formnichtigkeit der Legitimation nach § 177 I BGB schwebend unwirksam. § 177 I BGB kann bei Doppelmängeln aber keine Anwendung finden[572].

Darüber hinaus kann man Formmängel nicht entgegen der absoluten Nichtigkeitssanktion des § 125 BGB heilbar machen.

Wenn § 177 I BGB keine Anwendung findet, stellt sich die Frage, welche anderen Rechtsfolgen die formnichtige Blanketterklärung und die formnichtige Legitimation im Falle offener Ausfüllung auslösen kann. Erfüllungsansprüche können bei formnichtigen Rechtsgeschäften grundsätzlich nicht entstehen.

c.) Die Einschränkung der Formnichtigkeit durch Treu und Glauben

Nur ganz ausnahmsweise wird das Rechtsgeschäft unter Berufung auf § 242 BGB in Abweichung von § 125 BGB als wirksam behandelt. So nimmt die ganz herrschende Meinung an, dass die arglistige Täuschung über die Formbedürftigkeit nicht nur zu einem Schadensersatz-, sondern zu einem Erfüllungsanspruch führt[573]. An der Erregung eines solchen Irrtums im Erklärungsempfänger fehlt es aber bereits, wenn der Erklärungsempfänger weiß, dass die nunmehr vollständige Urkunde aus einem Blankett entstanden ist, also bei der offenen Ausfüllung. Bei offener Blankettlage kommt somit eine arglistige Täuschung über die Formnichtigkeit praktisch nicht in Betracht.

---

572 Vgl. Staudinger (Schilken), § 177, Rz. 9; mit Verweis auf RGZ 121, S. 14 (18): „Durch die Genehmigung wird nur der Mangel der Vollmacht ersetzt. Voraussetzung ist, dass keine anderen Wirksamkeitshindernisse bestanden".

573 Vgl. MüKo (Einsele), 4. Aufl., § 125, Rz. 50; Larenz/Wolf, AT, § 27, Rz. 48 f.; Flume, Das Rechtsgeschäft, § 15 III 4 c.) cc.), S. 280 ff; BGHZ 85, S. 315 (318 f.); 48, S. 396 (398); 29, S. 6 (10 f.); BGH NJW 1996, S. 2503 (2504).

d.) Schadensersatzansprüche für den Fall der offen ausgefüllten formnichtigen Blanketterklärung

Bleibt zu fragen, ob für den Fall der offen ausgefüllten formnichtigen Blanketterklärung Schadensersatzansprüche unter dem Gesichtspunkt des Verschuldens beim Vertragsschluss oder als Folge einer unerlaubten Handlung in Betracht kommen. Abgesehen von den übrigen Voraussetzungen müsste der Blankettgeber schuldhaft gehandelt haben. Dies setzt zunächst Kenntnis oder Kennenmüssen des Unwirksamkeitsgrundes voraus. Selbst wenn der Blankettgeber keine (auch keine zugerechnete) Kenntnis davon hat, dass das Blankettieren nicht geeignet ist, die Form des § 766 BGB zu erfüllen, so hätte er diese von ihm verursachte Formnichtigkeit auch kennen müssen, denn grundsätzlich hat jede Partei selbst die Pflicht, sich von bestehenden Formerfordernissen Kenntnis zu verschaffen[574]. Dazu gehört es auch, dass sich der Blankobürge informiert, ob die Form durch die von ihm gewählte Arbeitsteilung, das Blankettieren, gewahrt werden kann. Wer es unterlässt, sich Kenntnis darüber zu verschaffen, ob die von ihm gewählte Arbeitsteilungsform geeignet ist, die Form des Rechtsgeschäfts zu erfüllen, muss sich den Vorwurf fahrlässiger Verhinderung der Wirksamkeit des Vertrages machen lassen.

Allerdings ist bei der Frage, ob ihn deshalb auch gegenüber dem Erklärungsempfänger ein Verschulden trifft, zu berücksichtigen, dass jede Partei grundsätzlich selbst verpflichtet ist, sich über Formerfordernisse Kenntnis zu verschaffen. Folglich muss sich der Erklärungsempfänger seinerseits informieren, wenn er, wie bei der offenen Blankettlage weiß, dass sich der Bürge der Arbeitsteilungsform des Blankettierens bedient. Informiert er sich nicht und verzichtet er zudem auf die Vorlage einer schriftlichen Ausfüllungslegitimation, so hat er seine Unkenntnis selbst zu verantworten und muss die Nachteile selbst tragen, nicht aber der Vertragspartner[575]. Folglich hat der Blankettgeber seine Pflichtverletzung bei der offenen Blankettlage gegenüber dem Erklärungsempfänger regelmäßig nicht zu vertreten. Also steht diesem auch kein Schadensersatzanspruch zu.

---

[574] Reinicke, Rechtsfolgen, S. 120; MüKo (Förschler), 3. Aufl., § 125, Rz. 45; ähnlich MüKo (Einsele), 4. Aufl., § 125, Rz. 50: „Die Beachtung der Form gehört zum Risikobereich beider Vertragsteile"; BGHZ 116, S. 251 (257).

[575] Reinicke, Rechtsfolgen, S. 120; siehe auch Fn. 250

e.) Ergebnis: Die Rechtsfolgen formnichtiger Ausfüllungsbefugnis

Die Erteilung der Ausfüllungsbefugnis ist grundsätzlich formfrei. Ausnahmsweise ist auch sie dem Formzwang zu unterwerfen, nämlich dann, wenn ansonsten Formzwecke vereitelt würden. Der Mangel der Form führt zur Nichtigkeit der Ausfüllungsbefugnis und zur Nichtigkeit der Blankobürgschaftserklärung. Durch die Offenlegung des formwidrigen Verhaltens gegenüber dem Erklärungsempfänger scheitern jedoch regelmäßig alle Ansprüche des Erklärungsempfängers gegenüber dem Blankettgeber.

3. Kapitel: Die dogmatische Einordnung der verdeckt ausgefüllten Blanketterklärung

Die verdeckte Blankettausfüllung ist eine Sonderproblematik im Bereich der Blanketterklärungen[576]. Denn bei ihr bleibt ein wesentlicher Teil, nämlich die ihren Rechtscharakter prägende Ausfüllungshandlung durch den Blankettnehmer, für den Erklärungsempfänger verdeckt. Bei ihr weiß der Erklärungsempfänger also nicht, dass die ihm vorliegende schriftliche Willenserklärung aus einem Blankett entstanden ist. Für die Wahrung der gesetzlichen Schriftform und die Bedeutung der Blankounterschrift im Formtatbestand des § 126 BGB ist die Verdeckung der Ausfüllungshandlung ohne Bedeutung. Denn auch bei der verdeckten Blankettlage wird der Blankozeichner durch die aneignende Wirkung der Blankounterschrift zum Aussteller der Erklärung.

---

[576] So auch P. Fischer, Diss., S. 161 ff..

Im folgenden sollen zunächst die Unterschiede zum offen ausgefüllten Blankett aufgedeckt werden.

Erst dann lässt sich die Rechtsnatur der verdeckt ausgefüllten Blanketterklärung bestimmen.

A. Die verdeckte Blankettausfüllung – Die Unterschiede zum offen ausgefüllten Blankett und die durch die Verdeckung entstehenden Probleme

Für die offene Blankettausfüllung konnte nachgewiesen werden, dass trotz Unterschrift des die Erklärung ausstellenden Blankettgebers eine (eigene) Willenserklärung des Blankettnehmers im Namen des Blankettgebers vorliegen kann und regelmäßig auch vorliegt. Ob der Blankettnehmer letztlich als Stellvertreter oder als Bote zu behandeln ist, hängt von der ihm durch den Blankettgeber eingeräumten Entscheidungsfreiheit und dem erkennbaren Maß seiner Mitwirkung am Zustandekommen der Willenserklärung ab. Damit ist der offen ausfüllende Blankettnehmer Stellvertreter des Blankettgebers, wenn er über das dafür erforderliche Maß an erkennbarer Entscheidungsfreiheit verfügt, oder er ist als dessen Bote zu qualifizieren, wenn er keinen erkennbaren Entscheidungsspielraum im Hinblick auf Inhalt und Abgabe der Willenserklärung hat.

Erfolgt die Ausfüllung der Blanketterklärung jedoch verdeckt, so ist die nach herrschender Lehre aus der objektiven Sicht des Erklärungsempfängers zu beurteilende Rechtslage eine andere: Der Urkunde ist nach der Ausfüllung nicht mehr anzusehen, dass sie von einem Vertreter oder Boten als Hilfsperson vervollständigt und dass insbesondere die Textniederschrift erst zeitlich nach der Unterschrift hergestellt worden ist. Die Verkehrsauffassung wird deshalb annehmen, dass der Text von einer Schreibhilfe oder vom Geschäftsherrn selbst angefertigt und *an-*

schließend von diesem unterschrieben worden ist[577]. Bei verdeckter Ausfüllungshandlung sind nach Vervollständigung des Blanketts die dem Blankettnehmer eingeräumte Entscheidungsfreiheit und das Maß seiner Mitwirkung nicht mehr erkennbar. Folglich bleibt dem Erklärungsempfänger verborgen, dass der Ausfüllende objektiv Rechtswirkungen für den Aussteller hervorbringt[578]. Er tritt gegenüber dem Erklärungsempfänger nicht wie ein Vertreter auf [579]. Nach außen, und damit für den Erklärungsempfänger, *erscheint* der Blankettnehmer vielmehr wie ein Bote, da er eine „vollständige Erklärung“ des Ausstellers überbringt[580]. Überwiegend wird deshalb die Ansicht vertreten, es könne kein Handeln in fremdem Namen vorliegen[581], weil bei der verdeckten Blankettausfüllung das Offenheitsprinzip nicht gewahrt sei[582]. Das Offenheitsprinzip verlangt, dass die Fremdbezogenheit des Geschäfts beim rechtsgeschäftlichen Handeln des Vertreters in Erscheinung tritt[583] und dass die Parteirolle im Rechtsgeschäft erkennbar festgelegt wird[584].

Bei einem verdeckt ausgefüllten Blankett hat auch die Blankounterschrift eine andere Bedeutung, als bei einem offen ausgefüllten Blankett. Denn hier ist für den Erklärungsempfänger nicht erkennbar, dass sich der Blankettgeber mit seiner Unterschrift an die Rechtswirkungen einer künftigen in seinem Namen abzugebenden Willenserklärung binden wollte. Vielmehr kann sie aus der Sicht des Erklärungsempfängers nur die Bedeutung haben, die sie bei der nachträglichen Zeichnung einer Erklärung beansprucht. Aus seiner Sicht ist sie Begleitumstand der Erklärungsniederschrift, objektiviertes Zeichen auf den Handlungs- und konkreten Ge-

---

[577] K.H. Müller, Diss., S. 34; G. Müller, AcP 181, S. 515 (525); Canaris, Vertrauenshaftung, S. 65; P. Fischer, Diss., S. 206..

[578] P. Fischer, Diss., S. 162; F. Möller, WM 1965, S. 97; Zwirner, Diss., S. 48; Wächter, Diss., S. 28.

[579] Canaris meint, dass er auch nach innen nicht im Rahmen seiner „vollmachtsähnlichen“ Befugnis handelt: Vertrauenshaftung, S. 64.

[580] Canaris, Vertrauenshaftung., S. 64, 65; G. Fischer, Diss., S.11; P. Fischer, Diss., S. 206; G. Müller, AcP 181, S. 515 (525).

[581] P. Fischer, Diss., S. 161 f.; F. Möller, Diss., S. 43 f.; K.H. Müller, Diss., S. 34; Feldmann, Diss., S. 18.

[582] Wächter, Diss., S. 28; F. Möller, WM 1965, S. 97; sowie die Nachweise bei P. Fischer, Diss., S. 162.

[583] Flume, Das Rechtsgeschäft, § 44, I, S. 763.

[584] MüKo (Schramm), 4. Aufl., Vor § 164, Rz. 15.

schäftswillen des Unterzeichners, der das ErklärungsBewusstsein mit umfasst, sowie sein Bekenntnis, den konkret in der Erklärung zum Ausdruck gebrachten rechtsgeschäftlichen Erfolg auch verbindlich herbeiführen zu wollen[585]. Ferner macht sie den Erklärenden für den Erklärungsempfänger namentlich erkennbar und ermöglicht so die Zuordnung der Erklärung zum Rechtssubjekt. Durch ihre Bedeutung für den objektiven Erklärungstatbestand bewirkt sie beim Erklärungsempfänger die Vorstellung, dass der Blankettgeber (Unterzeichner) einen konkreten und vollständigen Geschäftswillen gebildet hat und nicht nur einen antizipierten abstrakten Willen, sich vorweg an die Rechtswirkungen einer künftigen, in seinem Namen abzugebenden Willenserklärung binden zu wollen[586]. In ihrer so verstandenen Bedeutung verdeckt sie wie ein „trügerisches Indiz"[587] die „vermeintliche" Rechtswirklichkeit[588], in der die Willensbildung zumindest regelmäßig beim Blankettnehmer stattgefunden hat und nicht beim Blankettgeber, der nur ein antizipiertes abstraktes Zeichen gesetzt hat.

---

[585] Ähnlich zur Bedeutung der Unterschrift: H. Lehmann, Die Unterschrift, S. 28.

[586] So im Grunde auch K.H. Müller, Diss., S. 34: „Der Urkunde ist nach der Ausfüllung nicht anzusehen, dass sie von einem Vertreter vervollkommnet ist, dass insbesondere der Text zeitlich erst nach der Unterschrift hergestellt worden ist".

[587] Bornemann, Diss., S. 11.

[588] Die sogenannte Rechtswirklichkeit ist auch nur eine „vermeintliche" Rechtswirklichkeit, weil nach der Geltungstheorie nur der nach außen erkennbar gewordene Akt rechtswirklich ist und der innerlich gebliebene Wille keine Rechtswirkungen entfaltet und folglich auch nicht rechtswirklich wird. Folglich ist die Rechtswirklichkeit nur ein Ausschnitt der Wirklichkeit. Vgl. zur Geltungstheorie: Larenz/Wolf, § 24, Rz. 26 ff.

B. Das Kernproblem: Die Wahrung des Offenheitsprinzips bei der verdeckten Blankettlage

Die Wahrung des Offenheitsprinzips ist ein zentrales Problem bei der verdeckten Blankettausfüllung[589]. Das Prinzip besagt, dass stellvertretendes Handeln nur unter der Voraussetzung möglich ist, dass der Vertreter sein Handeln als Vertreter erkennbar macht[590]. Bei der verdeckten Blankettlage weiß der Erklärungsempfänger nichts von der Mitwirkungshandlung des Blankettnehmers. Demnach wäre stellvertretendes Handeln abzulehnen. Das würde aber bedeuten, dass die Entscheidung, ob Botenschaft oder Stellvertretung vorliegt, allein vom Auftreten der Hilfsperson abhängig ist. Damit würde jedoch der Grundsatz rechtsgeschäftlicher Selbstbestimmung durchbrochen[591]. Folglich kann man nicht ohne weiteres die allein nach den Worten und dem Auftreten des Blankettnehmers nur botenmäßig übermittelte Erklärung dem Blankettgeber als Geschäftsherrn zurechnen. Es stellt sich somit die Frage, ob der verdeckt ausfüllende Blankettnehmer Stellvertreter sein kann, *obwohl* er aus der Sicht des Erklärungsempfängers nur eine Botenrolle innehat und das Offenheitsprinzip nicht gewahrt ist, weil dem Erklärungsempfänger die Mitwirkungshandlung des Blankettnehmers verborgen bleibt[592].

Hierzu wird vertreten, dass selbst für die verdeckte Blankettlage die Anwendung der §§ 164 ff BGB nicht dadurch ausgeschlossen sein soll, dass der Empfänger des ausgefüllten Blanketts nichts von der Mitwirkung des Blankettnehmers bei der Entstehung der Erklärung weiß[593]. Die Fremdwirkung der Ausfüllungshandlung werde durch die Unterschrift des Blankettgebers eindeutig indiziert[594]. Für eine Vertretungswirkung genüge die Einigkeit über die Parteien, in deren Person die Rechtswirkungen eintreten sollen. Dabei sei unerheblich, ob die in fremdem Na-

---

[589] So auch G. Müller, AcP 181, S. 515 (521).

[590] Staudinger (Schilken), Vorbem, zu §§ 164 ff., Rz. 35; MüKo (Schramm), 4. Aufl., § 164, Rz. 14; Einsele, JZ 1990, S. 1005.

[591] G. Fischer, Diss., S. 12.

[592] Dazu, dass die Mitwirkungshandlung verborgen bleibt: K.H. Müller, Diss., S. 34; Möller WM 1965, S. 97; Brammertz, Diss., S. 27 ff; K. Feldmann, Diss., S. 18; Wächter, Diss., S. 28.

[593] So P. Fischer, Diss., S. 163.

men handelnde Partei erkennbar gewesen sei oder nicht[595]. Dem Offenheitsprinzip sei damit Genüge getan[596].

Fraglich ist, ob die Geltung des Offenheitsprinzips begriffsgemäß notwendiges Erfordernis jeglicher Fremdwirkung von Willenserklärungen und Rechtsgeschäften ist. Das BGB verzichtet sogar in einigen Fällen unmittelbar fremdwirkender Rechtsgeschäfte auf die Offenlegung oder es kann von anderen Formen des Interessenschutzes verdrängt werden. Eine Durchbrechung[597] des Offenheitsprinzips wird beispielsweise bei den verdeckten Geschäften für den, den es angeht, für zulässig erachtet[598]. Das bedeutet, dass die gesetzgeberischen Ziele und Motive nicht zwingend mittels des Offenkundigkeitsprinzips, also der Aufdeckung fremdwirkenden Handelns erreicht werden müssen. Vielmehr weist schon das Gesetz in verschiedenen Regelungen selbst darauf hin, dass auch durch andere Formen des Interessenschutzes dem Gewissheitsinteresse des Erklärungsgegners Rechnung getragen werden kann[599]. Es ist also zu fragen, welche *Zwecke* das Offenheitsprinzip verfolgt und ob hier möglicherweise die Offenlegung durch eine andere Form des Interessenschutzes verdrängt wird, so dass die hinter dem Offenkundigkeitsprinzip stehenden Zwecke auch ohne Aufdeckung der Mitwirkungshandlung erreicht werden können[600].

---

[594] P. Fischer, Diss., S. 163 f.; mit Nachweis auf Voß, IheringJb 56, S. 412 (415); Siegel, Diss., S. 20; so ist auch Bornemann zu verstehen: Bornemann, Diss., S. 24

[595] Vgl. Feldmann, Diss., S. 18 f.; Voß, IheringJb 56, S. 412 (415).

[596] Siegel, Diss., S. 20.

[597] Vgl. zur Durchbrechung: Staudinger (Schilken), Vorbem. Zu §§ 164 ff., Rz. 55.

[598] Vgl. Jauernig/Schlechtriem/Stürner/Teichmann/Vollkommer (Jauernig), § 164, Rz. 4; vgl. auch MüKo (Schramm), 4. Aufl., § 164, Rz. 16; Larenz/Wolf, AT, § 46, Rz. 79.

[599] MüKo (Schramm), 4. Aufl., § 164, Rz. 16; Flume, Das Rechtsgeschäft, § 44 I, S. 763; Müller-Freienfels, Die Vertretung, S. 16 ff.; Larenz/Wolf, AT, § 46, Rz. 77.

[600] Auch bei der Auseinandersetzung mit dem Offenheitsprinzip sollte man sich in Erinnerung rufen, dass zur Zeit der Entstehung der Blanketterklärung die Frage, wer rechtsgeschäftlich Handelnder ist, das Kernproblem des um die Stellvertretung geführten Theorienstreits war. Von dieser Problematik war in gleicher Weise die Arbeitsteilungsform des Blankettierens betroffen. Erst mit dem BGB ist die Entscheidung für die ebenfalls noch vom Willensdogma geprägte Repräsentationstheorie gefallen. Nach dieser Ansicht ist zwischen Stellvertretung und Botenschaft zu unterscheiden, was in den verschiedenen Regelungen der §§ 120, 164 ff, 177 BGB zum Ausdruck kommt. Dagegen hat die Geschäftsherrentheorie eine solche Differenzierung abgelehnt und sowohl im Stellvertreter als auch im Boten den Vermittler fremden Willens gesehen.

I. Funktion und Zweck des offenkundigen Handelns in fremdem Namen

1.) Erkennbarkeit des Zuordnungssubjekts der spezifischen Wirkungen des Rechtsgeschäfts

Das Offenheitsprinzip ist eine Einrichtung zum Schutze des Erklärungsempfängers und darüber hinaus des gesamten Rechtsverkehrs[601]. Diesen durch das Offenheitsprinzip angestrebten Schutz des Erklärungsempfängers und seines Gewissheitsinteresses erfordert der Grundsatz der Privatautonomie, der bei Verträgen die Freiheit des Abschließenden in der Wahl desjenigen garantiert, der aus dem Vertrag berechtigt und verpflichtet werden soll. Das Ziel soll durch das Erfordernis des erkennbaren Handelns in fremdem Namen erreicht werden. Das Offenheitserfordernis hat also den Zweck, dass der Erklärungsempfänger erkennen kann, *wen* die Wirkungen des Vertretergeschäfts treffen sollen[602]. Es verlangt deshalb die Offenlegung, dass der Vertretene *Zuordnungssubjekt* der spezifischen Wirkungen des Rechtsgeschäfts sein soll[603]. Das Erfordernis des Handelns in fremdem Namen trägt der Tatsache Rechnung, dass die Erklärung eines Willensentschlusses den Gegner grundsätzlich auf den Willen zur eigenen Verpflichtung hinweist, so dass es notwendig ist, den Vertretungswillen besonders kundzutun[604]. So sind auch die Motive zu verstehen, wonach sich aus der Kundgabe der Träger der durch das Rechtsgeschäft zu schaffenden Rechte und Verpflichtungen ergibt[605]. Das Ergebnis wird noch unterstrichen durch die weiteren Ausführungen in den Motiven zum ersten Entwurf des BGB[606]: „Fehlt es an der Kundgebung des Vertretungswillens und hat andererseits der Handelnde auch nicht beabsichtigt, das Rechtsgeschäft im eigenen Namen einzugehen, so greifen an sich die Bestimmungen der §§ 95, 97-100 Platz". Diese Formulierung macht deutlich, dass es

---

601 Staudinger (Schilken), Vorbem. zu §§ 164 ff., Rz. 35; Canaris in FS Flume (1978), S. 371 (407); K. Schmidt, JuS 1987, S. 425 (426); Müller, JZ 1982, S. 778 (779): „nur den Schutz des Geschäftspartners"; a.A. Einsele, JZ 1990, S. 1005 (1006).

602 MüKo (Schramm), 4. Aufl., § 164, Rz. 15.

603 MüKo (Schramm), 4. Aufl., § 164, Rz. 15.

604 Ohr, AcP 152, S. 217 (223).

605 Motive I, S. 226; Mugdan I, S. 477.

606 Motive I, S. 226.

dem Gesetzgeber darum ging, für den Erklärungsempfänger erkennbar zu machen, wer Träger der durch das Rechtsgeschäft zu schaffenden Rechte und Pflichten ist, weil er grundsätzlich von der Eigenverpflichtung des ihm gegenüber erkennbar rechtsgeschäftlich Handelnden ausgeht. Wenn im Normalfall der Stellvertretung der Stellvertreter bei ordnungsgemäßem Verfahren mit dem eigenen Namen unterschreibt, wird es deshalb erforderlich, dass er erkennbar macht, nicht selbst der Adressat der Rechtswirkungen des Geschäfts zu sein. Denn an den Rechtswirkungen des Geschäfts bleibt der Vertreter selbst ja letztlich unbeteiligt[607]. Ihr Zuordnungssubjekt ist allein der Vertretene. Es fragt sich, ob diesem Gewissheitsinteresse des Erklärungsempfängers bei der verdeckten Blankettausfüllung ausreichend Rechnung getragen wird. Erforderlich ist, dass der Erklärungsempfänger letztendlich weiß oder mangels Interesse auf das Wissen verzichtet, wer aus dem Geschäft berechtigt und verpflichtet werden soll.

Dieser Schutz des Interesses des Erklärungsempfängers, zu wissen, wer aus dem Geschäft berechtigt und verpflichtet werden soll, wird beim offen ausgefüllten Blankett durch die Unterschrift des Blankettgebers als Zuordnungssubjekt der Wirkungen des Rechtsgeschäfts gewahrt. Aber auch bei der verdeckten Blankettausfüllung ist aus der Unterschrift des Blankettgebers zu erkennen, dass dieser Zuordnungssubjekt der Geschäftswirkungen ist. Folglich wird durch die Unterschrift des Blankettgebers der eigentlich durch die Offenlegung der Fremdwirkung angestrebte Interessenschutz gewahrt. Es handelt sich um eine *andere* Form der Kenntlichmachung des Zuordnungssubjekts und damit des Interessenschutzes[608].

2.) Kenntlichmachung und Festlegung der Parteirolle im Rechtsgeschäft

Bei der Kenntlichmachung des Zuordnungssubjekts der *Rechtswirkungen* des Geschäfts handelt es sich allerdings nicht um den einzigen Zweck des Offenheitsprinzips. Ein weiterer Zweck ist es, die *Parteirolle* im Rechtsgeschäft festzule-

---

[607] MüKo (Schramm), 3. Aufl., § 164, Rz. 15.

gen[609]. Diese ist von Bedeutung dafür, wer Anfechtungsberechtigter und Anfechtungsgegner ist (§ 143 BGB), wer Erklärender im Sinne des § 122 BGB ist, auf wessen Person es etwa bei der Konvaleszenz nach § 185 II BGB ankommt, wem ein im Vertrag vorbehaltenes Rücktrittsrecht zusteht und anderes mehr[610]. Da der Vertreter nach Abschluss des Vertretergeschäfts „von der Bühne abtritt"[611], geht es zunächst ausschließlich um die Festlegung der Parteirolle des Vertretenen[612]. Denn die Voraussetzungen der Gültigkeit des Geschäfts müssen in der Person des Vertretenen insoweit gegeben sein, als ohne sie eine Beziehung auf den Vertretenen nicht möglich ist. Nach seiner Person bestimmen sich insbesondere die Rechtsfähigkeit, der Inhalt, die Form usw.[613]. Folglich muss der Erklärungsempfänger wissen, wer Zuordnungssubjekt der *Parteirolle* im Rechtsgeschäft ist. Dadurch, dass die Unterschrift das Zuordnungssubjekt aufdeckt, ist auch die Parteirolle innerhalb des Rechtsgeschäfts klar. Wiederum tritt also die Unterschrift des Blankettgebers bei der Blanketterklärung an die Stelle des Offenheitsprinzips und erfüllt dessen Aufgabe, weil sie dem Erklärungsempfänger sowohl bei der offenen als auch bei der verdeckten Blankettausfüllung die erforderliche Kenntnis liefert.

---

608 Ablehnend, weil das Zuordnungssubjekt der Geschäftswirkungen nicht durch Offenlegung der Fremdwirkung erkennbar gemacht sei: Möller, Diss., S. 42; Wächter, Diss., S. 28; Feldmann, Diss., S. 18; K.H. Müller, Diss., S. 34; Brammertz, Diss., S. 27 ff..

609 MüKo (Schramm); 4. Aufl., § 164, Rz. 15.

610 MüKo (Schramm), 4. Aufl., § 164, Rz. 15.

611 MüKo (Schramm), 3. Aufl., § 164, Rz. 15.

612 Dabei ist zu erinnern, dass auch die Parteirolle des Vertretenen zur Zeit der Entstehung der Blanketterklärung heftig umstritten war. So heißt es in den Motiven: „Die Frage, inwieweit die für die Gültigkeit eines in Vertretung vorgenommenen Rechtsgeschäfts maßgebenden Momente aus der Person des Vertreters oder aus der des Vertretenen zu entnehmen sind, bedarf besonderer Entscheidung, diese hängt mit der Grundauffassung der rechtlichen Natur der Vertretung eng zusammen. Das Ergebnis ist ein verschiedenes, je nachdem man davon ausgeht, dass das Rechtsgeschäft in der Person des Vertreters zustande kommt und nur die Wirkungen auf den Vertretenen bezogen werden, oder davon, dass der Vertretene der rechtsgeschäftlich handelnde Teil ist, der seine Willenserklärung durch Vermittlung des Vertreters abgibt. Der Entwurf folgt der ersteren Auffassung. Das Geschäft ist ein Geschäft des Vertreters, aber es wird dem Vertretenen so zugerechnet, als ob es von ihm vorgenommen worden wäre." Motive I, S. 226; Mugdan I, S. 477 f.

613 Motive I, S. 226, Mugdan I, S. 477 f.

3.) Erkennbarkeit der Mitwirkung der Hilfsperson bei der Vornahme des Rechtsgeschäft - Fremd- oder Eigenverpflichtung - Das Abgrenzungsproblem der Botenschaft und Stellvertretung

Dennoch ist fraglich, ob damit tatsächlich allen hinter dem Offenheitsprinzip stehenden Zwecken auch bei der verdeckten Blankettausfüllung Genüge getan ist[614]. Denn schließlich liegt die *Vornahme* des Rechtsgeschäfts beim Vertreter. „Soweit es um Willensmängel geht, können diese nur da gesucht werden, wo die Willensentscheidung stattgefunden hat. Also in der Person des Vertreters. Der letztere muss sonach willensfähig sein, während Beschränkung in der Geschäftsfähigkeit nicht schadet; die Beschränkung bezieht sich ihrem Grunde und Zwecke nach nur auf die eigenen Angelegenheiten. Des weiteren entscheidet die Person des Vertreters, soweit es sich um die Übereinstimmung des wirklichen mit dem erklärten Willen, um die Erheblichkeit von Zwang, Betrug, Irrtum, Wissen und Wissenmüssen handelt. Bei Auslegungsfragen kommt es ebenfalls auf das an, was der Vertreter gewollt und erklärt hat."[615] Soweit es um die Vornahme des Rechtsgeschäfts geht, fehlt dem Erklärungsempfänger die erforderliche Kenntnis. Denn ihm bleibt völlig unbekannt, dass den unterzeichnenden Blankettgeber die Rechtswirkungen des Geschäfts nicht durch eine *Eigenverpflichtung*, sondern durch eine *Fremdverpflichtung* seitens des Blankettnehmers treffen. Er weiß nichts von dessen Mitwirkung bei der Vornahme des Rechtsgeschäfts, weil der Blankettnehmer nicht als Vertreter auftritt. Da sich aber nach dessen Person alles bestimmt, was die Vornahme des Rechtsgeschäfts betrifft, muss dem Erklärungsempfänger auch erkennbar sein, dass es sich um eine Fremdverpflichtung handelt (§ 166 I BGB).

Der Mangel der Erkennbarkeit von Eigen- oder Fremdverpflichtung des Blankettgebers ist auch erheblich. Schließlich geht es um die Abgrenzung zwischen Fremdverpflichtung durch den Stellvertreter oder die von diesem nur übermittelte Eigenverpflichtung durch den Blankettgeber selbst. Dann wäre der Blankettnehmer nur Bote. Folglich handelt es sich um das klassische Abgrenzungsproblem

---

[614] So P. Fischer, Diss., S. 163 f..

[615] Motive I, S. 227; Mugdan I, S. 477 f.

zwischen Botenschaft und Stellvertretung[616]. Normalerweise treten diese Abgrenzungsprobleme zwischen Boten und Stellvertreter nur bei mündlichen und damit unverkörperten Erklärungen auf. Denn im Normalfall stammt eine schriftliche Erklärung auch vom Unterzeichner. Deshalb begründet die vom Aussteller unterzeichnete Urkunde, also die verkörperte Erklärung ja auch grundsätzlich vollen Beweis dafür, dass dieser die Erklärung abgegeben hat (§ 416 ZPO). Anders ist dies jedoch bei Blanketterklärungen. Hier kann sich aus dem äußeren Auftreten, der Mitwirkungshandlung und weiteren Begleitumständen ergeben, dass der Blankettnehmer als Stellvertreter handelt. Schließlich ist die Urkunde, wie bereits dargetan, ja auch nicht im normalen Verfahren entstanden. Deshalb ist hier die Grenzziehung zwischen Übermittlung durch den Blankettnehmer als Boten oder als Stellvertreter erforderlich[617].

Die im Hinblick auf die unterschiedliche Rechtsstellung notwendige Abgrenzung von Botenschaft und Stellvertretung hat rechtshistorisch nach der Funktion der Hilfsperson zu erfolgen[618]. Zu der Frage, wonach sich die Beurteilung ihrer Funktion im Rechtsgeschäft richtet und wie man diese bestimmt, werden zwei Ansichten vertreten. Nach einer Auffassung wird für die Festlegung der Funktion der Hilfsperson auf das Innenverhältnis zwischen dem Geschäftsherrn und dem Mittler abgestellt[619]. Die herrschende Meinung entscheidet jedoch nicht nach dem Innenverhältnis, sondern sie bestimmt die Funktion der Hilfsperson gerade nach dem äußeren, erkennbaren Auftreten derselben gegenüber dem Erklärungsempfänger[620]. Das für die Botenschaft maßgebende Kriterium wird also nach der herrschenden Meinung mit Hilfe des für die Stellvertretung geltenden Offenheitsprin-

---

[616] So auch G. Müller, AcP 181, S. 515 (522).

[617] Vgl. auch G. Müller, AcP 181, S. 515 (522).

[618] Vgl. MüKo (Schramm), 3. Aufl., Vor § 164, Rz. 42 ff.; ders, 4. Aufl.: „Der Vertreter gibt an Stelle des Vertretenen eine eigene Willenserklärung ab, während der Bote auf die Weiterleitung einer Willenserklärung seines Auftraggebers beschränkt ist".

[619] So noch Staudinger (Dilcher), 12. Aufl., Vorbem. zu §§ 164 ff., Rz. 76; Hueck, AcP 152 (1952/53), S. 432 (435 ff, 441); Petzold, MDR 1961, S. 460 (461).

[620] Flume, Das Rechtsgeschäft, § 43, 4, S. 756; Larenz/Wolf, AT, § 46, Rz. 41; Brox, AT, 24. Aufl., Rz. 475; Staudinger (Schilken), Vorbem. zu §§ 164 ff., Rz. 74 ff, 76 f.; MüKo (Schramm), 4. Aufl., Vor § 164, Rz. 43; Erman (Brox), Vor § 164, Rz. 23; Soergel (Leptien), 13. Aufl., Vor § 164, Rz. 44; BGHZ 12, S. 327 (334).

zips bestimmt[621]. Folgt man dem, steht die Tatsache, dass der Erklärungsempfänger bei der verdeckten Ausfüllung nicht erkennen kann, dass den unterzeichnenden Blankettgeber die Rechtswirkungen des Geschäfts nicht durch Eigenverpflichtung, sondern durch Fremdverpflichtung treffen, der Annahme entgegen, dem Offenheitsprinzip sei bei der verdeckten Ausfüllung Genüge getan[622]. Ist diese Ansicht abzulehnen, dann ist die Erkennbarkeit der Vertreterrolle des Blankettnehmers für die Wahrung der Zwecke des Offenheitsprinzips ohne Belang.

Die Beantwortung der Frage, ob die Abgrenzung nach dem im Innenverhältnis erteilten Auftrag oder nach dem äußeren Auftreten der Hilfsperson gegenüber dem Erklärungsempfänger zu erfolgen hat, führt zur Lösung des Problems um die dogmatische Behandlung der verdeckt ausgefüllten Blanketterklärung, weil hier der Blankettnehmer im Innenverhältnis zumindest regelmäßig die Befugnisse eines Stellvertreters innehat, bei der verdeckten Ausfüllung jedoch nach außen wie ein Bote erscheint[623], der eine vollständige Erklärung des Unterzeichners übermittelt. Danach bestimmt es sich, ob dem Offenheitsprinzip allein durch die Erkennbarkeit des Zuordnungsobjekts der Rechtswirkungen des Geschäfts Genüge getan ist, oder ob dies nur dann der Fall ist, wenn der Erklärungsempfänger auch weiß, dass es sich um eine Fremd-, und nicht um eine Eigenverpflichtung handelt.

a.) Die Abgrenzung von Botenschaft und Stellvertretung nach der Funktion der Hilfsperson

Im Folgenden soll untersucht werden, ob sich die Abgrenzung von Botenschaft und Stellvertretung nach dem äußeren Auftreten oder nach der ihr im Innenverhältnis erteilten Befugnis bestimmt.

---

621 Staudinger (Schilken), Vorbem. zu §§ 164 ff., Rz. 74; MüKo (Schramm), 4. Aufl., Vor § 164, Rz. 43; BGHZ 12, S. 327 (334).

622 Auch G. Müller meint, dass dann, wenn man auf das Innenverhältnis abstellt, die entsprechende Heranziehung der Stellvertretungsregeln zulässig sein muss: Acp 181, S. 515 (522).

aa.) Die Abgrenzung nach dem Außenverhältnis

Die herrschende Meinung hat das maßgebliche Kriterium zur Abgrenzung von Boten und Stellvertreter mit Hilfe des für die Stellvertretung geltenden Offenheitsprinzips bestimmt[624]. Ob jemand als Bote oder als Stellvertreter zu behandeln ist, richtet sich demgemäß allein nach seinem Auftreten gegenüber dem Erklärungsempfänger und Geschäftsgegner. Als Bote ist demnach derjenige anzusehen, von dem der Erklärungsempfänger den Eindruck haben muss, dass er die Willenserklärung nur übermittelt[625]. Dies findet seinen Grund wiederum in dem für das Stellvertretungsrecht geltenden Abstraktionsprinzip[626]. Damit hat die herrschende Meinung ein drittes Erfordernis des Offenkundigkeitsprinzips geschaffen: Neben der Erkennbarkeit des Zuordnungssubjekts der Geschäftswirkungen und der Parteirolle verlangt sie zudem die Erkennbarkeit der Mitwirkung der Hilfsperson bei der Vornahme des Rechtsgeschäfts. Dadurch kann es aber zu Komplikationen kommen[627], wenn die Hilfsperson mit Botenmacht aus der Sicht des Erklärungsempfängers als Vertreter auftritt oder umgekehrt der Bevollmächtigte als Bote. Weitere Probleme bestehen, wenn die Hilfsperson darüber hinaus von Weisungen des Geschäftsherrn abweicht.

Für die verdeckte Blankettausfüllung bedeutet die Abgrenzung nach dem äußeren, erkennbaren Auftreten der Hilfsperson, dass mangels Erkennbarkeit des Vertreterhandelns diesem weiteren Zweck des Offenheitsprinzips nicht Genüge getan ist und ein offenkundiges Handeln in fremden Namen des verdeckt ausfüllenden Blankettnehmers abgelehnt werden müsste. Hinzu kommt ohnehin, dass dem bewusst verdeckt Ausfüllenden auch regelmäßig der Vertretungswille fehlen wird. Nach außen tritt der Blankettnehmer in jedem Falle, ob bewusst oder unbewusst verdeckend wie ein Bote auf, der eine vollständige Erklärung des Blankettgebers

---

623 So auch Canaris, Vertrauenshaftung, S. 64.

624 Staudinger (Schilken), Vorbem. zu §§ 164 ff., Rz. 74.

625 Staudinger (Schilken), Vorbem. zu §§ 164 ff., Rz. 74; BGHZ 12, S. 327 (334); Flume, Das Rechtsgeschäft, § 43, 4, S. 755; MüKo (Schramm), 4. Aufl., Vor § 164, Rz. 43; Larenz/Wolf, AT, § 46, Rz. 42; Medicus, BR, Rz. 77.

626 Vgl. Staudinger (Dilcher), Vorbem. zu §§ 164 ff., Rz. 76.

627 Vgl. dazu Medicus, BR., Rz. 77 ff..

übermittelt. Demgemäß müsste sein Tun, folgt man der herrschenden Meinung, bei der verdeckten Blankettausfüllung als Botenhandeln qualifiziert werden.

bb.) Abgrenzung von Bote und Stellvertreter nach dem Innenverhältnis

Gegen die herrschende Meinung wird eingewandt, dass sie allein auf das Verhältnis der Hilfsperson zum Erklärungsempfänger Rücksicht nimmt[628]. Da jedoch auch die Botentätigkeit dem Geschäftsherrn zugerechnet wird, soll für die Abgrenzung das Innenverhältnis zwischen der Hilfsperson und dem Geschäftsherrn maßgeblich sein[629]. Zur Begründung wird unter anderem darauf verwiesen, dass auch der Abstraktionsgrundsatz einen machtbegründenden Akt voraussetzt und nicht allein auf das äußere Auftreten bezogen werden kann[630]. Danach ist für die Unterscheidung zwischen Boten und Stellvertreter die Stellung maßgebend, die der Hilfsperson vom Geschäftsherrn eingeräumt worden ist. Übermittelt sie lediglich eine Willenserklärung des Geschäftsherrn, ohne dass sie eigenen Willen bilden soll, so handelt sie als Bote. Soll aber in irgendeiner Weise der Wille des Gehilfen maßgeblich sein, so liegt Stellvertretung vor[631].

Wendet man diesen Grundsatz auf die verdeckte Blankettausfüllung an, dann kommt es für die Frage, ob der verdeckt ausfüllende Blankettnehmer Bote oder Vertreter des Blankettgebers ist, entscheidend darauf an, ob ihm im Innenverhältnis zum Blankettgeber von diesem Entscheidungsspielraum eingeräumt worden ist oder ob dieser ihm eine bereits fertige Willenserklärung zur Übermittlung mit auf den Weg gegeben hat. Ersteres wird regelmäßig zu bejahen sein, weil dem Blankettnehmer in der Regel zumindest die Entscheidung über das „Ob" des Geschäfts

[628] Staudinger (Schilken), Vorbem. zu §§ 164 ff., Rz. 76.

[629] So Staudinger (Dilcher), Vorbem. zu §§ 164 ff., Rz. 76; Hueck, AcP 152, S. 432 (433 f., 440); Petzold, MDR 1961, S. 460, (461).

[630] Staudinger (Dilcher), Vorbem. zu §§ 164 ff., Rz. 76 m.w.N.; Hueck, AcP 152, S. 432 (436 ff).

[631] Hueck, AcP 152, S. 432 (441).

verbleibt[632]. Legt man also die Funktion der Hilfsperson nach dem Innenverhältnis fest, so wäre der verdeckt ausfüllende Blankettnehmer in den meisten Fällen als Stellvertreter des Blankettgebers zu behandeln[633].

cc.) Gegenüberstellung der Ansichten und eigene Stellungnahme

Nimmt man die Abgrenzung entgegen der h.M. nach dem Innenverhältnis vor, so ließe sich nach den Befürwortern dieser Ansicht das unerfreuliche Ergebnis vermeiden, dass die Erklärung wegen Fehlens der Vertretungsmacht gemäß den §§ 177 ff. BGB schwebend unwirksam ist, wenn sich der Bote als Vertreter geriert, obwohl er sich hinsichtlich des Geschäftsinhalts an den Rahmen der ihm erteilten Botenmacht gehalten hat[634]. An diesem Argument ist allerdings unzutreffend, dass die Vertreter der herrschenden Meinung solche Erklärungen nach den §§ 177 ff. BGB als schwebend unwirksam behandeln. Vielmehr ersetzen sie die fehlende Botenmacht durch die erteilte Vertretungsmacht und umgekehrt, so dass die Hilfsperson nach der herrschenden Meinung als legitimiert anzusehen ist, sofern sie die Weisungen des Geschäftsherrn beachtet[635]. Zur Begründung wird ausgeführt, dass es dem Geschäftsherrn häufig sogar egal sein wird, wie die Hilfsperson auftritt, wenn nur das Geschäft überhaupt weisungsgemäß abgeschlossen wird[636].

Gegen die auf das äußere Auftreten abstellende herrschende Meinung wird weiter eingewandt, dass es auch in den Fällen, in denen ein Geschäftsunfähiger zur Übermittlung einer Erklärung eingesetzt werde, wegen § 165 BGB gefährlich sei, lediglich auf den äußeren Anschein abzustellen. Denn für den Vertreter ist nach § 165 BGB im Gegensatz zum Boten wenigstens beschränkte Geschäftsfähigkeit nötig. Wenn sich der geschäftsunfähige Bote bei an sich inhaltsgetreuer Übermitt-

---

632 Vgl. P. Fischer, Diss., S. 107; Feldmann, Diss., S. 24, 25; Bornemann, Diss., S. 24; G. Fischer, Diss., S. 13.

633 Das hat auch G. Fischer festgestellt: Diss., S. 11, 12.

634 Hueck, AcP 152, S. 432 (437).

635 MüKo (Schramm), 4. Aufl., Vor § 164, Rz. 51; Flume, Das Rechtsgeschäft, § 43, 4, S. 757.

lung der Erklärung als Vertreter aufspiele, ohne dass der Erklärungsempfänger den wahren Sachverhalt durchschaue, käme man nur wegen des äußeren Auftretens der Hilfsperson als Stellvertreter zur Nichtigkeit wegen mangelnder Geschäftsfähigkeit der an sich richtig übermittelten Erklärung (Konsequenz aus § 165 BGB). Auch dieses unerfreuliche Ergebnis könne vermieden werden, stellte man auf das Innenverhältnis zwischen Geschäftsherr und Hilfsperson ab[637]. Denn als Bote hätte der Geschäftsunfähige die Willenserklärung ja wirksam übermitteln können.

Allerdings muss allein der Geschäftsherr die mit dem Einsatz Geschäftsunfähiger verbundenen Risiken tragen, denn sie fallen in seinen Verantwortungsbereich. Wer ein solches Risiko schafft, indem er sich einer geschäftsunfähigen Hilfsperson bedient, der muss damit rechnen, dass diese statt als Bote als Vertreter auftritt, weil sie wegen der Umstände, die zur Geschäftsunfähigkeit führen, das äußere Erscheinungsbild ihres Auftretens gegenüber dem Erklärungsempfänger regelmäßig gar nicht beurteilen kann. Außerdem sagt *Hueck*[638] selbst, dass es praktisch kaum vorkommen wird, dass bewusst seitens des Geschäftsherrn ein Geschäftsunfähiger eingesetzt wird. Soweit es aber um Fälle unerkannter Geschäftsunfähigkeit geht, handelt es sich bei der Nichtigkeitsfolge des § 105 BGB um ein mit der Vornahme von Rechtsgeschäften üblicherweise verbundenes und damit ohnehin vorhandenes Risiko, das durch die arbeitsteilige Vorgehensweise keine besondere Risikoerhöhung erfährt. Genauso gut hätte nämlich das Geschäft auch wegen unerkannter Geschäftsunfähigkeit des Erklärungsempfängers unwirksam sein können oder umgekehrt hätte aus dessen Sicht der Geschäftsherr selbst unerkannt geschäftsunfähig sein können. Somit vermag auch dieses Argument nicht zu überzeugen.

Schließlich wird gegen die herrschende Meinung vorgebracht, dass es die Hilfsperson praktisch in der Hand habe, nach Belieben und Bedarf als Bote oder als

---

[636] Vgl. MüKo (Schramm), 4. Aufl., Vor § 164, Rz. 51, 52 ff.; Flume, Das Rechtsgeschäft, § 43, 4, S. 757; Medicus, BR., Rz. 78 f.; Larenz/Wolf, AT, Rz. 41 f; Staudinger (Schilken), Vorbem. zu §§ 164 ff., Rz. 80.

[637] Hueck, AcP 152, S. 432 (438).

[638] Hueck, AcP 152, S. 432 (438).

Stellvertreter aufzutreten[639]. Dagegen ist zu sagen, dass dies ohne Belang ist, soweit sich die Hilfsperson an den Rahmen der ihr erteilten Legitimation hält[640].

Weiter wird gegen die herrschende Meinung argumentiert, dass die Hilfsperson bei Abgrenzung nach dem Außenverhältnis auch die Möglichkeit habe, die Regelung der Haftung für den Fall einer unabsichtlichen Fälschung der ihm aufgetragenen Willenserklärung oder einer unbemerkten Vollmachtsüberschreitung zu beeinflussen[641], indem sie durch ihr Auftreten bestimmt, ob der Geschäftsherr für die Fehler eines Boten oder Stellvertreters einzustehen hat. In diesem Argument steckt jedoch der Widerspruch in sich: Wer unbemerkt seine Vollmacht überschreitet, und hier kommt es auf das Bewusstsein der Hilfsperson an, oder unabsichtlich eine Erklärung falsch übermittelt, der kann schon deshalb keinen „Einfluß" nehmen, weil er sich ja gerade seines Irrtums nicht bewusst ist. Einflußnahme ist aber immer ein willensgesteuerter Akt. Folglich überzeugt auch dieser Einwand nicht von der Richtigkeit der Abgrenzung nach dem Innenverhältnis.

Die Vertreter dieser letztgenannten Ansicht behaupten zudem, dass es falsch sei, dass der Erklärungsempfänger nur bei einem Abstellen auf das Außenverhältnis endgültige Gewissheit über die Parteiverhältnisse erlangen könne. Denn ob eine über die Hilfsperson an den Erklärungsempfänger gelangte Erklärung für den Geschäftsherrn bindend sei, beurteile sich stets und ausschließlich nach der erteilten Vollmacht, also nach dem internen Verhältnis des letzteren zu seinem Gehilfen[642]. Daran ist nur richtig, dass es für die Frage der *Wirksamkeit* des Vertreterhandelns auf das Bestehen und die Art des Innenverhältnisses zum Vertretenen ankommt[643]. Daraus ergibt sich aber nicht zwingend, dass sich aus diesem Grunde auch die *Funktion* der Hilfsperson nach dem Innenverhältnis bestimmt. Entscheidende Gründe, die gegen das Abstellen auf das Außenverhältnis sprechen, konnten nicht gefunden werden.

---

639 Hueck, AcP 152, S. 432 (439); vgl. G. Fischer, Diss., S. 12.

640 So ist wohl auch MüKo (Schramm), Vor § 164, Rz. 52 ff. zu verstehen.

641 Hueck, AcP 152, S. 432 (439).

642 Hueck, AcP 152, S. 432 (439).

643 MüKo (Schramm), 4. Aufl., Vor § 164, Rz. 44: „Bedeutung für die Beurteilung der Wirksamkeit des Handelns für den Geschäftsherrn (§§ 177 ff.)".

Fraglich ist, ob überzeugende Argumente zu finden sind, die gegen ein Abstellen auf das Innenverhältnis sprechen. Gegen die auf das Innenverhältnis abstellende Ansicht wird eingewandt, dass sie das Wesen des Rechtsgeschäfts verkennt[644]: Die Auffassung fuße noch auf der Theorie des 19. Jahrhunderts, wonach Stellvertretung Vertretung im Willen gewesen sei. Das Rechtsgeschäft sei nur das, was sich gegenüber dem Erklärungsempfänger vollziehe. Der von der Hilfsperson erzeugte Anschein trete eben nicht vollständig an die Stelle des tatsächlichen Sachverhalts, denn der tatsächliche Sachverhalt, um den es gehe, sei doch gerade das Verhalten der Hilfsperson. Gebe diese, obwohl nur als Bote bestellt, eine eigene Erklärung in fremdem Namen ab, so erzeuge sie keinen Anschein einer Vertretererklärung, sondern sie vollziehe selbst das Rechtsgeschäft durch Abgabe einer Willenserklärung. Ob dieses Rechtsgeschäft für den Vertretenen gelte, hänge davon ab, ob der Handelnde Vertretungsmacht gehabt habe[645].

Für die Richtigkeit dieser Argumentation spricht, dass die Dogmatik des Botenrechts von Rechtsprechung und Lehre innerhalb des mit den Stellvertretungsvorschriften einerseits und dem § 130 BGB andererseits gezogenen Regelungsrahmens entwickelt werden sollte[646]. Stellt man mit der herrschenden Meinung auf das äußere Auftreten der Hilfsperson ab, so wird der tatsächliche Sachverhalt mit dem nach § 130 BGB zugegangenen und damit wirksam gewordenen Sachverhalt gleichgestellt. Denn abgegeben ist eine Willenserklärung zwar bereits, sobald sie mit Wissen und Wollen für andere wahrnehmbar gemacht ist[647]. Aber bei der Schaffung des BGB war die Frage des Zeitpunktes der Vollendung und damit der Wirksamkeit der Willenserklärung gegenüber einem Abwesenden umstritten. Das BGB hat sich für die damals schon herrschende Empfangstheorie entschieden, wonach die Erklärung wirksam ist, wenn sie dem Erklärungsempfänger zugegangen ist[648]. Somit wird die empfangsbedürftige Willenserklärung erst mit dem Zu-

---

644 Flume, Das Rechtsgeschäft, § 43, 4, S. 756 und Anm. in Fn. 21, S. 756.

645 Flume, Das Rechtsgeschäft, § 43, 4, S. 756 f. und Anm. in Fn. 21.

646 Staudinger (Schilken), Vorbem. zu §§ 164 ff., Rz. 73.

647 MüKo (Förschler), 3. Aufl., § 130, Rz. 6.

648 MüKo (Förschler), 3. Aufl., § 130, Rz. 3, 3c, 4; Motive I, S. 156 f.; MüKo (Einsele), 4. Aufl., § 130, Rz. 11.

gang vollendet, und erst die Vollendung lässt sie wirksam werden[649]. Daraus wird geschlossen, dass die empfangsbedürftige rechtsgeschäftliche Regelung nur so, wie sie sich gegenüber dem Erklärungsempfänger abgespielt hat, ihre Rechtswirkungen entfalten kann, mag sie auch anders abgegeben worden sein[650]. Richtig daran ist, dass das Wirksamwerden einer empfangsbedürftigen Willenserklärung deren Abgabe und deren Zugang voraussetzt. Folglich ist zunächst einmal zu fragen, wer eine Willenserklärung abgegeben hat. Bei der Blanketterklärung ist dies regelmäßig der Blankettnehmer (siehe oben). Dieser hat die Erklärung durch die Ausfüllung wissentlich und willentlich für andere wahrnehmbar gemacht. Bei den schriftlichen Willenserklärungen ist die Abgabe aber immer nur ein Teil des gesamten Erklärungsvorgangs. Denn sie muss außerdem von der Absicht getragen sein, die Erklärung an einen bestimmten Empfänger zu richten. Die nächste Frage muss nun lauten, ob dem Empfänger diese Erklärung auch zugegangen ist. Der Begriff des Zugangs erfordert, dass die Erklärung in eine räumliche Beziehung zum Empfänger verbracht wird[651]. Als gebräuchliche Formel hat sich durchgesetzt, dass eine Erklärung dann zugegangen ist, wenn seitens des Empfängers Kenntnisnahme möglich und nach den Umständen zu erwarten ist. Für das verdeckt ausgefüllte Blankett bedeutet dies, dass es dem Empfänger als verkörperte Erklärung des Geschäftsherrn zugeht. Denn es gelangt mit der Überbringung durch die Hilfsperson in schriftlicher Form so in seinen Machtbereich, dass er von ihr Kenntnis nehmen konnte. Also ist die verkörperte Blanketterklärung nach den Erfordernissen des § 130 BGB auch wirksam geworden.

Für die herrschende Lehre sprechen damit auch die Grundsätze der Auslegung empfangsbedürftiger Willenserklärungen. Da diese der anderen Seite bekannt zu machen sind (§ 130 BGB), gelten sie nur mit dem Inhalt, der dem Erklärungsempfänger zugegangen ist. Dabei kommt es nach den §§ 133, 157 BGB darauf an, wie

---

[649] MüKo (Förschler), 3. Aufl., § 130, Rz. 10; MüKo (Einsele), 4. Aufl., § 130, Rz. 16; BGHZ 67, S. 271 (275).

[650] So übergibt beispielsweise der Geschäftsherr eine schriftliche Erklärung an seine Hilfsperson, die diese dann aber mündlich gegenüber dem Erklärungsempfänger erklärt und diesem gegenüber dabei als Bevollmächtigter auftritt, dann geht dem Erklärungsempfänger die schriftliche Erklärung des Geschäftsherrn, die dieser zwar noch abgegeben hat, nicht zu. Sie kann ihre Rechtswirkungen nicht entfalten.

[651] MüKo (Förschler), 3. Aufl., § 130, Rz. 10; MüKo (Einsele), 4. Aufl., § 130, Rz. 16.

er sie nach seinem Empfängerhorizont unter Berücksichtigung der Verkehrssitte verstehen durfte[652]. Darüber hinaus folgt auch aus den §§ 116 ff. BGB, dass sich die Rechtswirkungen einer Willenserklärung danach richten, wie der Empfänger diese nach dem objektiven Empfängerhorizont verstehen durfte. Aus diesen Vorschriften wird deutlich, dass bei empfangsbedürftigen Willenserklärungen nicht das innerlich Gewollte, sondern das nach außen Erklärte gilt. Aus dem Innenverhältnis folgt lediglich, was die Hilfsperson sein *sollte*[653]. Wegen der Empfangsbedürftigkeit der Erklärung muss dem Vertrauensschutz gegenüber der Selbstbestimmung der Vorzug eingeräumt werden.

Zur weiteren Begründung der herrschenden Meinung werden noch die §§ 177, 179 BGB angeführt[654]: Aus ihnen folgt ebenfalls, dass es auf die Rechtslage zwischen dem Vertreter und dem Geschäftsherrn nicht ankommen kann, weil nach dem Wortlaut auch beim Fehlen einer Innenbeziehung der Handelnde als Vertreter bezeichnet wird, sofern er nach außen die Voraussetzungen der Stellvertretung erfüllt.

Damit ist der herrschenden Meinung zuzustimmen. Die Abgrenzung zwischen Bote und Stellvertreter ist nach dessen Auftreten gegenüber dem Erklärungsempfänger zu beurteilen. Fraglich ist deshalb, welche Auswirkungen der Mangel der Erkennbarkeit hat.

b.) Die Abgrenzung nach dem Außenverhältnis und die Folgen mangelnder Erkennbarkeit der Mitwirkungshandlung

Für die verdeckt ausgefüllte Blanketterklärung bedeutet diese Grenzziehung zwischen Botenschaft und Stellvertretung, dass es ausschließlich darauf ankommt, wie der Blankettnehmer gegenüber dem Erklärungsempfänger tatsächlich aufgetreten ist und wie der Erklärungsempfänger die verdeckt ausgefüllte Blanketterklä-

---

652 Vgl. Larenz/Wolf, AT., § 28, Rz. 11.

653 Soergel (Leptien), 13. Aufl., Vor § 164, Rz. 44; Flume, Das Rechtsgeschäft, § 43, 4, S. 758.

654 Soergel (Leptien), 13. Aufl., Vor § 164, Rz. 44; MüKo (Schramm), 4. Aufl., Vor § 164, Rz. 44.

rung verstehen durfte. Irgendwelche Anhaltspunkte dafür, dass es sich um den von einer anderen Person gebildeten und niedergeschriebenen Willen handelt, sind dem Erklärungsempfänger nicht erkennbar. Aus dessen objektiver Sicht geht ihm also die Willenserklärung desjenigen zu, der seine Unterschrift unterhalb des Erklärungstextes auf die Urkunde gesetzt hat. Mangels weiterer Anhaltspunkte muss der Erklärungsempfänger die mit der Unterschrift des Blankettgebers versehene schriftliche Erklärung folglich als eine solche des Blankettgebers verstehen[655]. Überreicht der Blankettnehmer das ausgefüllte, vollständige Schriftstück, ohne aufzudecken, dass die Erklärung aus einem Blankett entstanden ist und er beim Zustandekommen der Erklärung mitgewirkt hat, so verleiht er seinem Tun den Anschein reiner Mittlungstätigkeit und ist als Bote zu behandeln. Das Erfordernis der Kenntlichmachung seiner Vertreterrolle bei der Vornahme des Rechtsgeschäfts ist nicht erfüllt[656]. Damit sind die Erfordernisse und Zwecke des Offenkundigkeitsprinzips nicht gewahrt[657].

II. Ergebnis zur Wahrung des Offenkundigkeitsprinzips als Kernproblem der verdeckten Blankettlage

Stellvertretung, die nur unter der Voraussetzung möglich ist, dass die drei Erfordernisse und Zwecke des Offenkundigkeitsprinzips (Erkennbarkeit des Zuordnungssubjekts der Rechtswirkungen des Geschäfts, Erkennbarkeit des Zuordnungssubjekts der Parteirolle innerhalb des Rechtsgeschäfts und Erkennbarkeit der Fremdverpflichtung) erfüllt sind, kommt folglich nicht in Betracht. Somit ist der im Innenverhältnis mit Entscheidungsspielraum ausgestattete und damit zur Ausfüllung bevollmächtigte Blankettnehmer bei der verdeckten Blankettlage als Bote aufgetreten. Wie die als Bote auftretende Hilfsperson, die im Innenverhältnis mit

---

[655] Vgl. auch RGZ 105, S. 183 (185); so auch K.H. Müller, Diss., S. 27, allerdings mit anderer Begründung und ohne Differenzierung zwischen verdeckter und offener Blankettlage.

[656] Vgl. BGHZ 12, S. 327 (334) für die Abgrenzung von Bote und Stellvertreter.

[657] Vgl. Staudinger (Schilken), Vorbem. Zu §§ 164 ff, Rz. 74; Erman (Brox), Vorbem. Zu § 164, Rz. 23; Soergel (Leptien), 13. Aufl., Vorbem. Zu § 164, Rz. 44 (gemäß der h.M.); MüKo (Schramm), 4. Aufl., Vor § 164, Rz. 43; Flume, Das Rechtsgeschäft, § 43, 4, S. 755 ff.; Medicus, AT, Rz. 86, 87.

Vertretungsmacht ausgestattet worden ist, rechtlich zu behandeln ist, soll im folgenden untersucht werden.

III. Die Ersetzung fehlender Botenmacht durch die intern erteilte Vertretungsmacht

Da die Verdeckung der Ausfüllungshandlung nichts am internen Auftrag ändert, ist der Blankettnehmer im Innenverhältnis also regelmäßig zur Stellvertretung befugt. Deshalb ist zunächst zu klären, wie es sich auswirkt, wenn der vertretungsberechtigte Blankettnehmer nach außen als Bote auftritt, also zum Botenhandeln hätte ermächtigt werden müssen. Übereinstimmend wird hier die Ansicht vertreten, dass die erteilte Vertretungsmacht die fehlende Botenmacht ersetzt[658]. Folglich steht der Annahme rechtswirksamen Botenhandelns des Blankettnehmers nicht entgegen, dass dem Blankettnehmer Vertretungsmacht statt Botenmacht erteilt worden ist. Im Ergebnis handelt der verdeckt ausfüllende Blankettnehmer also mit der notwendigen Befugnis, um im Rechtskreis des Blankettgebers tätig zu werden.

C. Die rechtliche Behandlung des bei verdeckter Blankettlage als Bote auftretenden Blankettnehmers, der intern zur Stellvertretung bevollmächtigt worden ist:

I. Die Verortung des Problems außerhalb des Blankettrechts bei § 120 BGB

---

[658] Siehe nur: Larenz/Wolf, AT., § 46, Rz. 42; Flume, Das Rechtsgeschäft, § 43, 4, S. 757.

Sieht man mit der herrschenden Lehre den verdeckt ausfüllenden Blankettnehmer als Boten an [659], ergibt sich folgende Schwierigkeit: Da es nicht auf das Innenverhältnis, sondern auf das Auftreten der Hilfsperson gegenüber dem Erklärungsempfänger ankommt[660], stimmen bei der verdeckten Blankettlage die im Innenverhältnis erteilte Befugnis (regelmäßig Stellvertretung) und das äußere Auftreten des Blankettnehmers (als eine fremde Willenserklärung übermittelnder Bote) nicht überein[661]. Diese Problemfälle sind bereits außerhalb des Blankettrechts bekannt[662]. Dort besteht Einigkeit darüber, dass der Geschäftsherr gebunden sein soll, wenn sich die von ihm zum Vertreter bestellte Hilfsperson nach außen als Bote geriert, soweit sie sich an den Rahmen der ihr erteilten Macht hält[663]. Problematisch ist jedoch, dass in einer solchen Fallkonstellation weder die Hilfsperson noch der Geschäftsherr eine Willenserklärung abgegeben hat. Denn der Bote hat eine Willenserklärung des Geschäftsherrn übermittelt, die dieser nicht abgegeben hat. Eine Bindung des Geschäftsherrn wird dennoch anerkannt: Schließlich werde dem Geschäftsherrn nach § 120 BGB auch eine vom Boten unbewusst völlig verfälschte und damit *nicht so* vom Geschäftsherrn stammende Willenserklärung zugerechnet. Demgemäß bestünden keine grundsätzlichen Bedenken, ihm auch eine (noch) nicht abgegebene Willenserklärung zuzurechnen, die sogar inhaltlich mit dem in der Vollmachtserteilung zum Ausdruck gekommenen Willen des Geschäftsherrn übereinstimme[664]. Das Ergebnis, so heißt es, sei auch damit zu rechtfertigen, dass es dem Geschäftsherrn ohnehin häufig gleich sei, wie der Mit-

---

[659] Siehe oben 3. Kap.,A, II., 3)..

[660] Medicus, BR., Rz. 77; Larenz/Wolf, AT, § 46, Rz. 41; Brox, AT, Rz. 475.

[661] Medicus, BR., Rz. 77 dazu, dass dieses Problem eine Folge des Abstellens auf das äußere Auftreten ist.

[662] Zu den Problemfällen außerhalb des Blankettrechts: Medicus, BR., Rz. 79; MüKo (Schramm), 4. Aufl., Vor § 164, Rz. 52 ff.

[663] So die herrschende Meinung: MüKo (Schramm), 4. Aufl., Vor § 164, Rz. 52 ff; Soergel (Leptien), 13. Aufl., Vor § 164, Rz. 45; Erman (Brox), Vor § 164, Rz. 24; Flume, Das Rechtsgeschäft, § 43, 4, S. 757; Palandt (Heinrichs), Vor § 164, Rz. 11; Staudinger (Schilken), Vorbem. zu §§ 164 ff., Rz. 80.

[664] So MüKo (Schramm), 4. Aufl., Vor § 164, Rz. 52 ff; Staudinger (Schilken), Vorbem. zu §§ 164 ff., Rz. 80.

telsmann auftrete[665], wenn das Geschäft nur überhaupt weisungsgemäß abgeschlossen werde. Eine tiefergehende Begründung dieses Ergebnisses fehlt indessen. Sie könnte sich aus dem Zweck und der Funktion des § 120 BGB erschließen.

1.) Die Rechtsgedanken und die Bedeutung des § 120 BGB

In § 120 BGB ist lediglich der Fall geregelt, dass sich jemand zur Übermittlung einer Erklärung an den Empfänger einer Mittelsperson bedient und diese den Willen des Erklärenden unrichtig übermittelt. Danach ist die unrichtig übermittelte Erklärung anfechtbar. Das bedeutet zugleich, dass sie grundsätzlich Wirkung entfaltet. Nur in den Fällen, in denen der Bote vorsätzlich eine unzutreffende Erklärung übermittelt oder statt als Bote bewusst oder unbewusst als Vertreter handelt, soll § 120 BGB keine Anwendung finden[666]. Die Erklärung eines Boten soll dem Geschäftsherrn nach der Intention des § 120 BGB deshalb zugerechnet werden, weil er sie selbst abgefaßt und in Geltung gesetzt hat. Er hat sie also selbst im Sinne des § 130 BGB mit Richtung auf einen bestimmten Adressaten wissentlich und willentlich für andere wahrnehmbar gemacht und sich des Boten lediglich zur Bewirkung des Zugangs bedient, sozusagen als unselbständiges Mittel zur Überbringung.

§ 120 BGB behandelt die vom Mittler (unabsichtlich) verfälschte Erklärung im Verkehrsinteresse so, als wäre sie vom Geschäftsherrn abgegeben worden, weil er die Übermittlungstätigkeit willentlich veranlaßt hat und diese auch maßgeblicher Bestandteil seiner eigenen Willenserklärung ist[667]. Letzteres ist erforderlich, weil bei empfangsbedürftigen Willenserklärungen neben der Abgabe auch die Absicht vorausgesetzt wird, die Erklärung an eine bestimmte andere Person zu richten[668].

---

[665] Staudinger (Schilken), Vorbem. zu §§ 164 ff., Rz. 80; Flume, das Rechtsgeschäft, § 43, 4, S. 757; MüKo (Schramm), 4. Aufl., Vor § 164, Rz. 54; Soergel (Leptien), 13. Aufl., Vor § 164, Rz. 52: „dogmatische Bedenken haben dabei zurückzutreten".

[666] Staudinger (Schilken), Vorbem. zu §§ 164 ff., Rz. 81; Flume, Das Rechtsgeschäft, § 43, 4, S. 758.

[667] Vgl. MüKo (Kramer), 4. Aufl., § 120, Rz. 1.

[668] Vgl. MüKo (Förschler), 3. Aufl., § 130, Rz. 6. MüKo (Einsele), 4. Aufl., § 130, Rz. 13: „nicht ausreichend, wenn die Willenserklärung ohne Willen an den Empfänger gelangt".

Ohne die genannte Absicht kann die Erklärung keine Rechtswirkungen entfalten. Damit kommt in § 120 BGB der Rechtsgedanke zum Ausdruck, dass die Erklärung des Boten dem Geschäftsherrn zuzurechnen ist, wenn er dessen Tätigkeit willentlich veranlaßt hat, um den Zugang an eine bestimmte Person zu bewirken. Im Falle der Falschübermittlung ist die tatsächlich vom Geschäftsherrn abgegebene Erklärung aber nicht zugegangen. Sinn und Zweck des § 120 BGB ist es also weiter, eine eigentlich nicht wirksam gewordene – weil nicht zugegangene (§ 130 BGB) – Willenserklärung einer zugegangenen, aber in ihrem äußeren Erklärungstatbestand nicht dem Erklärungswillen entsprechenden Willenserklärung gleichzustellen. So heißt es auch in den Motiven[669]: „Dem Falle, dass jemand eine seinem wirklichen Willen nicht entsprechende Willenserklärung ohne Kenntnis der Nichtübereinstimmung abgibt, ist in Ansehung der rechtlichen Beurteilung der Fall gleichgestellt, dass jemand zur Übermittlung seiner Erklärung an den Empfänger einer Mittelsperson sich bedient und diese den Willen unrichtig wiedergibt. Die Gleichstellung der Fälle mag theoretisch anfechtbar sein, liegt aber im Verkehrsinteresse."

Diese Gleichstellung verhindert, dass im ersten Fall die Willenserklärung nur anfechtbar, im zweiten Fall aber unwirksam ist. Der selbst Erklärende würde gegenüber jenem benachteiligt, der seine Willenserklärung durch einen Boten übermitteln lässt. Denn er müsste seine zunächst als wirksam geltende Willenserklärung anfechten und würde dem Erklärungsempfänger nach § 122 BGB auf Ersatz des Vertrauensschadens haften, während der arbeitsteilig Vorgehende nicht gebunden würde, weil seine Erklärung nicht zugegangen und damit nicht wirksam geworden ist (§ 130 BGB). Hinter alledem steht der Gedanke des § 120 BGB, dass der arbeitsteilig Handelnde keine auf der Arbeitsteilung beruhenden Vorteile haben soll. Zudem würde die Sicherheit des rechtsgeschäftlichen Verkehrs erheblich beeinträchtigt, beließe man es bei der Unwirksamkeit einer vom Boten irrtümlich falsch übermittelten Erklärung. Denn der Erklärungsempfänger müsste das Risiko der Falschübermittlung tragen, obwohl das Risiko nicht von ihm, sondern aufgrund der Einschaltung einer Hilfsperson vom Geschäftsherrn geschaffen wurde. Wer jedoch

---

[669] Motive zum Allgemeinen Teile, in Mugdan I, S. 464.

die Vorteile arbeitsteiligen Handelns in Anspruch nimmt, muss auch die Nachteile hinnehmen und kann diese nicht auf den Erklärungsempfänger abwälzen. Folglich bindet § 120 BGB den Geschäftsherrn zunächst an die Erklärung, wie sie der Bote übermittelt hat. Er kann ihre Wirkung nur durch Anfechtung beseitigen.

2.) Die Übertragbarkeit der Rechtsgedanken des § 120 BGB auf den Fall, dass sich ein Stellvertreter als Bote geriert

Die genannten Gründe, auf denen die Regelung des § 120 BGB basiert, werden von der herrschenden Meinung auf den Fall übertragen, dass sich ein Stellvertreter als Bote geriert. Eine Bindung des Geschäftsherrn sei in diesen Fällen anzuerkennen, weil ihm auch nach § 120 BGB eine vom Boten unbewusst unzutreffend übermittelte, also nicht so vom Geschäftsherrn stammende Willenserklärung zugerechnet werde[670]. Voraussetzung für eine solche Übertragbarkeit ist die Vergleichbarkeit der Interessenlagen.

§ 120 BGB bringt den Gedanken des Gesetzgebers zum Ausdruck, dass auch eine scheinbare Willenserklärung Rechtsfolgen auslösen kann, wenn nur die Tätigkeit der Hilfsperson willentlich veranlaßt ist. Hier hat ebenfalls weder der Geschäftsherr noch der als Bote auftretende Stellvertreter eine Willenserklärung abgeben[671]. Insoweit handelt es sich um die gleiche Rechtslage. Der Unterschied besteht lediglich darin, dass die Hilfsperson *nicht so* veranlaßt worden ist. Denn sie hatte nicht Boten-, sondern Vertretungsmacht. Stellt man aber mit der herrschenden Meinung bei der Abgrenzung von Boten und Stellvertreter darauf ab, wie die Hilfsperson im Außenverhältnis gegenüber dem Erklärungsempfänger aufgetreten ist und nicht, wie es von der Gegenmeinung vertreten wird, auf die zwischen der Hilfsperson und dem Geschäftsherrn bestehenden Innenbeziehung[672], dann genügt es für die Anwendbarkeit von § 120 BGB, dass sich die Person nach

---

[670] MüKo (Schramm), 4. Aufl., Vor § 164, Rz. 52 f., der als einer der wenigen überhaupt eine Begründung liefert, warum hier eine Zurechnung der Erklärung erfolgt.

[671] Vgl. MüKo (Schramm), 4. Aufl., Vor § 164, Rz. 54.

[672] Siehe oben und auch die Ausführungen zu dem Streit bei MüKo (Schramm), 4. Aufl., Vor § 164, Rz. 42 ff. m.w.N..

außen wie ein Bote verhalten hat. Es ist folglich kein Grund ersichtlich, warum die Erklärung des als Übermittlungsperson tätigen Vertreters dem Geschäftsherrn nicht unter Anwendung des Rechtsgedankens von § 120 BGB zugerechnet werden sollte. Konsequenz hiervon ist, dass das „Übermittelte" zunächst wirkt, aber durch Anfechtung beseitigt werden kann. Voraussetzung der Anfechtbarkeit ist freilich, dass die unzutreffende Übermittlung kausal für die Abgabe der Willenserklärung war. Dies ist dann der Fall, wenn die Erklärung vom Geschäftsherrn selbst bei Kenntnis der Sachlage und verständiger Würdigung des Falles nicht abgegeben worden wäre[673]. Da nun der Geschäftsherr in der Vollmacht seinen Willen ausgedrückt hat und die „übermittelte Erklärung" inhaltlich diesem Willen voll und ganz entspricht, besteht nicht nur kein Grund für eine Anfechtung. Vielmehr kann sich der Geschäftsherr auch nicht darauf berufen, dass er diese Erklärung niemals abgegeben hätte oder hätte abgeben wollen. Deshalb kann er die von der Hilfsperson übermittelte Erklärung nicht anfechten.

Hinzu kommt, dass ebenso wie im Falle des § 120 BGB der Mangel der Willenserklärung eine unmittelbare Folge der Arbeitsteilung ist. Folglich ist auch insoweit die Rechtslage vergleichbar. Durch die Einschaltung der Hilfsperson entsteht diesmal dem arbeitsteilig Handelnden selbst ein Nachteil, weil er sein Ziel nicht erreichen konnte. Die Gleichstellung dessen, der selbst eine Willenserklärung abgibt, mit dem arbeitsteilig Handelndem bedeutet aber auch, dass letzterer durch die Einschaltung einer Hilfsperson nur insoweit belastet werden soll, als es sich um typische mit der Arbeitsteilung verbundene Risiken handelt. Denn schließlich soll durch die Zulässigkeit von Stellvertretung und Arbeitsteilung allgemein die Flüssigkeit und Schnelligkeit des rechtsgeschäftlichen Verkehrs gefördert werden. Ließe man es zu, dass eine Bindung des Geschäftsherrn an das Vertretergeschäft deshalb nicht eintritt, weil es an einer Willenserklärung fehlt, dann würde man das durch die Arbeitsteilung geschaffene Risiko letztlich ebenso auf den Erklärungsempfänger abwälzen. Denn dieser könnte sich nicht mehr darauf verlassen, dass die ihm zugegangene „Willenserklärung" auch wirklich abgegeben worden ist. Die Zurechnung der fiktiven Erklärung eines nach außen als Bote auftretenden Stell-

[673] Vgl. Jauernig/Schlechtriem/Stürner/Teichmann/Vollkommer (Jauernig), § 120, Rz. 6.

vertreters nach § 120 BGB ist also auch dem gleichen Schutzzweck dienlich wie § 120 BGB. Denn das Risiko des Auseinanderfallens von internem Auftrag und äußerem Auftreten der Hilfsperson, also ein typisches der Arbeitsteilung anhaftendes Risiko, das seinen Grund in der Abstraktheit von Vertretergeschäft und Bevollmächtigung hat, soll nicht den Erklärungsempfänger abgewälzt werden.

Folglich erfordern auch hier die Gleichstellung des arbeitsteilig Handelndem mit dem, der eine Willenserklärung selbst abgibt, und insbesondere das Verkehrsinteresse die Bindung des Geschäftsherrn an die von der Hilfsperson abgegebene Willenserklärung. Insgesamt ist deshalb der herrschenden Meinung zuzustimmen, wenn sie eine Bindung des Geschäftsherrn unter Berufung auf den Rechtsgedanken des § 120 BGB bejaht, soweit sich der Mittler inhaltlich an die erteilte Legitimation hält.

II. Die Übertragbarkeit der Rechtsgedanken auf den vertretungsberechtigten Blankettnehmer, der sich nach außen durch Verdeckung der Ausfüllungshandlung als Bote geriert:

Es fragt sich, ob der Rechtsgedanke des § 120 BGB auf die verdeckte Blankettausfüllung übertragbar ist. Auch hier tritt der vertretungsberechtigte Blankettnehmer als Bote auf, da er nach außen eine vollständige Erklärung überbringt, die mit der Unterschrift des Ausstellers versehen ist. Er geriert sich als Bote.

Allerdings gilt § 120 BGB nicht für jeden Transport einer Willenserklärung. So handelt es sich nicht um eine Übermittlung im Sinne des § 120 BGB, wenn eine vom Erklärenden ausgestellte Urkunde, also eine verkörperte Willenserklärung überbracht wird[674]. Auch beim Blankett handelt es sich um eine verkörperte Willenserklärung. Ob bereits deshalb die Übertragbarkeit des Rechtsgedankens aus § 120 BGB scheitert, hängt davon ab, aus welchem Grund bei den schriftlichen

674 Jauernig/Schlechtriem/Stürner/Teichmann/Vollkommer (Jauernig), § 120, Rz. 2.

Willenserklärungen keine Übermittlung, wie sie § 120 BGB meint, vorliegen kann[675].

§ 120 BGB kann nur für den Transport von Willenserklärungen durch einen Erklärungsboten gelten, wenn die von ihm übermittelte Erklärung der inhaltlichen *Beeinflußbarkeit* durch den Boten ausgesetzt ist[676]. Deshalb liegt keine Übermittlung im Sinne des § 120 BGB vor, wenn der Bote ein vom Erklärenden schriftlich abgefaßtes Original überbringen soll[677]. Zwar ist auch der Überbringer einer solchen schriftlichen Erklärung Bote. Ist jedoch die Möglichkeit der inhaltlichen Beeinflußbarkeit durch den Boten ausgeschlossen, dann schafft der Geschäftsherr dadurch, dass er sich einer Hilfsperson zur Übermittlung seiner Erklärung bedient, nicht das Risiko, dass der *Inhalt* der Erklärung durch die Einschaltung derselben verändert werden kann. Folglich soll eine Anfechtung nach § 120 BGB nicht eingreifen[678]. Die Anfechtung würde sich vielmehr nach § 119 BGB richten. § 120 BGB ist also auf schriftliche Erklärungen des Geschäftsherrn grundsätzlich nicht anwendbar, weil hier die unbewusste Einflussnahmemöglichkeit durch den Boten ausgeschlossen ist.

Wenn ein bevollmächtigter Vertreter eine schriftliche Erklärung so übermittelt, dass er nach außen, gegenüber dem Erklärungsempfänger als Bote auftritt, dann müsste er dem Erklärungsempfänger eine vom Geschäftsherrn unterzeichnete schriftliche Willenserklärung vorlegen. Denn nur so könnte dieser aus seinem äußeren Auftreten auf Botentätigkeit schließen. Hier sind zwei Fälle denkbar: Entweder der Geschäftsherr hat dem Mittler eine vollständig von ihm stammende schriftliche Willenserklärung zur Übermittlung übergeben. Dann aber ist ohnehin kein Raum für Stellvertretung, weil der Geschäftsherr bereits selbst seine Willenserklä-

---

675 Jauernig/Schlechtriem/Stürner/Teichmann/Vollkommer (Jauernig), § 120, Rz. 2 scheint hier zu differenzieren: Das Überbringen einer vom Erklärenden ausgestellten Urkunde sei keine Übermittlung im Sinne des § 120 BGB.

676 Staudinger (Dilcher), § 120, Rz. 7.

677 Staudinger (Dilcher), § 120, Rz. 7; BGHZ 12, S. 327 (335): „Selbstverständlich kann der Bote die Erklärung seines Geschäftsherrn mündlich oder schriftlich weiterleiten. Erforderlich ist nur, dass auch bei schriftlicher Weiterleitung die Erklärung nicht als solche des Übermittlers, sondern als die des Geschäftsherrn in Erscheinung tritt".

678 Vgl. Staudinger (Dilcher), § 120, Rz. 7.

rung abgegeben hat und die Hilfsperson nur noch in den äußeren Transportvorgang eingeschaltet ist (Bewirken des Zugangs). Zudem ist eine Einflußnahme auf den Inhalt der Erklärung durch die Hilfsperson ausgeschlossen. Damit ist § 120 BGB nicht anwendbar.

Als zweite Möglichkeit kommt in Betracht, dass der Geschäftsherr dem Mittler ein *Blankett* übergeben hat, zu dessen Vervollständigung der Mittler von ihm legitimiert (bevollmächtigt) worden ist. *Einzig* in diesem Falle ist auch eine schriftliche Erklärung der Möglichkeit inhaltlicher Einflußnahme des Mittlers ausgesetzt. Dieser hat jedoch das Blankett verdeckt ausgefüllt und tritt gegenüber dem Erklärungsempfänger lediglich als Bote auf, indem sie aus dessen Sicht nur den Zugang der vom Unterzeichner stammenden Erklärung bewirkt. Damit stellt die Blanketterklärung insoweit einen Sonderfall bei den nach außen durch Boten übermittelten schriftlichen Erklärungen dar, weil hier die tatsächliche Möglichkeit der Einflußnahme auf den Inhalt der Erklärung eben gerade doch besteht. Folglich lässt sich der Rechtsgedanke des § 120 BGB ausnahmsweise auch auf die schriftliche Blanketterklärung übertragen.

Somit ist die Basis für eine Anwendbarkeit der Rechtsgedanken des § 120 BGB gelegt. Die vom Blankettnehmer abgegebene Erklärung, die er wissentlich und willentlich durch Niederschrift für andere wahrnehmbar macht, geht dem Erklärungsempfänger als Erklärung des Blankettgebers zu, weil sie von diesem unterzeichnet ist[679]. Nur als solche kann er sie nach Treu und Glauben unter Berücksichtigung der Verkehrssitte verstehen.

Problematisch ist allerdings, dass die Erklärung des Blankettnehmers nicht wirksam wird, weil sie nicht als seine Erklärung zugegangen ist und der Blankettgeber die Erklärung nicht abgibt, weil er sie nicht mit Wissen und Wollen für andere wahrnehmbar macht. Also existiert auch hier keine Willenserklärung. Da aber aus § 120 BGB folgt, dass auch eine nur fiktive Willenserklärung Rechtsfolgen auslösen kann, wenn die Tätigkeit der Hilfsperson willentlich veranlaßt ist, muss auch die „Scheinerklärung" des Blankettgebers Rechtsfolgen auslösen. Denn auch der

Blankettnehmer ist vom Blankettgeber willentlich zur Abgabe einer Erklärung veranlaßt worden; wenn auch nicht *so*. Er wurde – ausgehend vom Regelfall – zur Ausfüllung bevollmächtigt. Allerdings genügt es nach herrschender Meinung für die Anwendbarkeit des Botenrechts, dass der Mittelsmann *nach außen als Bote* in Erscheinung getreten ist. Konsequenz dieser dogmatischen Einordnung ist die Zurechnung der verdeckt ausgefüllten Blanketterklärung nach dem Rechtsgedanken des § 120 BGB. Denn das durch die Arbeitsteilung verursachte Risiko, dass nur scheinbar eine wirksame Willenserklärung des Geschäftsherrn übermittelt wird, darf nicht auf den Empfänger abgewälzt werden. Um dieses Risiko beim Verursacher „zu belassen", muss der Blankettgeber entsprechend dem Rechtsgedanken des § 120 BGB an die „Scheinerklärung" gebunden werden, wenn er das Tätigwerden des Blankettnehmers willentlich veranlaßt hat und dieser sich inhaltlich an die Weisungen des Blankettgebers gehalten hat. Auch eine Anfechtung ist ausgeschlossen, wenn sich der Blankettnehmer inhaltlich an die Weisungen seines Geschäftsherrn gehalten hat, weil sich der Geschäftsherr nicht darauf berufen kann, er habe die Erklärung nicht so abgeben wollen. Schließlich hat er den entsprechenden Willen in der Bevollmächtigung zum Ausdruck gebracht.

III. Ergebnis zur Frage, wie der bei verdeckter Blankettlage als Bote auftretende Blankettnehmer, der intern zur Vertretung bevollmächtigt worden ist, rechtlich zu behandeln ist

Im Ergebnis ist festzuhalten, dass die Blanketterklärung dem Blankettgeber bei verdeckter Blankettlage nach dem Rechtsgedanken des § 120 BGB zuzurechnen ist, wenn sich der Blankettnehmer inhaltlich an seine Weisungen gehalten hat

Im folgenden soll die Frage untersucht werden, welche Konsequenzen sich bei verdeckter Blankettlage und abredewidriger Ausfüllung des Blanketts ergeben. Dabei stellt sich die Frage, ob und inwieweit die hier gefundenen Grundsätze für das Blankettieren beim formgebundenen Rechtsgeschäft verwerten lassen

---

[679] Vgl. RGZ 105, S. 183 (185), K.H. Müller, Diss., S. 26, 27 mit anderen Anknüpfungspunkten und ohne Differenzierung.

IV. Die rechtliche Behandlung des intern zur Vertretung bevollmächtigten Blankettnehmers, der bei verdeckter Blankettlage als Bote aufgetreten ist und das Blankett abredewidrig ausfüllt

Regelmäßig wird der Blankettnehmer, der bereits das Blankett verdeckt ausfüllt, das heißt, den Erklärungsempfänger nicht darüber informiert, dass er das Schriftstück vervollständigt hat, bei abredewidriger Ausfüllung bewusst von der intern erteilten Vertretungsmacht abweichen.

1.) Die Zurechnung nach § 120 BGB

Überschreitet der sich als Bote gerierende, zur Vertretung befugte Blankettnehmer seine Vertretungsmacht, so gelten nach *Medicus*[680] die Regeln über den Boten ohne Botenmacht und nicht die §§ 177 ff. BGB direkt. Denn die Anwendbarkeit von § 120 BGB und damit die Zurechnung der scheinbar vom Blankettgeber stammenden (fiktiven) Willenserklärung ist nach dieser Vorschrift ausgeschlossen, wenn der Mittelsmann keine „Botenmacht" hat[681]

2.) § 177 BGB analog:

Fraglich ist, ob § 177 BGB analog auf den Fall anwendbar sein könnte. Der bewusst von der aufgetragenen Erklärung abweichende Bote, der sogenannte Schein- oder Pseudobote, wird von der herrschenden Lehre in entsprechender Anwendung des § 177 I BGB wie ein vollmachtloser Vertreter behandelt[682]. Das Rechtsgeschäft ist dann schwebend unwirksam (§ 177 I BGB). Seine Wirksamkeit hängt von der Genehmigung durch den Geschäftsherrn ab. Allerdings fehlt nach herrschender Meinung die Vertretungsmacht nur dann, wenn sie nicht wirksam

---

680 Medicus, BR., Rz. 79.

681 Medicus BR., Rz. 80; Staudinger (Dilcher), 12. Aufl., § 120, Rz. 10.

682 Jauernig/Schlechtriem/Stürner/Teichmann/Vollkommer (Jauernig), § 120, Rz. 4; MüKo (Kramer), 4. Aufl., § 120, Rz. 3; Staudinger (Dilcher), 12. Aufl., § 120, Rz. 10; OLG Koblenz BB 1994, S. 819 (820).

erteilt oder erloschen ist *und* auch keine Rechtsscheinvollmacht nach den §§ 170-173 BGB in direkter oder entsprechender Anwendung vorliegt[683], so dass der Erklärungsempfänger zumindest auf den Rechtsschein bestehender Legitimation vertrauen durfte.

a.) Ausschluss des § 177 BGB analog im Falle des Bestehens einer Scheinlegitimation (h.M.) oder ein Wahlrecht des Erklärungsempfängers?

Sinn und Zweck der Bevollmächtigung kraft Rechtsscheins ist es, eine volle rechtsgeschäftliche Bindung des Vertretenen an das Rechtsgeschäft herbeizuführen. Der Rechtsschein gilt als Wirklichkeit. Ist daher das Vertretergeschäft im übrigen ordnungsgemäß abgeschlossen worden, wirkt es gemäß § 164 I BGB für und gegen den Vertretenen[684]. Ließe man es ungeachtet des zurechenbaren Rechtsscheins bei der Anwendung des § 177 BGB (analog), so würden Vertreter und Vertretener kumulativ haften. Dem geltenden Recht ist jedoch die kumulative Haftung von Vertreter und Vertretenem fremd[685]. Vielmehr entscheidet das objektive Recht, ob entweder der Vertreter oder der Vertretene haftet. Folglich schließt der Rechtsschein einer wirksamen Legitimation die Anwendbarkeit des § 177 BGB aus.

Teilweise wird vertreten, dem Erklärungsempfänger sei ein Wahlrecht darüber einzuräumen, wen er in einem solchen Falle in Anspruch nehmen will. Danach entscheidet nicht das objektive Recht, sondern der Wille des Erklärungsempfängers darüber, ob entweder der Vertreter oder der Vertretene in Anspruch genommen wird[686]. Diese Auffassung ist abzulehnen. Zwar wird damit die kumulative

---

683 MüKo (Schramm), § 177, Rz. 11; Jauernig/Schlechtriem/Stürner/Teichmann/Vollkommer (Jauernig), § 167, Anm. 5 d.); ders, § 177, Anm. 1; BGHZ 86, S. 273 (275); a.A.: Crezelius, ZIP 1984, S. 794 f.; Lieb in FS Hübner, 1984, S. 575 ff. (Rosinentheorie). Stellungnahme auch bei Waldeyer, Diss., S. 137, 158 f..

684 Siehe MüKo (Schramm), 4. Aufl., § 167, Rz. 74; Staudinger (Schilken), § 167, Rz. 44; BGHZ 86, S. 273 (275 f.).

685 Staudinger (Schilken), § 177, Rz. 26; K. Schmidt, FS Gernhuber, 1993, S. 435 (443 ff., 449 ff.).

686 So aber die Vertreter eines Wahlrechts durch den Erklärungsempfänger: Lieb in FS für Hübner 1984, S. 575 ff; Creszelius, ZIP 1984, S. 791 (794 f.); Canaris, NJW 1991, S. 2627

Haftung von Vertreter und Vertretenem umgangen. Es kann aber nicht sein, dass der Erklärungsempfänger über die Wirksamkeit des formnichtigen Vertretergeschäfts entscheidet. Denn der Vertrauensschutz kann nicht zur Disposition des Erklärungsempfängers gestellt werden[687]. Insbesondere dann nicht, wenn die Formvorschrift gerade die andere Partei, hier den Bürgen schützen will. Eine solche „Rosinentheorie“ [688] würde zudem zu einem Schwebezustand führen, der unnötige Rechtsunsicherheit schafft.

b.) Bestehen einer Scheinlegitimation (§ 172 II BGB analog)

Fraglich ist also, ob der Blankettnehmer im Falle abredewidriger Ausfüllung des Blanketts als scheinlegitimiert (§ 172 II BGB analog) anzusehen ist.

Die herrschende Meinung hat in Analogie zu § 172 II BGB die vollständige aus einem Blankett entstandene Erklärung beliebigen Inhalts dem Blankettgeber unabhängig davon zugerechnet, ob diese entgegen dem Willen des Ausstellers ausgefüllt worden ist[689]. Voraussetzung der Zurechnung ist lediglich, dass der Blankettgeber ein Blankett mit seiner Unterschrift willentlich zur weiteren Ausfüllung aus der Hand gegeben hat[690]. Zwar vertraut der Erklärungsempfänger bei der verdeckten Blankettlage gar nicht darauf, dass der Urkundeninhaber den Blankettgeber verpflichten kann, sondern darauf, dass der Aussteller selbst eine vollständige Verpflichtungserklärung abgegeben hat und das jener zur Überbringung berechtigt ist. Er vertraut also auf die Ausfüllung durch den Aussteller und die Botenmacht

---

(2628 f.); Prölls, JuS 1985, S. 577 (580); Canaris, Vertrauenshaftung, S. 519; Larenz/Wolf, AT, § 48, Rz. 33.

[687] MüKo (Schramm), 4. Aufl., § 167, Rz. 75; Erman (Palm), § 179, Rz. 3; Soergel (Leptien), 13. Aufl., § 167, Rz. 24; § 179, Rz. 3; Staudinger (Schiklen), § 177, Rz. 26; BGHZ. 86, S. 273 8275 f.); 61, S. 59 (69); OLG Karlsruhe WM 1985, S. 1320.

[688] Vgl. Jauernig/Schlechtriem/Stürner/Teichmann/Vollkommer (Jauernig), 9. Aufl., § 167, Rz.

[689] Vgl. RGZ 138, S. 265 (269); BGHZ 40, S. 65 (68); 40, S. 297 (3049; BGH WM 1965, S. 578 f. (578); OLG Hamm NJW-RR 1995, S. 47 f. (47); Staudinger (Schilken), § 172, Rz. 8; MüKo (Schramm), 4. Aufl., § 172, Rz. 17; Müller, AcP 181, S. 515 (526); A.A. Reinicke/Tiedke, JZ 1984, S. 550; Pawlowski, JZ 1997, S. 309 (312).

[690] Staudinger (Schilken), § 172, Rz. 8, m.w.N..

des Blankettnehmers[691]. Dies steht aber einer Übertragung der in Analogie zu § 172 II BGB entwickelten Rechtsscheingrundsätze auf die verdeckte Blankettlage weder nach der herrschenden Meinung, noch nach der hier vertretenen Auffassung entgegen. Denn die §§ 171 ff. BGB sind auch auf die Botenschaft anwendbar. Schließlich ist kein Grund ersichtlich, warum der Dritte gegenüber nachträglichen internen Erlöschensgründen und auch anfänglichen Unwirksamkeitsgründen der Botenmacht schwächer geschützt werden sollte als bei der Vollmacht[692].

Bereits das Reichsgericht hat entschieden, dass ein Blankett, das begeben, vom Blankettnehmer ausgefüllt und in den Verkehr gebracht worden ist, als eigene Erklärung des Blankettgebers[693] zu gelten habe, ohne dass es auf die Vollmachtsfrage ankomme[694]. Letzteren Gesichtspunkt hat der BGH zu Recht für die Fälle des Blankettmissbrauchs fortentwickelt[695]. Wer eine Blankounterschrift leistet und aus der Hand gibt, schafft damit die Möglichkeit, dass das Blankett entgegen oder abweichend von seinem Willen ausgefüllt und in den Verkehr gebracht wird. Er begründet einen *Rechtsschein*, aufgrund dessen er dem Vertrauenden haftet. Das ergibt sich aus einer entsprechenden Anwendung der §§ 172 II, 173 BGB. Hiernach bleibt bei Aushändigung einer Vollmachtsurkunde durch den Geschäftsherrn und deren Vorlage an einen Dritten diese solange bestehen, bis die Urkunde an den Vollmachtgeber zurückgegeben oder für kraftlos erklärt worden ist (§ 176 BGB). Dabei ist unerheblich, dass der Dritte überhaupt nicht wußte, dass das Formular aus einem Blankett entstanden ist. Denn die Interessenlage ist die gleiche wie bei § 172 II BGB, soweit es um das Schutzbedürfnis des redlichen Geschäftsverkehrs geht. Wer auf den Bestand einer schriftlichen Willenserklärung vertraut, weil er ihr nicht ansehen kann, dass es sich um ein abredewidrig ausgefülltes und in den Verkehr gebrachtes Blankett handelt, ist ebenso schutzwürdig

---

691 Vgl. Canaris, Vertrauenshaftung, S. 65.

692 Canaris, Vertrauenshaftung, S. 140.

693 Dazu, dass es sich um eine eigene Erklärung des Blankettgebers handeln soll, wird nach der hier vertretenen Auffassung zwar ein differenzierter Standpunkt eingenommen. An dieser Stelle geht es jedoch um den weiteren Aspekt, den das Reichsgericht angesprochen hat, dass nämlich die Frage der Vollmacht ohne Belang sein soll.

694 RGZ 105, S. 183; 138, S. 265 (269).

695 BGHZ 40, S. 65 (68).

wie derjenige, welcher angesichts einer schriftlichen Vollmachtsurkunde auf den Fortbestand der Vollmacht vertraut. Damit besteht in der Tat eine Ähnlichkeit zwischen Vollmachtsurkunde und Blanketterklärung[696]. Die entsprechende Anwendung des § 172 II BGB präzisierte der BGH in folgender Regel[697]: Wer ein Blankett mit seiner Unterschrift aus der Hand gibt, muss auch bei einer seinem Willen nicht entsprechenden Ausfüllung des Blanketts den dadurch geschaffenen Inhalt der Urkunde einem redlichen Dritten gegenüber, dem die Urkunde vorgelegt wird, als seine Willenserklärung gegen sich gelten lassen.

Bei der Vollmachtsurkunde liegt der Scheintatbestand darin, dass der Vertreter die Urkunde noch in den Händen hat, dass der Geschäftsherr sie also noch nicht eingezogen hat[698]. Die Verknüpfung des Rechtsscheins mit dem Verhalten des Geschäftsherrn beruht auf dem Unterlassen des externen Widerrufs, einer externen deklaratorischen Erlöschensanzeige oder der Einziehung einer Vollmachtsurkunde. Auf die Zurechenbarkeit dieses Unterlassens kommt es hierbei nicht an[699]. Für die Haftung ist es vielmehr ausreichend, dass ein Widerruf oder eine externe deklaratorische Erlöschensanzeige *objektiv* unterlassen worden ist[700]. Wenn das objektive Unterlassen für die Entstehung des Rechtsscheins ausreichend ist, könnte man annehmen, dass auf die Zurechnung des Rechtsscheins gänzlich verzichtet wird. Tatsächlich gibt es Tatbestände, bei denen es auf eine Zurechnung des Rechtsscheins nicht ankommt. Dies sind die Tatbestände des reinen Rechtsscheinprinzips[701]. Als solche sind beispielsweise die §§ 407 f. BGB sowie die Fälle des Registerschutzes zu nennen[702]. Bei diesen Tatbeständen liegt der Grund für den Verzicht auf Zurechnung entweder in einem besonders gesteigerten Verkehrsschutzbedürfnis, in der Mitwirkung eines staatlichen Organs, das eine be-

---

[696] RGZ 138, S. 265 (269); BGHZ 40, S. 65 (68); Canaris, Vertrauenshaftung, S. 57; erstmals Voß, IheringJb 1956, S. 440 ff.; Bornemann, Diss., S. 35; Wächter, Diss., S. 44; Demelius, AcP 153, S. 1 (33); bei verdeckter Ausfüllung dagegen: Feldmann, Diss., S. 43 ff.; .

[697] BGHZ 40, S. 65 (68).

[698] Canaris, Vertrauenshaftung, S. 136.

[699] Canaris, Vertrauenshaftung, S. 136.

[700] Ähnlich Canaris, Vertrauenshaftung, S. 136.

[701] Westermann, JuS 1963, S. 1 (6 f.); Canaris, Vertrauenshaftung, S. 471 und in Fußnote 14 erklärt Canaris die Herkunft und die Bedeutung des Begriffs.

sondere Gewähr für die Richtigkeit des fraglichen Vertrauenstatbestandes bietet oder in einem außergewöhnlich hohen Grad an Schutzbedürftigkeit des Vertrauenden[703]. Beispiele für das gesteigerte Verkehrsschutzbedürfnis finden sich im Recht der Umlaufpapiere (Artt. 10 WG, 13 ScheckG), für die Mitwirkung des Staates beim Registerschutz (§§ 68, 1412 BGB; 15 I HGB) und für die besondere Schutzbedürftigkeit des Vertrauenden im Zessionsrecht (§§ 407 f. BGB)[704]. Dagegen handelt es sich bei den §§ 170, 171 II, 172 II, 173 BGB nicht um reine Rechtsscheinfälle, mögen sie auch den Tatbeständen der negativen Publizität des Vereins-, des Güterrechts- und des Handelsregisters (§§ 68, 1412 BGB, 15 I HGB) ähneln[705]. Vielmehr wird der Vertrauensgedanke durch das Zurechnungsprinzip ergänzt[706]. Das Element der Zurechnung knüpft nicht an die Schaffung des Scheintatbestandes durch das Unterlassen an. Anknüpfungspunkt des Rechtsscheins ist vielmehr die vorhergehende externe Erteilung oder Deklaration der Vollmacht[707]. Entscheidend ist also, dass der Geschäftsherr das Vertrauen des Dritten in Anspruch genommen, und eine gewisse Gefahr dafür geschaffen hat, dass dieser sich auf die Vollmacht verlässt, obwohl sie bereits erloschen ist. Das Risiko, dass der andere nicht rechtzeitig Kenntnis von internen Erlöschensgründen oder Unwirksamkeitsgründen in bezug auf das zwischen dem Geschäftsherrn und dem Vertretenen bestehende Innenverhältnis erlangt und damit von solchen Umständen, die ausschließlich in der Sphäre des Geschäftsherrn liegen, wird ihm zugerechnet[708]. Folglich ist Anknüpfungspunkt der Haftung ein Verhalten, das dem den Rechtsschein auslösenden Verhalten *vorgelagert* ist. Damit wird die Haftung eigentlich in den Bereich der Gefährdung vorverlegt.

Bei der missbräuchlich (abredewidrig) ausgefüllten Blanketterklärung liegt der Scheintatbestand ebenfalls darin, dass der Blankettnehmer die Urkunde in den

---

[702] Siehe Canaris, Vertrauenshaftung, S. 471 f..

[703] Canaris, Vertrauenshaftung, S. 471 f..

[704] Canaris, Vertrauenshaftung, S. 471 f.

[705] Canaris, Vertrauenshaftung, S. 472.

[706] Canaris, Vertrauenshaftung, S. 472.

[707] Canaris, Vertrauenshaftung, S. 136 f..

[708] Vgl. Canaris, Vertrauenshaftung, S. 136 ff., 134, 472.

Händen hat und dem Erklärungsempfänger vorlegt. Die Verknüpfung des Rechtsscheins mit dem Verhalten des Blankettgebers beruht hier aber nicht auf dem Unterlassen, sondern auf der *Inverkehrgabe* des Blanketts[709], und die Zurechnung knüpft nicht allein an die Schaffung des Scheintatbestandes durch die Inverkehrgabe des Blanketts an, sondern an das vorhergehende, die Mißbrauchsgefahr schaffende Verhalten, nämlich die Leistung einer Blankounterschrift[710]. Durch diese hat er das Vertrauen des Dritten in Anspruch genommen und eine gewisse Gefahr dafür geschaffen, dass erstens die Ausfüllung nicht seinem Willen entspricht und zweitens der Dritte nicht weiß, dass das Formular aus einem Blankett entstanden ist[711].

c.) Ergebnis:

Somit ist der Blankettnehmer bei abredewidriger Ausfüllung als scheinlegitimiert (§ 172 II BGB analog) anzusehen. Für die Anwendbarkeit des § 177 BGB analog bleibt kein Raum. Der Erklärungsempfänger darf in diesen Fällen auf den Rechtsschein bestehender Legitimation vertrauen.

---

[709] Vgl. BGHZ 40, S. 65 (68); BGHZ 132, S. 119 (127).

[710] Vgl. BGHZ 113, S. 48 (53); 40, S. 65 (68).

[711] Die von Canaris für die §§ 170 ff BGB entwickelten Gedanken (Vertrauenshaftung, S. 136 f.) wurde hier auf die Ausführungen des BGH in BGHZ 40, S. 65 (68) übertragen.

4. Kapitel: Die dogmatische Einordnung der verdeckt ausgefüllten Blanketterklärung im formgebundenen Rechtsgeschäft

Ein weiteres Problem stellt sich bei formbedürftigen Rechtsgeschäften. Hier stellt sich die Frage, wie sich die Formbedürftigkeit des Rechtsgeschäfts auf die Wirksamkeit der die Botenmacht ersetzenden Vertretungsmacht auswirkt.

A. Die Ausfüllungsbefugnis bei verdeckter Blankettlage im formgebundenen Rechtsgeschäft

I. Grundsatz der Formfreiheit (§ 167 II BGB)

Die Erteilung der Vertretungsmacht kann grundsätzlich mündlich erfolgen. Auch bei formbedürftigen Erklärungen ist wegen § 167 II BGB die mündliche Erteilung der Vertretungsmacht ausreichend. Folglich ist die Ersetzung der fehlenden Botenmacht durch die wirksam erteilte Vertretungsmacht grundsätzlich auch bei formbedürftigen Rechtsgeschäften möglich.

Wegen der Warnfunktion bestimmter Formvorschriften wird § 167 II BGB jedoch in einigen Fällen einschränkend ausgelegt (§§ 313, 766 BGB)[712]. In diesen Fällen muss auch die Vollmacht in der für das Rechtsgeschäft geltenden Form erteilt werden[713]. So muss im Falle der Bürgschaft der Bürge seinen Vertreter wegen der Warnfunktion des § 766 BGB schriftlich bevollmächtigen. Gibt er ein Bürgschaftsblankett in den Verkehr, so muss er den Blankettnehmer schriftlich zur Ausfüllung

---

[712] MüKo (Schramm), 4. Aufl., § 167, Rz. 16, 17; Staudinger (Schilken), § 167, Rz. 20; Flume, Das Rechtsgeschäft, § 52, 2, S. 862; BGHZ 132, S. 119 (125).

[713] Vgl. MüKo (Schramm), 4. Aufl., a.a.O.; Flume, Das Rechtsgeschäft, § 52, 2, S. 862.

bevollmächtigen[714]. Ansonsten handeln der Vertreter, bzw. Blankettnehmer ohne formwirksame Vertretungsmacht (§ 125 BGB)

II. Die Auswirkungen der teleologischen Reduktion des § 167 II BGB auf die Ersetzung der fehlenden Botenmacht

Fraglich ist nun, ob im Falle einer nur mündlich erteilten und damit formnichtigen Bevollmächtigung zur Ausfüllung eines Blanketts – beispielsweise eines Bürgschaftsblanketts, das verdeckt ausgefüllt worden ist, diese die fehlende Botenmacht ersetzen kann, oder ob es dann auch an einer wirksamen Botenmacht fehlt. Auf den ersten Blick erscheint es abwegig, eine nichtige Erklärung (Erteilung der Vertretungsmacht) durch eine fehlende Erklärung (Erteilung der Botenmacht) ersetzen zu wollen. Hier ist aber zu berücksichtigen, dass das Formbedürfnis eigentlich für die Erteilung der Botenmacht nicht gilt, weil bei der Einschaltung eines nur übermittelnd tätig werdenden Boten – und als solcher tritt der verdeckt ausfüllende Blankettnehmer gegenüber dem Erklärungsempfänger auf - grundsätzlich keine Formzweckvereitelungsgefahr besteht. So könnte man erwägen, dass jedenfalls dann, wenn sich der Mittler im Rahmen der ihm erteilten Macht gehalten hat, die formnichtige Erteilung der Vollmacht als wirksam erteilte Botenmacht behandelt werden könnte.

Eine unabhängig vom Auftreten des Handelnden eintretende Bindung des Geschäftsherrn und damit der für die nicht formbedürftigen Erklärungen entwickelte Gedanke, dass die fehlende Botenmacht durch die erteilte Vertretungsmacht ersetzt werden kann und umgekehrt[715], beruht indes nur darauf, dass dieser seine Zustimmung zum Geschäft(serfolg) in *rechtswirksamer* Selbstbestimmung erklärt hat[716]. Dies geschieht durch die selbstbestimmte Erteilung der Vertretungsmacht.

---

[714] BGHZ 132, S. 119 (125).

[715] Vgl. MüKo (Schramm), 4. Aufl., Vor § 164, Rz. 51; Flume, Das Rechtsgeschäft, § 43, 4, S. 757, 758; Larenz/Wolf, AT, § 46, Rz. 42; Soergel (Leptien), 13. Aufl., Vorbem. Zu § 164, Rz. 52;

[716] Flume, Das Rechtsgeschäft, § 43, 4, S. 757; MüKo (Schramm), 4. Aufl., Vor § 164, Rz. 54; Larenz/Wolf, AT, § 46, Rz. 42.

Liegt ein solcher wirksamer Selbstbestimmungsakt vor, dann können alle dogmatischen Bedenken beiseite geschoben werden[717], und der fehlende Selbstbestimmungsakt kann durch den anderen ersetzt werden. Ist jedoch der die rechtsgeschäftliche Regelung deckende Selbstbestimmungsakt des Vertretenen, in diesem Falle die Erteilung der Bevollmächtigung des Blankettnehmers formnichtig, weil bei seiner Vornahme bestimmte, dem Schutze des Unterzeichners dienende Zwecke nicht beachtet worden sind, dann kann dieser Selbstbestimmungsakt von Anfang an keine Rechtswirkungen hervorbringen. Folge der Nichtigkeit ist es, dass der Selbstbestimmungsakt nicht da und als nie dagewesen anzusehen ist[718].

Hinzu kommt, dass die Formzweckvereitelungsgefahr, und damit der Anlaß für die teleologische Reduktion des § 167 II BGB, auch bei der verdeckten Blankettlage besteht. Denn der vertretungsberechtigte Blankettnehmer *geriert* sich lediglich als Bote einer verkörperten Willenserklärung. Der Blankettgeber gibt also nur nach außen eine *scheinbar* eigene Erklärung ab und kann sich deshalb gar nicht die mit der Erklärung verbundenen Risiken vor Augen führen. Folglich kann die formnichtige Vertretungsmacht nicht die fehlende Botenmacht ersetzen. Der Blankettnehmer handelt ohne die erforderliche Legitimation.

<u>III. Ergebnis zur Ausfüllungsbefugnis bei der verdeckten Blankettlage im formgebundenen Rechtsgeschäft</u>

Die intern erteilte Vertretungsmacht ersetzt die fehlende Botenmacht. Das gilt auch bei formbedürftigen Rechtsgeschäften, soweit die Erteilung der Vertretungsmacht nach dem Grundsatz des § 167 II BGB mündlich erfolgen kann. Wird § 167 II teleologisch reduziert und damit auch die Erteilung der Vertretungsmacht formbedürftig, dann kann der die fehlende Botenmacht ersetzende Selbstbestimmungsakt (Bevollmächtigung) keine Rechtswirkungen entfalten.

---

717 Soergel (Leptien), 13. Aufl., Vor § 164, Rz. 45.

718 Larenz/Wolf , AT, § 46, Rz. 40; MüKo (Schramm), 4. Aufl., Vor § 164, Rz. 53.

B. Die Rechtsfolgen formunwirksamer Ausfüllungsbefugnis (Legitimation) bei der verdeckten Blankettlage

Der Blankettgeber kann nach den Rechtsgedanken des § 120 BGB nicht gebunden werden, wenn die Legitimation zur Ausfüllung des Blanketts der Form des Rechtsgeschäfts bedarf[719].

Fraglich ist, ob § 177 BGB analog auf den Fall anwendbar sein könnte. *Keim*[720] hat „parallel zum Recht der Stellvertretung", aber ohne Differenzierung zwischen offener und verdeckter Blankettlage den Standpunkt vertreten, dass bei einem Formmangel der Ausfüllungsermächtigung nur diese nichtig sei. Die Bürgschaftserklärung hält er, wie ein von einem Vertreter ohne Vertretungsmacht abgegebenes Angebot, gemäß 177 BGB für schwebend unwirksam[721]. Bei der Anwendung des § 177 I BGB bleibe es ungeachtet des gesetzten Rechtsscheins[722].

Der *BGH* hat bei der dem Blankettnehmer formnichtig erteilten Ausfüllungsbefugnis die Anwendbarkeit des § 172 II BGB analog auf den Fall der formnichtigen Blankobürgschaft bejaht[723]. Danach haftet der Blankettgeber wie ein Geschäftsherr, der eine Vollmachtsurkunde aus der Hand gibt.

I. Der Rückgriff des BGH auf die zum Blankettmissbrauch entwickelten Grundsätze zur dogmatischen Begründung der Analogie

Zur dogmatischen Begründung seiner Auffassung hat er für den Fall der formnichtigen Legitimation[724] bei verdeckter Ausfüllung des Blanketts die für den Blankettmissbrauch entwickelten Rechtsscheinsgrundsätze herangezogen[725]. (s.o.)

---

[719] Die Anwendbarkeit des § 120 BGB ist ausgeschlossen, wenn der Mittelsmann keine Botenmacht hat. Siehe dazu oben 3. Kap.C.,IV.,1).

[720] Keim, NJW 1996, S. 2774 (2775 f.).

[721] Keim, NJW 1996, S. 2774 (2775).

[722] Keim, NJW 1996, S. 2774 (2775).

[723] BGHZ 132, S. 119 (127, 128).

[724] Hier wird bewusst von einer Legitimation gesprochen, weil die §§ 170 ff. BGB analog auch bei der Botenschaft analog anwendbar sein sollen, da kein Grund ersichtlich sei, warum

II. Die Übertragbarkeit der für den Blankettmissbrauch entwickelten Grundsätze in Analogie zu § 172 II BGB auf den Fall der formnichtigen Ausfüllungsbefugnis und damit fehlenden Botenmacht des Blankettnehmers

Fraglich ist, ob durch die Übertragung der für den Blankettmissbrauch in Analogie zu § 172 II BGB entwickelten Grundsätze eine Bindung des Blankettgebers an das Vertretergeschäft erreicht werden kann.

1.) Die Übertragbarkeit der Grundsätze

Diese vom BGH für den Blankettmissbrauch entwickelten Grundsätze sollen auch dann gelten, wenn der Blankettnehmer unter Mißachtung der Formerfordernisse nur mündlich und damit formnichtig zur Ausfüllung bevollmächtigt worden ist[726]: „Die Rechtsfolge trifft zu Recht auch einen Bürgen, der die Blanketturkunde einem anderen ohne formgerechte Ermächtigung überlässt. Zwar entsteht in diesem Falle dadurch, dass die Urkunde ergänzt wird, keine formgerechte Verpflichtung; jedoch hat der Bürge durch sein Verhalten zurechenbar einen Rechtsschein gesetzt, auf den sich der redliche Geschäftspartner verlassen und kraft dessen er den Unterzeichnenden in Anspruch nehmen kann."

Es ist aber zweifelhaft, ob die Grundsätze auf die formnichtige Legitimation des Blankettnehmers übertragbar sind und damit eine Bindung des Geschäftsherrn an das Vertretergeschäft herbeigeführt werden kann.

Im Falle des Blankettmissbrauchs verfügt der Blankettnehmer über keine Legitimation, die seine Ausfüllung deckt, weil ihm eine solche nicht in dem Umfang, also *nicht so* erteilt worden ist. Bei der formnichtigen Ermächtigung fehlt sie, weil sie nicht in der für das Rechtsgeschäft geltenden Form erteilt worden und deshalb *nichtig* ist (§ 125 BGB). In beiden Fällen besteht somit ein Legitimationsmangel in

---

der Dritte gegenüber nachträglichen internen Erlöschensgründen schwächer geschützt werden sollte als bei der Vollmacht, vgl. Canaris, Vertrauenshaftung, S. 140.

[725] BGHZ 40, S. 65 (68); 113, S. 48 (53); BGHZ 132, S. 119 (127 f.).

[726] S.o. und BGHZ 132, S. 119 (127 f.).

bezug auf die Hilfsperson. Der Erklärungsempfänger vertraut im Falle des Blankettmissbrauchs ebenso, wie im Falle einer formnichtigen Bevollmächtigung zur Blankettausfüllung auf die Wirksamkeit einer schriftlichen Willenserklärung. Bei der verdeckten Blankettlage kann der Erklärungsempfänger weder einen Blankettmissbrauch erkennen, noch sind ihm die Umstände bekannt (oder erkennbar), die zur Formnichtigkeit führen. Vielmehr geht der Erklärungsempfänger jeweils davon aus, dass der Blankettnehmer als Bote eine wirksame, vom Blankettgeber stammende Erklärung übermittelt. In beiden Fällen richtet er sein Vertrauen auf die vom Blankettgeber unterschriebene Urkunde. Der Blankettgeber schafft das Mißbrauchsrisiko und die Gefahr, dass der Erklärungsempfänger den Mißbrauch nicht erkennt, durch seine Blankettunterschrift[727]. Bei der formnichtigen Legitimation begründet der Blankettgeber durch seine Blankounterschrift die Gefahr, dass der Erklärungsempfänger den Formmangel nicht erkennt und daher auf deren Wirksamkeit vertraut.

Der Unterschied zwischen beiden Fällen besteht darin, dass im Falle des Formmangels *von vornherein* feststeht, dass keine wirksame Erklärung entstehen kann, während beim Blankettmissbrauch zunächst lediglich das Risiko einer unwirksamen Erklärung besteht. Die Herbeiführung des Erfolges liegt in letzterem Falle beim Blankettnehmer. Hingegen hat der Blankettgeber den Formmangel selbst herbeigeführt, indem er keine formgerechte Legitimation erteilt hat und seine Blankounterschrift unter eine Blankobürgschaftserklärung gesetzt hat. Es fragt sich, ob die Tatsache, dass der Blankettgeber bei der formnichtigen Blanketterklärung nicht nur die Gefahr, sondern selbst bereits den Erfolg der Unwirksamkeit herbeigeführt hat, im Hinblick auf die entsprechende Anwendung von § 172 II BGB eine Rolle spielt. Die Gefährdung bildet immer ein notwendiges Durchgangsstadium zum Erfolg. Folglich geht sein Tun bereits über das hinaus, woran § 172 II BGB die Haftung knüpft[728]. Dieses „Mehr" kann einer Zurechnung in Analogie zu § 172 II BGB nicht entgegenstehen. Somit liegt grundsätzlich eine vergleichbare

---

[727] Die von Canaris für die §§ 170 ff BGB entwickelten Gedanken (Vertrauenshaftung, S. 136 f.) wurde hier auf die Ausführungen des BGH in BGHZ 40, S. 65 (68) übertragen.

[728] Vgl. Deutsch, JuS 1981, S. 317 (319); der Gedanke entstammt aus dem Strafrecht

Interessenlage vor. Fraglich ist allerdings, ob damit eine Bindung des Blankettgebers an das formnichtige Rechtsgeschäft erreicht werden kann.

2.) Die Einwände aus dem Schrifttum

Gegen diese Ansicht sind beachtliche Einwände erhoben worden. Dazu soll im folgenden Stellung genommen werden.

a.) Bestehen allgemeiner Zurechnungsausschlussgründe (Bülow)

So hat *Bülow*[729] gegen die Zurechnung des durch die Inverkehrgabe eines Blanketts veranlaßten Rechtsscheins eingewandt, dass die Zurechnungsfähigkeit als allgemeine Zurechnungsvoraussetzung bei der formnichtigen Blankobürgschaft auf seiten des Blankettgebers fehlt.[730]. Danach läge ein allgemeiner Zurechnungsausschlussgrund vor[731], der die Bindung des Blankettgebers an den Rechtsschein verhindert. Zur Begründung führt *Bülow* an, dass sich im Gedanken der Zurechnung das rechtsethische Prinzip der Selbstverantwortung verwirklicht[732]. Die Zurechnung des Rechtsscheins sei folglich nur möglich, wenn das Zuordnungssubjekt über die für selbstverantwortliches Handeln erforderliche Einsichts- und Willensfähigkeit verfüge. Als Zurechnungsausschlussgründe kommen vis absoluta, sowie fehlende und beschränkte Geschäftsfähigkeit in Betracht[733]. Für die Zurechenbarkeit des Vertrauenstatbestandes nach § 172 II BGB analog fehle es beim veranlassenden Blankobürgen an der Fähigkeit zur Selbstbestimmung und Selbstverantwortung[734]. Denn die Zurechnung des Vertrauenstatbestandes beantworte sich nach dem Zweck der Formvorschrift. Habe diese Warn-

---

729 Bülow, ZIP 1996, S. 1694 (1695).

730 Bülow, ZIP 1996, S. 1694 (1695).

731 Canaris, Vertrauenshaftung, S. 469.

732 Canaris, Vertrauenshaftung, S. 468 f.; Bülow, ZIP 1996, S. 1694 (1695), sieht den Geltungsgrund der Zurechnung in der Selbstverantwortung der veranlassenden Person; G. Fischer, Diss., S. 79, er spricht von der Wahrung der Selbstbestimmung als Zurechnungszweck.

733 Canaris, Vertrauenshaftung, S. 469.

734 Bülow, ZIP 1996, S. 1694 (1695).

funktion, so bedeute dies nichts anderes, als dass der Erklärende an der Ausübung seines Willens, habe er ihn auch noch so fest gebildet und dränge es ihn auch noch so nachdrücklich nach seiner Verwirklichung, durch das Recht gehindert werde, wenn er die Form nicht wahre. Das Recht nehme die Entscheidung über die Verwirklichung des Willens aus der Verantwortung des Erklärenden. Ohne Einhaltung der Form dürfe er nicht selbständig handeln; Formvorschriften mit Warnfunktion seien also durch das Element der Entmündigung gekennzeichnet. Eine Zurechnung des Vertrauenstatbestandes, dessen Geltungsgrund in der Selbstverantwortung der veranlassenden Person liege, könne angesichts der entmündigenden Wirkung der Warnfunktion einer Formvorschrift nicht erfolgen[735].

Dem ist nicht zuzustimmen. Das Recht will den Erklärenden nicht „entmündigen", wenn es durch die Anordnung der Schriftform bestimmte Warnzwecke verwirklicht wissen will. Ziel ist es vielmehr, zum „Handeln mit offenen Augen" zu veranlassen. Dagegen ist die Form als Mittel zur Reglementierung oder Einschränkung von Geschäften schlechthin untauglich. Solche Ziele können nur mit der unmittelbaren Einschränkung der Abschluss- und Gestaltungsfreiheit erreicht werden[736]. Auch wenn der Formzwang zweifellos die Abschlussfreiheit beeinträchtigt[737], so stellt dies keine echte Einschränkung der Abschlussfreiheit dar. Denn sie lässt diese im Kern unangetastet. Der Formzwang enthält zwar Bedingungen für die Ausübung der Abschlussfreiheit, schließt sie selbst aber gerade nicht aus[738]. Deshalb bleibt auch das die gesetzliche Form nicht wahrende Rechtsgeschäft ein privatautonomer Akt, dem es lediglich, trotz völlig mangelfreiem Willen, an der Verbindlichkeit fehlt[739]. Aus dem Formzwang folgt nur, dass die Verbindlichkeit formgebundener Geschäfte eben nicht nur in privatautonomer Selbstbestimmung gründet, sondern auch in der objektiven Ordnung[740]. Dagegen wird der Geschäftsunfähige bereits an der Ausübung der selbstbestimmten Willensbildung gehindert. Die Formvor-

---

[735] Bülow, ZIP 1996, S. 1694 (1695).

[736] Häsemeyer, JuS 1980, S. 1 (2).

[737] Lorenz, Der Schutz S. 103.

[738] Lorenz, Der Schutz, S. 103, Fn. 84; unter Verweis auf Häsemeyer, Die gesetzliche Form, S. 223.

[739] Lorenz, Der Schutz, S. 103; Häsemeyer, Die gesetzliche Form, S. 223.

schriften wiederum sollen nicht *vor* der Ausübung der selbstbestimmten Willensbildung schützen, sondern *bei* der Ausübung derselben.

Das bestätigen auch die Motive[741]: „Die Vorteile, welche für den Formzwang in Anspruch genommen sind, lassen sich dahingehend zusammenfassen: Die Notwendigkeit der Beachtung einer Form ruft bei den Beteiligten eine geschäftsmäßige Stimmung hervor, weckt das juristische Bewusstsein, fordert zur besonnenen Überlegung heraus und gewährleistet Ernstlichkeit der gefaßten Entschließung. Die beobachtete Form stellt ferner den rechtlichen Charakter der Handlung dar....". Damit räumt das Gesetz die Fähigkeit zur selbstverantwortlichen und selbstbestimmten Willensbildung bei formgebundenen Erklärungen ausdrücklich ein. Es verlangt lediglich, dass diese Fähigkeit auch genutzt wird. Wollte der Gesetzgeber dem Erklärenden die Selbstverantwortung entziehen, so stünde dies auch in Widerspruch dazu, dass dieser selbst den Mangel der Form in vielen Fällen durch Erfüllung heilen kann. Bei § 766 S. 2 BGB rechtfertigt sich die Einführung der Heilungsvorschrift durch die XII. Kommission des Reichstags dadurch, dass der Schutz des Bürgen mit der Erfüllung erreicht ist, da er sich die Bedeutung der Bürgschaft vor Augen führt, wenn er mit seiner Erfüllungshandlung die Schwelle zu einer dinglichen Vermögensminderung überschreitet. Die Formzwecke sind also bei § 766 BGB durch die Erfüllung ebenfalls erreicht[742]. Auch dies verdeutlicht, dass das Gesetz mit der Anordnung der Form zu Warnzwecken nicht entmündigen will. Die Zurechnung des Rechtsscheins scheitert somit entgegen der Ansicht *Bülows* nicht an allgemeinen Zurechnungsausschlussgründen.

---

[740] Lorenz, Der Schutz, S. 103.

[741] Motive I, S. 179, in Mugdan I, S, 451.

[742] Pohlmann, Diss., S. 83 (85)

b.) Das Fehlen einer formgerechten Urkunde als ausreichende Vertrauensgrundlage für den Rechtsschein (Keim)

Gegen eine Zurechnung in Analogie zu § 172 II BGB hat sodann *Keim*[743] den weiteren Einwand erhoben, dass eine formgerechte Blanketturkunde vorliegen muss, um den Rechtsschein im Sinne des § 172 II BGB zu erzeugen, während der BGH eine verkörperte Willenserklärung als Vertrauensgrundlage ausreichen lasse, weil auf ihren Bestand in gleicher Weise wie bei der Vollmachtsurkunde vertraut werden könne. § 172 BGB setze eine der Schriftform entsprechende Vollmachtsurkunde voraus. Die Urkunde sei jedoch selbst unwirksam. Folglich liege kein Anknüpfungspunkt für einen zurechenbaren Rechtsschein vor. Die entsprechende Anwendbarkeit des § 172 II BGB als dogmatische Grundlage für eine Inanspruchnahme des Blankettgebers sei deshalb abzulehnen[744]. Danach würde es also schon an einem objektiven Vertrauenstatbestand fehlen.

Daran ist zunächst richtig, dass die Blankobürgschaftserklärung, die von einem nur mündlich bevollmächtigten Vertreter verdeckt ausgefüllt worden ist, selbst nicht die Form des § 766 BGB wahrt. Ihr Formmangel beruht darauf, dass die Blankounterschrift wegen der Umgehung der Formzwecke der für das konkrete Rechtsgeschäft geltenden Formvorschrift (§ 766 BGB) nicht die erforderliche aneignende Wirkung im Hinblick auf die Ausfüllung des Blanketts durch den Blankettnehmer entfalten konnte. Das hat zur Folge, dass der Blankettgeber nicht zum Aussteller im Sinne des § 126 BGB geworden ist. Die Schriftform des § 126 BGB wird beim Blankett durch die Leistung der Unterschrift gewahrt. Denn sie allein bewirkt die Ausstellung der Erklärung . Durch die aneignende Wirkung der Blankounterschrift wird der Blankettgeber zum Aussteller der Erklärung. Ohne Aneignungswirkung der Blankounterschrift wird er nicht zum Aussteller im Sinne des § 126 BGB[745].

---

743 Keim, NJW 1996, S. 2774 (2775) unter Verweis auf Staudinger (Dilcher), 12. Aufl., § 172, Rz. 1.

744 Keim, NJW 1996, S. 2774 (2776).

745 Siehe zur Aneignung 2. Kap. B., II. und IV.

Dennoch ist auch diese Ansicht abzulehnen. Eine der Schriftform entsprechende Vollmachtsurkunde ist nicht der Anknüpfungspunkt des Rechtsscheins in § 172 BGB. Zwar ist nach wohl herrschender Meinung eine Vollmachtsurkunde im Sinne des § 172 BGB nur ein gemäß § 126 BGB mit der Namensunterschrift oder notariell beglaubigtem Handzeichen versehenes Schriftstück[746]. So heißt es, dass eine im Hinblick auf die bedeutsamen Folgen für den Vollmachtgeber hinter den Erfordernissen des § 126 BGB zurückbleibende Urkunde für § 172 BGB nicht ausreiche[747]. Aber damit wird die Formgemäßheit nicht zum Anknüpfungspunkt des Rechtsscheins in § 172 BGB. Vielmehr ist Anknüpfungspunkt des Rechtsscheins im Sinne des § 172 II BGB, dass der Vertretene eine Urkunde in Händen hat, der man nicht ansieht, dass sie mit der wahren Rechtslage nicht übereinstimmt, weil sie der Geschäftsherr nach Beendigung der Vollmacht nicht eingezogen hat[748]. Deshalb besteht der Rechtsschein des (Fort-)bestandes der Vollmacht. Erst dadurch, dass der Vertreter die Urkunde dem Dritten vorlegt, wird durch die Gleichstellung mit der besonderen Mitteilung im Sinne des § 171 I BGB die Vertretungsmacht erzeugt[749]. Vorlage der Urkunde bedeutet, dass sie dem Dritten vor Augen geführt wird, damit dieser durch eigene Wahrnehmung vom Inhalt der Urkunde Kenntnis nehmen kann[750]. Nur durch die Verlautbarung des Inhalts der Urkunde zusammen mit dem Unterlassen des externen Widerrufs oder der externen deklaratorischen Erlöschensanzeige entsteht der Rechtsschein des Fortbestandes der Vollmacht in § 172 II BGB[751]. Daraus folgt, dass die Formgemäßheit nicht Anknüpfungspunkt des in den §§ 171 ff. BGB begründeten Rechtsscheins sein kann. Anknüpfungspunkt des Rechtsscheins bei den §§ 171 BGB ist vielmehr das bewusst dem Erklärungsempfänger wahrnehmbar Gemachte, das Erkennbare, auf das er sein Vertrauen hat richten können und das nicht widerrufen oder dessen Erlö-

---

[746] Vgl. insoweit nur Staudinger (Schilken), § 172, Rz. 1; MüKo (Schramm), 4. Aufl., § 172, Rz. 1, h.M.; RGZ 97, S. 273 (275): „formell ordnungsgemäß erscheinend".

[747] Staudinger (Schilken), § 172, Rz. 1; MüKo (Schramm), 4. Aufl., § 172, Rz. 1.

[748] Canaris, Vertrauenshaftung, S. 136; so auch BGHZ 132, S. 119 (128); BGHZ 40, S. 65 (68).

[749] Staudinger (Schilken), § 172, Rz. 3.

[750] Staudinger (Schilken), § 172, Rz. 3; MüKo (Schramm), 4. Aufl., § 172, Rz. 8; RGZ 97, S. 273 (275); BGHZ 76, S. 76 (78).

[751] Vgl. Canaris, Vertrauenshaftung, S. 136.

schen dem Dritten nicht angezeigt worden ist. Wenn die von § 172 BGB vorausgesetzte Vollmachtsurkunde ein gemäß § 126 BGB mit Namensunterschrift beziehungsweise ein mit notariell beglaubigtem Handzeichen versehenes Schriftstück sein muss, dann kann dies also nur bedeuten, dass das Wahrnehmbare diese Anforderungen in seiner objektiven äußeren Gestalt erfüllen muss.

Keim verkennt mit seinem Einwand den Sinn und Zweck des Rechtsscheins. Denn Rechtsscheinhaftung ist positiver Vertrauensschutz. Weil der einzelne im Rechtsverkehr nur selten in der Lage ist, in das Wesen der Dinge einzudringen, muss er sich regelmäßig an deren äußere Erscheinung halten und ihr Vertrauen schenken[752]. Das heißt, es geht immer darum, den Vertrauenden so zu stellen, als bestünde die für ihn wahrnehmbare und deshalb von ihm angenommene Rechtslage wirklich[753]. Folglich geht es um den Schutz von Vertrauen auf *äußere* Tatbestände. Bei der verdeckt ausgefüllten Blankobürgschaft vertraut der Erklärungsempfänger darauf, dass der Aussteller selbst eine vollständige und unterschriebene Verpflichtungserklärung abgegeben hat und der Blankettnehmer zur Überbringung derselben an ihn berechtigt ist. Er vertraut also auf die Ausfüllung durch den Aussteller und die Botenmacht durch den Blankettnehmer. Der Formmangel ist für ihn nicht wahrnehmbar. Folglich kann Anknüpfungspunkt des Rechtsscheins nicht eine schriftformgemäße Vollmachtsurkunde sein. Vielmehr ist ausreichend, wenn ihr äußerer Tatbestand den Schein der Formgemäßheit wahrt.

Damit sind die seitens des Schrifttums erhobenen Einwände gegen die Zurechenbarkeit des Rechtsscheins in Analogie zu § 172 II BGB entkräftet.

Vereinzelt finden sich aber noch Analogien zu anderen Rechtsscheintatbeständen. So wird vertreten, die Zurechnung abredewidrig ausgefüllter Blankette auch im bürgerlichen Recht analog den Artt. 10 WG, 13 ScheckG zu beurteilen[754]. Auch die Rechsscheintatbestände des Scheck- und Wechselrechtes würden einen Rückgriff auf §§ 177 ff BGB ausschließen, weil es hier ansonsten ebenfalls zu ei-

---

[752] Lehmann/Hübner, AT des BGB, 16. Aufl., § 23, S. 136.

[753] Canaris, Vertrauenshaftung, S. 9.

[754] Vgl. Feldmann mit ausführlicher Begründung: Diss., S. 45 ff, 53; siehe auch P. Fischer, Diss., S. 207 ff.; kritisch: G. Fischer, Diss., S. 63 ff.

ner kumulativen Haftung kommen würde, die vom Gesetzgeber nicht gewollt ist. Fraglich ist daher, ob eine Rechtsscheinhaftung nach den Artt. 10 WG, 13 ScheckG analog in Betracht kommen kann.

3.) Analoge Anwendung der Artt. 10 WG und 13 ScheckG

Dass durch die Unterzeichnung einer Urkunde ein in zurechenbarer Weise veranlaßter Rechtsschein entstehen kann, ist aus dem Recht der Umlaufpapiere bekannt[755]. So wird vertreten, dass der den Artt. 10 WG, 13 ScheckG zugrunde liegende Rechtsgedanke sich auf die bürgerlich rechtliche Blanketterklärung übertragen lässt, weil die skripturmäßige Haftung bei offener Blankettlage keine Rolle spiele und bei verdeckter Blankettlage nicht entscheidend sei[756].Vielmehr sei der Grund für die Haftung des Blankettgebers, dass dieser durch die Überlassung des Blanketts an den Blankettnehmer zur Ausfüllung diesem die Möglichkeit auch zur abredewidrigen Ausfüllung gegeben habe und es zu seinen Lasten gehen müsse, wenn das Blankett missbräuchlich ausgefüllt werde. Die Artt. 10 WG, 13 ScheckG wollten den Blankettgeber zugunsten des gutgläubigen Rechtsverkehrs mit der besonderen Gefahr belasten, die mit der Hingabe von Blanketten verbunden sei[757]. Damit sei wesentliches Kriterium für die Haftung die Frage der zurechenbaren Verursachung. Daraus folge zwangsläufig, dass die Vorschriften nicht nur auf dem Wertpapierrecht eigentümlichen Haftungsgrundsätzen beruhten. Folglich sei eine Analogie möglich[758].

Abgesehen von der Frage, ob sich diese Rechtsscheingrundsätze auch auf den Fall des formnichtigen Blanketts übertragen lassen, spricht gegen eine entsprechende Anwendung, dass die Haftung aus den Artt. 10 WG, 13 ScheckG außer-

---

[755] Baumbach/Hefermehl, Wechselgesetz und Scheckgesetz, WPR, Rz. 29, 30; BGH NJW 1973, S. 282 (283).

[756] Vgl. P. Fischer, Diss., S. 219 f.; auch Feldmann, Diss., S. 49 allerdings ohne Differenzierung in offene und verdeckte Ausfüllung. Dazu Stellungsnahme von G. Müller, AcP 181, S. 515 (529).

[757] Feldmann, Diss., S. 51; Schumann, Die Fälschung, S. 108, 109

[758] Feldmann, Diss., S. 53.

halb des Wertpapierrechts nicht möglich ist. Dort ist die Urkunde als Legitimationspapier oder kraft ihres Inhalts Träger des Rechtsscheins. Die Interessenlage ist bei der skripturrechtlichen, dem besonderen Verkehrsschutzbedürfnis bei Umlaufpapieren Rechnung tragenden Rechtsscheinhaftung des Wertpapierrechts eine andere als beim Rechtsschein einer formgültigen Blankobürgschaftsurkunde[759]. Voraussetzung der Rechtsscheinhaftung ist deshalb die bewusste Teilnahme am Wertpapierverkehr. Denn nur dann, wenn man sich des Umlaufcharakters des Papiers bewusst ist, hat man das erhöhte Risiko, das Grund für die Einstandspflicht des Unterzeichners ist, übernommen[760]. Das Bürgschaftsblankett ist aber kein Umlaufpapier. Denn es ist regelmäßig nicht für einen unbestimmten Personenkreis bestimmt. Es geht auch nicht um den Rechtsschein seiner inhaltlichen Richtigkeit, sondern um den *Rechtsschein der Formgültigkeit*.

Für diesen ist die Übertragung auf das formnichtige Bürgschaftsblankett ausgeschlossen. Zwar mag beim Blankowechsel eine wechselmäßige Haftung aus Rechtsscheingrundsätzen in Betracht kommen, wenn es an einer wirksamen Ausfüllungsermächtigung fehlt. Da aber die Wechselform der Artt 2 WG, 2 ScheckG lediglich dazu dient, die Verkehrsfähigkeit der verbrieften Forderung zu gewährleisten[761], besteht kein Erfordernis, auch die Ausfüllungsermächtigung dem Schriftformerfordernis zu unterwerfen. Ebensowenig kann die Unvollständigkeit des Wechselblanketts die Formnichtigkeit zur Folge haben. Im Gegenteil setzt Art. 10 WG die Unvollständigkeit des Wechsels im Tatbestand voraus und mißt dem Blankett insoweit Wirksamkeit zu[762]. Damit gibt es keinen Rechtsschein eines formgemäßen Wechselblanketts. Die Übertragung dieser Grundsätze muss auch aus einem weiteren Gesichtspunkt scheitern: Wenn mit der Haftung auch noch jene Grundsätze (nämlich die Warnzwecke, die § 766 BGB beherrschen) umgangen werden, die den Unterzeichner bereits vor der unüberlegten Eingehung einer Verbindlichkeit mit dem Gläubiger und damit vor dem „normalen" Risiko schützen

---

[759] Vgl. auch Bülow, VerbrKrG, § 4, Rz. 34.

[760] Vgl. G. Müller, AcP 181, S. 515 (530 f.); Canaris, Vertrauenshaftung, S. 236.

[761] Vgl. Baumbach/Hefermehl, Art 2 WG, 22. Aufl., Rz. 1, 14; Eckardt, Jura 1997, S. 189 (193).

[762] Vgl. auch Benedict, Jura 1999, S. 78 (82).

wollen, dann stünde der Formzweck erst recht einer Haftung im Wege, die auf der Übernahme eines wegen der Umlauffähigkeit erhöhten Haftungsrisikos basiert.

4.) Eigener Standpunkt

Zweifelhaft ist, ob überhaupt unter Berufung auf die Grundsätze zum Blankettmissbrauch eine Bindung des Blankettgebers an das formnichtige Rechtsgeschäft herbeigeführt werden kann. Die Grundsätze sind aus dem Gedanken heraus entwickelt worden, dass es für die Haftung auf die *Vollmachtsfrage* nicht ankommen solle[763]. Der Blankettgeber muss sich so behandeln lassen, als hätte er die Erklärung selbst abgegeben. Denn nach außen hat der Blankettnehmer als Bote den Zugang d*er Erklärung des Blankettgebers* bewirkt. Die Erklärung des Blankettgebers ist aber nach § 125 BGB formnichtig[764], weil *seine* blanko geleistete Unterschrift keine aneignende Wirkung entfaltet und er nicht zum Aussteller der Erklärung im Sinne des § 126 BGB wird[765]. Diesen der Erklärung selbst anhaftenden Formmangel hat der Blankettgeber durch die Leistung seiner Blankounterschrift *selbst* herbeigeführt[766]. Somit hat der Blankettnehmer als Bote lediglich eine bereits formnichtige Blankobürgschaftserklärung übermittelt.

Zwar hat der BGH selbst festgestellt, dass durch die Ergänzung der Urkunde keine formgerechte Verpflichtung entsteht[767]. Er verkennt aber ebenso wie diejenigen, die die Bürgschaftsurkunde als solche für formgerecht halten[768], dass die Bürgschaftsverpflichtung selbst mangels aneignender Wirkung der Unterschrift formnichtig ist. Behandelt man den Blankettgeber nun so, als hätte er den Blan-

---

763 Vgl. RGZ 138, S. 265 (269) unter Verweis auf RGZ 105, S. 183 (185); siehe auch BGHZ 40, S. 65 (68).

764 So auch Keim, NJW 1996, S. 2774 (2775); BGHZ 132, S. 119 (127).

765 Siehe dazu oben 2. Kap., B., II. und IV..

766 So wohl auch G. Fischer, JuS 1998, S. 205 (208).

767 Vgl. BGHZ 132, S. 128; G. Fischer, JuS 1998, S. 205 (208); anders jedoch Keim, NJW 1996, S. 2774 (2775 f.); ihm folgend Staudinger (Horn), § 766, Rz. 45; Eckardt, Jura 1997, S. 189 (193),

768 Vgl. Eckardt, Jura 1998, S. 189 (193); Staudinger (Horn), § 766, Rz. 45; Keim JuS 1996, S. 2774 (2775).

kettnehmer ordnungsgemäß legitimiert, so führt dies nur dann zu einer Bindung an die formnichtige Blankobürgschaftserklärung, wenn ihn nicht nur die Einstandspflicht für den Rechtsschein einer (form-)wirksamen Legitimation trifft, sondern *auch* eine Einstandspflicht für den Rechtsschein einer formgemäßen Urkunde, die aus einem Blankett entstanden ist.

5.) Ergebnis

Allein der Rückgriff auf die zum Blankettmissbrauch entwickelten Rechtsscheingrundsätze führt nicht zur Bindung des Blankettgebers an die formnichtige Bürgschaftserklärung.

III. Einstandspflicht für den Rechtsschein einer formgemäßen Urkunde durch Schutz des Vertrauens auf den Bestand einer Rechtslage

Der Blankettgeber hat selbst eine formnichtige Blanketterklärung mit seiner Unterschrift in den Verkehr gegeben und es so veranlaßt, dass der Erklärungsempfänger darauf vertraut, ihm sei eine formgültige Willenserklärung des Blankettgebers zugegangen.

1.) Die unterschriebene Urkunde als Anknüpfungspunkt des Rechtsscheins der Formgemäßheit

Fraglich ist, ob der Blankettgeber aus der formnichtigen Blankobürgschaftserklärung nach Rechtsscheingrundsätzen haftet, weil er den Formmangel veranlaßt hat. Bei der Zurechnung des Rechtsscheins der Formgemäßheit der Urkunde, die aus einem Blankett entstanden ist, geht es um die Frage nach dem Schutz des Vertrauens auf den Bestand einer Rechtslage[769]. Rechtsscheinträger könnte die vom Blankettgeber unterschriebene Urkunde sein. Nach § 126 BGB ist die eigenhändige Unterschrift des Ausstellers oder ein notariell beglaubigtes Handzeichen für die Wahrung der Schriftform erforderlich. Durch die formelle Aneignungswirkung der Unterschrift wahrt auch die vorweg geleistete Unterschrift des Blankettgebers grundsätzlich die Schriftform, es sei denn, durch diese Vorgehensweise werden bestimmte Formzwecke vereitelt. Deshalb richtet sich das Vertrauen in die Formgültigkeit auch auf die auf der Urkunde befindliche Unterschrift. Die *unterschriebene* Urkunde ist damit Anknüpfungspunkt für den Rechtsschein der Formgültigkeit der vom Blankettnehmer ausgefüllten und abgegebenen Blanketterklärung.

2.) § 172 II BGB analog als Rechtsgrundlage der Einstandspflicht für den Rechtsschein der Formgemäßheit einer Blanketterklärung

Das Risiko, dass dieser Rechtsschein entstehen konnte, hat der Blankettgeber dadurch geschaffen, dass er ein formnichtiges Blankett in den Verkehr gegeben hat. Der Rechtsschein der Formgemäßheit selbst ist allerdings nur deshalb entstanden, weil der *Blankettnehmer* dem Erklärungsempfänger eine vollständige und unterschriebene Urkunde vorgelegt und sich nach außen als Bote geriert hat. Folglich hat sich das vom Blankettgeber geschaffene Risiko durch *die Einschaltung der Hilfsperson* verwirklicht. Im Gegensatz zur normalen schriftlichen Willenserklärung soll die Vollmacht als typisches Mittel rechtsgeschäftlicher Arbeitsteilung schon nach der gesetzlichen Intention den Kontakt zum Geschäftsherrn selbst weitgehend unnötig machen, und das wird erleichtert, wenn Dritte sich hinsichtlich der Befugnisse der Mittelsperson ohne weitere Nachforschungen auf die ihnen gegenüber erfolgten Mitteilungen verlassen können. Die Unsicherheiten, die sich bei der Beteiligung mehrerer Personen auf Grund der erhöhten Fehlermöglichkeiten ergeben, werden durch den verstärkten Vertrauensschutz bei der Voll-

---

769 Dazu Canaris, Vertrauenshaftung, S. 133 ff.

machtskundgabe wieder ausgeglichen. Auf diese Weise wird es vermieden, dass im Rechtsverkehr der Abschluss von Rechtsgeschäften durch autorisierte Hilfspersonen als weniger verläßlich und damit minderwertig angesehen werden könnte. Mit der Haftung nach den §§ 171 f. BGB wird also unmittelbar die Funktionsfähigkeit der Stellvertretung als Mittel arbeitsteiligen Handelns gestärkt. Für vom Geschäftsherrn geschaffene Risiken, die sich durch die Einschaltung von Hilfspersonen verwirklichen können, enthalten somit die §§ 171 ff BGB eine Gefahrtragungsregelung. Fraglich ist, ob die für die §§ 170, 171 II, 172 II, 173 BGB geltende Vermischung von reinem Rechtsscheinprinzip und Risikozurechnung als Rechtsgedanke auf den Fall des Rechtsschein einer formgemäßen schriftlichen Willenserklärung übertragen werden kann. Voraussetzung dafür ist, dass auch hier ein besonderer, zur Vertrauensinvestition einladender, bewusster und drittgerichteter Kundgabeakt vorliegt.

Als solcher kommt das wissentliche Aus-der-Hand-Geben der unterschriebenen Urkunde in Betracht. Natürlich bietet die unterschriebene Urkunde wegen § 119 BGB keine Gewähr für die inhaltliche Richtigkeit der in ihr enthaltenen Erklärung. Denn verschreiben kann sich jeder und das Risiko des Verschreibens soll der Erklärende gemäß §§ 119, 122 BGB nur insoweit tragen, als er die zunächst wirksame Erklärung durch Anfechtung zerstören muss und dem Erklärungsempfänger für das investierte Vertrauen Schadensersatz zu leisten hat. So heißt es auch in den Motiven[770], dass die Urkunde zwar das Geschriebene feststellt, aber keine Sicherheit dafür bietet, dass das Geschriebene auch dem wirklichen Willen und den getroffenen Vereinbarungen der Parteien entspricht. Weder gegen den Irrtum, noch gegen die Lüge gibt die Schrift Schutz. Aber in den §§ 416, 440 II ZPO kommt der Gedanke des Gesetzgebers zum Ausdruck, dass die Urkunde einen gewissen Schein schafft und insoweit auch Schutz bietet: Wenn sie nämlich vollen Beweis dafür bietet, dass die in ihr enthaltene Erklärung vom Aussteller abgegeben ist, wenn die Echtheit der Namensunterschrift für die Vermutung der Echtheit der darüber stehenden Schrift steht (§ 440 II ZPO), dann bedeutet dies, dass der Erklärungsempfänger zunächst bei Echtheit der Namensunterschrift darauf ver-

---

[770] Motive I, S. 179, 180.

trauen darf, dass die darüber stehende Schrift echt ist[771]. Außerdem darf er bei feststehender Echtheit der Namensunterschrift darauf vertrauen, dass die in der Urkunde enthaltene Erklärung auch vom Aussteller stammt. Folglich bringt der Gesetzgeber mit diesen Beweisregeln der ZPO zum Ausdruck, dass er das Vertrauen auf das urkundlich wahrnehmbar Gemachte schützen will. Kurz gesagt: Mit den Beweisregeln der ZPO bestätigt der Gesetzgeber die Urkunde grundsätzlich als Vertrauenstatbestand[772]. Dies gilt wegen § 119 BGB jedoch nicht für den Inhalt der schriftlichen Erklärung. Die echte Unterschrift lässt den Rückschluss auf die Echtheit der Schrift zu. Die Unterschrift des Unterzeichners (mangels anderweitiger erkennbarer Umstände) lässt den Rückschluss auf den Erklärenden zu. Folglich kann der Erklärungsempfänger aus der echten Unterschrift, die wiederum auf den Aussteller als Erklärenden hindeutet, auch auf die Wahrung der Schriftform des § 126 BGB vertrauen, denn diese erfordert ja eben die Unterzeichnung der Erklärung durch den (formalen) Aussteller. Werden die Zwecke einer Formvorschrift durch die Blanketterklärung umgangen und ist die aus dem Blankett entstandene Erklärung nichtig, weil die Unterschrift keine aneignende Wirkung entfalten konnte und trägt die Urkunde zugleich die echte Unterschrift als Zeichen auf die Formgemäßheit der Erklärung, dann entsteht mit der Verdeckung der späteren Ausfüllung durch einen anderen als den Blankettgeber ein von der Rechtswirklichkeit abweichender Rechtsschein. Mit der Leistung der Blankounterschrift und der Inverkehrgabe des Blanketts hat der Blankettgeber bereits vor der Entstehung des Rechtsscheins das Risiko geschaffen, dass der Eindruck einer formwirksamen Erklärung entstehen konnte.

Folglich handelt es sich beim Aus-der-Hand-Geben der blanko unterschriebenen Urkunde auch um einen zur Vertrauensinvestition einladenden Kundgabeakt, so dass die für die §§ 170, 171 II, 172 II, 173 BGB geltende Vermischung von reinem Rechtsscheinprinzip und Risikozurechnung als Rechtsgedanke auf den Fall des Rechtsscheins einer formgemäßen schriftlichen Willenserklärung übertragen wer-

---

[771] Zu weit gehend daher: Benedict, Jura 1999, S. 78 (82).

[772] Benedict meint, dass der Wille des Gesetzgebers deutlich werde, diesen Sachverhalt als richtig anzusehen und ihn mit den entsprechenden Rechtsfolgen zu sanktionieren, a.a.O., S. 82. Dabei verkennt er den Charakter der Vorschriften als Beweisregeln: Beweise sind widerlegbar. Hier geht es um Vertrauensschutz.

den kann. Ein Rückgriff auf das Verschuldensprinzip als Zurechnungskriterium bei veranlaßtem Rechtsschein ist hier nicht erforderlich[773]. Verschuldensgesichtspunkte sind vielmehr immer nur dann für die Zurechenbarkeit des Rechtsscheins mit dem Veranlassungsprinzip zu verbinden, wenn die Haftung für den veranlaßten Rechtsschein an ein schlüssiges und nicht an ein ausdrückliches Verhalten anschließt. Damit erfolgt auch hier die Zurechnung durch die Verbindung von Veranlassung mit dem Risikoprinzip und dem der Entstehung des Scheintatbestandes vorgelagerten gefährdenden Verhalten, dem Aus-der-Hand-Geben der blanko unterschriebenen Urkunde.

Dieser letztlich durch die verdeckte Ausfüllung seitens des Blankettnehmers entstandene Rechtsschein einer formgemäßen schriftlichen Erklärung wird dem Blankettgeber deshalb zugerechnet, weil er die Gefahr seiner Entstehung durch die Einschaltung der Hilfsperson geschaffen hat. Damit sind die Rechtsgedanken des § 172 II BGB grundsätzlich auch auf diese Interessenlage anwendbar. Weitere Voraussetzung ihrer Anwendbarkeit ist jedoch, dass sich der Rechtsschein der Formgemäßheit auch gegenüber den gesetzlichen Folgen eines Formmangels durchsetzt. Was darunter zu verstehen ist, soll im folgenden erläutert werden.

3.) Die Durchsetzbarkeit des Vertrauensschutzes gegenüber den Rechtsfolgen des Formmangels einer schriftlichen Erklärung nach § 125 BGB

Es bleibt die Frage zu beantworten, ob der Schein der Formgemäßheit an die Stelle der formnichtigen Rechtswirklichkeit treten kann. Diese Problem wurde im Zusammenhang mit der Vollmacht untersucht und unter die Frage subsumiert, ob sich der mit der Rechtsscheinhaftung angestrebte Vertrauensschutz gegenüber

[773] Anders bei der Rechtsscheinvollmacht (Anscheins- und Duldungsvollmacht) als ebenfalls nicht normierte Fälle der Rechtsscheinhaftung . Hier ist Zurechnungsgrund nicht allein die bloße Veranlassung des Rechtsscheins, sondern regelmäßig das Verschulden des Vertretenen, so die Rspr. und eine verbreitete Meinung im Schrifttum: Vgl. MüKo (Schramm), 4. Aufl., § 167, Rz. 59; Erman (Brox), § 167, Rz. 18; Soergel (Leptien), 13. Aufl., § 167, Rz. 22; Palandt (Heinrichs), § 173, Rz. 14; Staudinger (Schilken), § 167, Rz. 40; BGHZ 65, S. 13; BGH WM 1971, S. 1500 (1500 f.).

dem Formmangel durchsetzen kann[774]. Zu dieser Frage werden verschiedene Auffassungen vertreten.

a.) Der Stand der Meinungen

Das Reichsgericht hat die Auffassung vertreten, dass der Erklärungsempfänger rechtliche Mängel der Bevollmächtigung oder des ihr zugrundeliegenden Rechtsverhältnisses, die aus der Urkunde selbst nicht hervorgehen, nicht gegen sich gelten zu lassen braucht, wenn sie ihm sonst nicht bekannt geworden sind oder erkennbar waren[775]. Danach setzt sich der Vertrauensschutz gegen Formmängel jedenfalls dann durch, wenn weder der Mangel noch die Umstände, aus denen sich das Formerfordernis ergibt, aus der Urkunde ersichtlich noch dem Dritten bekannt sind[776]. Dieser Gedanke müsste dann in gleicher Weise für die verdeckt ausgefüllte formnichtige Blankobürgschaftsurkunde gelten. Denn auch hier ist der Formmangel dem Dritten weder bekannt noch sind ihm die Umstände ersichtlich, aus denen sich ein solcher ergeben könnte.

Nach einer anderen Auffassung gibt es keinen Schutz des guten Glaubens gegenüber Formmängeln. Formfehler würden nach der Systematik des BGB nicht durch Gutgläubigkeit Dritter im Rechtsverkehr, sondern durch Vollzug geheilt[777]. Schließlich wird in der Literatur die Auffassung vertreten, dass § 125 BGB auf die Rechtsscheinhaftung bei Formmängeln analog anzuwenden sei[778]. Zu den verschiedenen Ansichten soll im folgenden Stellung genommen werden.

---

[774] Vgl. RGZ 97, S. 273 (275); 108, S. 125 (128); vgl. MüKo (Schramm), 4. Aufl., § 172, Rz. 11; Canaris, Vertrauenshaftung, S. 116 f..

[775] Vgl. RGZ 108, S. 125 (127); 97, S. 273 (275, 276).

[776] Vgl. MüKo (Schramm), 4. Aufl., § 172, Rz. 11; Canaris, Vertrauenshaftung, S. 118; RG JW 1929, S. 1968 (1968 f.); RG JW 1931, S. 522.

[777] Vgl. Keim, NJW 1996, S. 2774 (2776).

[778] Canaris, Vertrauenshaftung, S. 279, 465 ff.

b.) Kritische Würdigung des Meinungsstandes

Soweit der Gutglaubensschutz gegenüber Formmängeln grundsätzlich verneint wird, ist weniger der Standpunkt an sich, sondern vielmehr die Begründung abzulehnen. Gegen die Argumentation *Keims* ist einzuwenden, dass die Nichtigkeit oder ausnahmsweise die Heilbarkeit eines formfehlerhaften Rechtsgeschäfts durch Vollzug die vom Gesetzgeber angeordnete Rechtsfolge einer fehlerhaften Selbstbestimmung der Person des Erklärenden bei der rechtlichen Selbstgestaltung einer von ihr in Geltung gesetzten Regelung ist. Daneben besitzt der Gutglaubensschutz einen selbständigen Rang[779]. Denn sein Geltungsgrund liegt nicht in der Person des Erklärenden, sondern vielmehr in der Person des Vertrauenden[780]. Folglich steht es nicht in Widerspruch zur Systematik des Gesetzes, wenn der Gutglaubensschutz in einer die Rechtsfolgen fehlerhafter Selbstbestimmung regelnden Vorschrift keine Erwähnung findet.

Ob es grundsätzlich keinen Schutz des guten Glaubens gegenüber Formmängeln gibt oder ob mit der Rechtsprechung die Durchsetzbarkeit der Rechtsscheinhaftung gegenüber Formmängeln unter bestimmten Umständen zu bejahen ist oder ob § 125 BGB auf die Rechtsscheinhaftung analog anwendbar ist, bedarf einer genaueren Untersuchung. Die Antwort hängt entscheidend davon ab, welche Funktion die Rechtsscheinhaftung im Haftungssystem zu erfüllen hat, welchem Schutzzweck sie dient. Denn ein Schutz des guten Glaubens an die Form setzt voraus, dass sich der *Schutzzweck* der Rechtsscheinhaftung gegenüber dem *Schutzzweck* der Formvorschrift durchsetzen kann. Zunächst ist daher die Funktion der Rechtsscheinhaftung und ihr Schutzzweck zu ermitteln. Erst dann kann dieser dem Schutzzweck der Formvorschriften gegenübergestellt werden.

---

[779] Canaris, Vertrauenshaftung, S. 412.

[780] Vgl. Canaris, Vertrauenshaftung, S. 415.

c.) Die Bestimmung des Schutzzwecks und der Funktion der Rechtsscheinhaftung

Die Rechtsscheinhaftung dient in erster Linie der Verwirklichung von Verkehrsschutzzwecken. Dies wird bereits daran deutlich, dass sie ihr Hauptanwendungsfeld historisch wie dogmatisch im Recht der Umlaufpapiere, im Handels- und Gesellschaftsrecht und im Vollmachtsrecht hat, also in Bereichen, die von einem erheblich gesteigerten Verkehrsschutzbedürfnis beherrscht werden[781]. Rechtsscheinhaftung setzt Teilnahme am rechtsgeschäftlichen Verkehr voraus[782]. Sie nimmt weitgehend ähnliche Funktionen wahr wie die Bindung kraft Rechtsgeschäfts. Denn es ist ihre Aufgabe, privatautonome Selbstbindung dort zu ergänzen, wo die Rechtsgeschäftslehre Schutzlücken lässt[783]. Deshalb wird sie auch als Korrelat privatautonomer Gestaltungsfreiheit bezeichnet[784]. Während bei der rechtsgeschäftlichen Haftung die Gründe für die Geltung des Rechtsgeschäfts in der Selbstbestimmung der Person des Erklärenden liegen, ist Grund für die Geltung des Rechtsscheins der Schutz des rechtsgeschäftlichen Verkehrs[785]. Die Rechtsscheinhaftung ist das Mittel zur Betrachtung des Rechtsgeschäfts aus dem Blickwinkel der Verkehrsbedürfnisse. Daher kommt Vertrauenshaftung immer nur dann in Betracht, wenn der geltend gemachte Anspruch auf einer rechtsgeschäftlichen Beziehung gründet[786]. So ergänzt sie das Prinzip der Selbstbestimmung um das der Selbstverantwortung[787].

Werden dem Rechtsgeschäft die Rechtswirkungen versagt, so verbleibt es als tatsächlicher Akt[788], als eine leere Hülle, in der an die Stelle der Selbstbestimmung die Selbstverantwortung tritt, soweit die (rechtsethischen) Wertungen der Rechtsordnung dies fordern. Die Anwendung der Rechtsscheinhaftung hat also dort, wo

---

[781] Canaris, Vertrauenshaftung, S. 526.

[782] Canaris, Vertrauenshaftung, S. 442.

[783] Canaris, Vertrauenshaftung, S. 440.

[784] Canaris, Vertrauenshaftung, S. 440.

[785] Vgl. Canaris, Vertrauenshaftung, S. 415 f..

[786] Canaris, Vertrauenshaftung, S. 516.

[787] Canaris, Vertrauenshaftung, S. 440, Flume, Das Rechtsgeschäft, § 4, 8, S. 61.

[788] Vgl. Larenz/Wolf, AT., § 44, Rz. 6.

das Prinzip der Selbstbestimmung um das der Selbstverantwortung zu ergänzen ist, eine die rechtsgeschäftliche Bindung ersetzende Funktion. Folglich nimmt die Rechtsscheinhaftung die gleichen Konturen an und führt die gleichen Rechtsfolgen herbei wie das Rechtsgeschäft. Deshalb öffnet sich ihr Schutzbereich erst dann, wenn das Rechtsgeschäft keine privatautonomen Rechtswirkungen entfalten kann und der fremde Rechtskreis dadurch beeinträchtigt wird[789].

Da sich der Verkehrsschutz nicht zu den gesetzgeberischen Wertungen in Widerspruch setzen kann, die ihrerseits die Abwägung der Verkehrsbedürfnisse zum Individualbedürfnis betreffen, muss die Rechtsscheinhaftung auch an den dem rechtsgeschäftlichen Bereich immanenten gesetzlichen Wertungen gemessen werden und diese übernehmen. Darauf beruht auch die allgemeine Erkenntnis, dass der Rechtsschein nicht weiter gehen kann, als die Rechtswirklichkeit. Die Gleichstellung von Rechtsschein und Rechtswirklichkeit ist die Folge[790].

Rechtsscheinhaftung kann die privatautonome Selbstbindung somit nur dort ergänzen, wo die Rechtsgeschäftslehre Schutzlücken offen lässt. Nur dort öffnet sich ihr Anwendungsbereich. Wann und wo dies der Fall ist, ergibt sich ausschließlich aus den für das Rechtsgeschäft geltenden Vorschriften. Solche Lücken finden sich dann, wenn der Gesetzgeber nach den rechtsethischen Wertungen der Rechtsordnung schutzwürdige Interessen übersehen hat. Fraglich ist also, ob das Rechtsinstitut der Rechtsscheinhaftung bei formnichtigen rechtsgeschäftlichen Erklärungen anwendbar ist. Damit ist bereits die von *Canaris*[791] vertretene Auffassung, dass § 125 BGB auf die Rechtsscheinhaftung analog anzuwenden sei, abzulehnen. Der Rechtsschein kann nicht gegen die Form verstoßen und deshalb analog § 125 BGB nichtig sein.

Zusammenfassend lässt sich festhalten: Das Ziel der Rechtsscheinhaftung ist es, im Interesse des rechtsgeschäftlichen Verkehrs, aus dem Blickwinkel seiner Be-

---

789 Canaris, Vertrauenshaftung, S. 442: „Ergänzungsfunktion gegenüber Rechtsgeschäftslehre".

790 Canaris, Vertrauenshaftung, S. 9 ff.; Lehmann/Hübner, AT., § 23, S. 136: „Der Schein gilt für das Sein".

791 Siehe oben 4. Kap., B., III., 3.), a.).

dürfnisse, Lücken zu schließen, die der Gesetzgeber dort gelassen hat, wo er ohne oder ohne ausreichende Berücksichtigung der Verkehrsbedürfnisse dem Rechtsgeschäft die Rechtswirkungen versagt hat[792]. Danach richtet sich, wann und wo der Erklärende auf Grund der Selbstverantwortung als Korrelat der Selbstbestimmung das Risiko der Verfehlung der Selbstbestimmung tragen muss[793] Die Problematik ist im Bereich der Anwendbarkeit der Rechtsscheinhaftung (auf formnichtige Rechtsgeschäfte) anzusiedeln.

d.) Die Interessenabwägung des Gesetzgebers in den §§ 125, S. 1, 766 BGB:

§ 125 S. 1 BGB ordnet die Nichtigkeit eines die vorgeschriebene Form nicht beachtenden Rechtsgeschäfts an. Allgemein beruht die Nichtigkeitsanordnung im geltenden Recht auf dem Nichtigkeitsdogma der Willenstheorie. Sie ist, wie das Nichtigkeitsdogma der Willenstheorie auf das Wesen der Willenserklärung als Akt der Selbstbestimmung bezogen[794]. Die Nichtigkeitsanordnung ist danach Ausdruck dafür, dass die rechtsgeschäftliche Folge keine inhaltliche Rechtfertigung durch die Selbstbestimmung findet[795]. Daraus mag zwar nicht per se die Nichtigkeit folgen, weil es denkbar ist, dass der Selbstverantwortung als Korrelat zur Selbstbestimmung der Vorrang gegenüber dem Mangel der inhaltlichen Rechtfertigung der Erklärung durch die Selbstbestimmung gebührt[796]. Es bleibt aber die Frage offen, warum die Willenserklärung nicht durch Selbstbestimmung getragen wird. Der Grund für die Nichtigkeitsanordnung des BGB liegt darin[797], dass nach der Wertung des Gesetzgebers die Abwägung der Interessen des Erklärenden mit denen des Gegners in bestimmten Fällen eine Höherbewertung der Interessen

---

[792] Vgl. Canaris, Vertrauenshaftung , S. 440, 441.

[793] Für Willensmängel stellt Flume diese Frage: Flume, Das Rechtsgeschäft, § 4, 8, S. 61.

[794] Flume, Das Rechtsgeschäft, § 4, 8, S. 60.

[795] Vgl. Flume, Das Rechtsgeschäft, § 4, 8, S. 61.

[796] Vgl. Flume, Das Rechtsgeschäft, § 4, 8, S. 61 f..

[797] Enneccerus/Nipperdey, AT, § 164 II 3, S. 1024.

des Erklärenden nötig macht[798]. Folglich beruht die Entscheidung für die Nichtigkeit immer auf einer Abwägung der sich gegenüber stehenden Interessen, deren Ergebnis die Höherbewertung der Interessen des Erklärenden ist. Damit wird auch verständlich, warum für die rechtliche Wertung, ob dem Prinzip der Selbstbestimmung oder dem der Selbstverantwortung der Vorrang einzuräumen ist, keine apriorisch richtige Norm aufgestellt werden kann[799]: Es handelt sich immer nur um ein Abwägungsergebnis.

Bei der Formfrage, für die der Gesetzgeber auch die Nichtigkeit als Folge eines Formmangels angeordnet hat, ging es zunächst um eine prinzipielle Entscheidung: Sollte das BGB vom Prinzip der Formfreiheit oder dem Prinzip der Formbedürftigkeit beherrscht werden[800]? Der Gesetzgeber hatte hier eine den Bedürfnissen des rechtsgeschäftlichen Verkehrs und den Bedürfnissen des Erklärenden gerecht werdende Lösung zu finden[801]. Um den rechtsgeschäftlichen Verkehr nicht zu beeinträchtigen, hat sich der Gesetzgeber für die Formfreiheit als grundsätzliches Prinzip entschieden und nur für bestimmte Rechtsgeschäfte den Formzwang angeordnet. Denn der angeführte Hauptgrund gegen den Formzwang war die damit verbundene Verkehrserschwerung: „Der Verkehr erfordere gegenwärtig mehr denn je Bewegungsfreiheit"[802]. Mit der Entscheidung für die grundsätzliche Formfreiheit rechtsgeschäftlichen Handelns hat der Gesetzgeber dem Satz, dass jeder zu seinem Wort stehen muss, Rechnung getragen[803]. Mit der Anordnung des Formzwangs hat er Ausnahmen hiervon geschaffen. Denn in den Motiven lautet es: „...wenn...eine besondere Form sich vorgeschrieben findet, so liegt darin zu Genüge, dass die Gründe für die Beobachtung der Form schwerer wiegen, als die Rücksicht auf die ethische Pflicht zum Worthalten."[804]. Die Bindung an das Wort

---

[798] Diese herangezogenen Gedanken und Ausführungen beziehen sich zwar auf Willensmängel. Sie lassen sich jedoch auch auf andere Willensmängel zu übertragen, so auch Canaris, Vertrauenshaftung, 279.

[799] Vgl. Flume, das Rechtsgeschäft, § 4, S. 62.

[800] Vgl. Motive I, S. 179, 180.

[801] Vgl. Motive I, S. 179, 180.

[802] Motive I, S. 180.

[803] Siehe Motive I, S. 183.

[804] Motive I, S. 183.

beruht ihrerseits auf den Bedürfnissen des Verkehrs: Wenn nämlich der im BGB geltende Grundsatz der Formfreiheit den rechtsgeschäftlichen Kontakt erleichtert und die ungehinderte Abwicklung des modernen Massenverkehrs ermöglicht[805], bedarf der rechtsgeschäftliche Verkehr zugleich eines sicheren Ausgangspunktes für die zu fassende Entschließung[806]. Ein solcher ist die Bindung an das Wort. Die ethische Pflicht zum Worthalten findet ihren Ausdruck in § 145 BGB. Dazu heißt es in den Motiven: „Die Gebundenheit des Antragenden ist ein Bedürfnis des Verkehrs. Wird jemandem ein Antrag gemacht, so muss er darauf vertrauen können, dass mit seiner rechtzeitigen Annahme der Vertrag zustande kommt. Der Antragsempfänger bedarf eines sicheren Ausgangspunktes für die zu fassende Entschließung..."[807].

Von dieser ethischen Pflicht zum Worthalten zum Schutze des Vertrauens des rechtsgeschäftlichen Verkehrs schafft der Formzwang eine Ausnahme. Eine rechtsgeschäftliche Bindung erfolgt nur dann, wenn die gesetzlich angeordnete Form auch gewahrt worden ist. Dient nun die Anordnung des Formzwangs gerade dem Zweck, allein den Erklärenden zu schützen und, wie im Falle des § 766 BGB[808], vor Übereilung zu warnen, dann beruht die gesetzgeberische Entscheidung nach dem Gesagten darauf, dass er den Schutz des Erklärenden höher bewertet hat, als die Bedürfnisse des Rechtsverkehrs. Folglich steht der Formzwang dann, wenn er den Erklärenden schützen und warnen soll, bewusst im Ausnahmeverhältnis zu der ethischen Pflicht zum Worthalten und somit auch bewusst im Widerspruch zum Bedürfnis des rechtsgeschäftlichen Verkehrs.

Daraus folgt, dass bereits *in der Anordnung des Formzwangs* für bestimmte Rechtsgeschäfte das Ergebnis einer gesetzgeberischen Interessenabwägung zum Ausdruck kommt. Diese Wertung gilt in gleicher Weise für die Rechtsscheinhaftung. Zwar heißt es, dass der Gesetzgeber bei der Anordnung der absoluten Wir-

---

[805] MüKo (Förschler), 3. Aufl., § 125, Rz. 2; MüKo (Einsele), 4. Aufl., § 125, Rz. 1; Flume, Das Rechtsgeschäft, § 15, I, 2, S. 246.

[806] MüKo (Förschler), 3. Aufl., § 145, Rz. 1; MüKo (Kramer), 4. Aufl., § 145, Rz. 1; Enneccerus/Nipperdey, AT, § 154 II, S. 954.

[807] Motive I, S. 165 f.; in Mugdan I, S. 443.

[808] BGHZ 132, S. 119 (122); Staudinger (Horn), § 766, Rz. 45.

kung der Nichtigkeitsgründe die Interessen Dritter weitestgehend übersehen hat und es daher insoweit eines ergänzenden Schutzes bedarf, der de lege lata mit den Mitteln der Vertrauenshaftung möglich erscheint[809]. Das ist jedoch für die Formvorschriften bereits dadurch widerlegt, dass der Gesetzgeber sich im Grundsatz für das Prinzip der Formfreiheit entschieden hat. Ordnet er die Form zwingend an, dann ist die grundsätzliche Nichtigkeit bei mangelnder Form eine notwendige Konsequenz der Formvorschrift. Denn nur so kann die Form zum konstitutiven Element des Rechtsgeschäfts erhoben werden. Würde man schon im Grundsatz diese Konsequenz nicht ziehen, so wären die Formvorschriften leges imperfectae. Sie hätten nur die Bedeutung von Empfehlungen. Eine Soll-Vorschrift für privatautonomes Handeln ist jedoch ohne Sinn[810].

e.) Das Abwägungsergebnis

Im Ergebnis ist somit festzuhalten, dass die Rechtsscheinhaftung bei formnichtiger Blankobürgschaft (Blanketterklärungen) nicht anwendbar ist. Der Entscheidung des Gesetzgebers für die Anordnung des Formzwangs bei bestimmten Rechtsgeschäften (z.B. § 766 BGB) ist eine Abwägung der Interessen des Verkehrs mit den Individualinteressen der Erklärenden vorausgegangen. Die Höherbewertung des Individualinteresses ist der Grund für die Normierung des Formgebots und der Nichtigkeitsfolge bei mangelnder Form im Gesetz. Diese gesetzgeberische Wertung wird umgangen, wenn man die Rechtsscheinhaftung an die Stelle des unwirksamen Rechtsgeschäfts treten lässt.

---

[809] Vgl. Canaris, Vertrauenshaftung, S. 441 mit Verweisen auf Reinhardt, in Fs für Schmidt-Rimpler, 1957, S. 119 ff., der das allerdings nichts so klar sagt, sondern nur dass Drittinteressen Einfluß nehmen. Canaris überträgt diese regelmäßig auf die Problematik des Irrtums bezogenen Ausführungen allgemein auf die Nichtigkeitsgründe.

[810] Flume, Das Rechtsgeschäft, § 15 III 4, S. 276 mit Ausführungen in Fußnote 89.

IV. Zwischenergebnis zu den Rechtsfolgen formnichtiger Ausfüllungsbefugnis und formnichtiger Blanketterklärung bei der verdeckten Blankettlage

Es kommt weder eine Zurechnung der Erklärung nach § 120 BGB[811], noch nach § 177 BGB analog in Betracht. Denn die Annahme einer Analogie zu § 177 BGB lässt unberücksichtigt, dass die Blankobürgschaftserklärung selbst formnichtig ist[812].

Auch eine Rechtsscheinhaftung in Analogie zu § 172 II BGB führt nur dann zu einer Bindung an die formnichtige Blankobürgschaftserklärung, wenn ihn auch eine Einstandspflicht für den Rechtsschein einer formgemäßen Urkunde trifft, die aus einem Blankett entstanden ist. Damit führt allein der Rückgriff auf die zum Blankettmissbrauch entwickelten Rechtsscheingrundsätze nicht zur Bindung des Blankettgebers an die formnichtige Bürgschaftserklärung. Vielmehr muss geprüft werden, ob der Blankettgeber für den Rechtsschein einer formgemäßen Urkunde einzustehen hat.

Die Einstandspflicht für den Rechtsschein einer formgemäßen Urkunde lässt sich zwar mit dem Rechtsgedanken des § 172 II BGB begründen, weil auch hier die Zurechnung durch die Verbindung von Veranlassung mit dem Risikoprinzip und dem der Entstehung des Scheintatbestandes vorgelagerten gefährdenden Verhalten, dem Aus-der-Hand-Geben der blanko unterschriebenen Urkunde erfolgt. Aber der Vertrauensschutz setzt sich gegenüber dem Formmangel nicht durch. Der Schein der Formgemäßheit kann nicht an die Stelle des in Wirklichkeit gegebenen Formmangels treten, weil bereits in der Anordnung des Formzwangs für bestimmte Rechtsgeschäfte das Ergebnis einer Interessenabwägung des Gesetzgebers zum Ausdruck kommt. Die Interessen des Formschützlings werden hier höher eingestuft . Diese Wertung gilt in gleicher Weise für die Rechtsscheinhaftung, die an die Stelle der rechtsgeschäftlichen Haftung treten würde.

---

[811] Siehe oben 3.Kap.,C.,IV.,1.).

[812] Siehe oben 3.Kap.,C.,IV.,2.).

Eine Korrektur dieses Ergebnisses sollte nicht über eine Beschränkung der Nichtigkeitsfolgen, sondern über eine Änderung der für die konkreten Rechtsgeschäfte geltenden Formvorschriften erzielt werden.

V. Sonstiger Rechtsschutz bei verdeckt ausgefüllter, formnichtiger Blankett-erklärung

Mit der Ablehnung der Rechtsscheinhaftung aus formnichtiger Blankobürgschaftserklärung wird dem Bedürfnis nach einer gerechten Lösung dieser Fälle nicht der Weg versperrt. Einzelfallgerechtigkeit könnte sowohl durch die Korrektur nach den Gesichtspunkten von Treu und Glauben (§ 242 BGB) als auch durch Schadensersatzansprüche des Erklärungsempfängers nach den Grundsätzen der c.i.c. erzielt werden. Der Erklärungsempfänger wird also mit der Entscheidung gegen die Haftung kraft Rechtsschein keineswegs der Schutzlosigkeit preisgegeben.

Schon in den Motiven heißt es, dass die Formnichtigkeit zwar die gewollten Rechtsfolgen ausschließt, nicht aber die „ungewollten". Im Zusammenhang mit den ungewollten Rechtsfolgen wird die Haftung aus culpa in contrahendo sogar ausdrücklich erwähnt[813].

1.) Die Durchbrechung der Nichtigkeit nach den Gesichtspunkten von Treu und Glauben (§ 242 BGB)

Auch bei der verdeckten Blankettlage kommt eine Einschränkung der Nichtigkeitsfolgen der formnichtigen Blanketterklärung nach den Grundsätzen von Treu und Glauben in Betracht. Denn es liegt ein konkreter Vertragsabschluss mit bestimmtem Vertragsinhalt vor[814]. Da die Formvorschrift des § 125 BGB absoluten Charakter hat und keine Ausnahmen von der Nichtigkeitsfolge vorsieht, haben Recht-

---

[813] Vgl. Heiss, Formmängel, § 14 IV, S. 354 f.; ähnlich: Reinicke/Tiedke, ZIP 1989, S. 1093 (1096); Motive I, S. 217.

[814] Zu dieser Voraussetzung: MüKo (Einsele), 4. Aufl., § 125, Rz. 53.

sprechung und Literatur diese Ausnahmen nicht in § 125 BGB gesucht, sondern zunächst in § 826 BGB und schließlich in § 242 BGB[815].

Unabhängig von den dogmatischen Begründungsversuchen hat es sich als absolut herrschend durchgesetzt, dass die Nichtigkeitsfolge des § 125 BGB durch die Gebote von Treu und Glauben zu beschränken ist[816]. Ob mit Formmängeln behaftete, vertraglich oder gesetzlich begründete Rechtsgeschäfte nach den Geboten eines unter Treu und Glauben stehenden Parteiverhaltens als oder - mittels einer Fiktion - wie wirksam behandelt werden dürfen, hängt davon ab, diese Haftung mit den allgemeinen Lehren von der Willenserklärung, wozu auch die Formvorschriften gehören, vereinbar ist. Die Einschränkung der Nichtigkeitsfolge darf deshalb nur unter ganz engen Voraussetzungen zulässig sein.

Eine restriktive Handhabung des Anwendungsbereichs der Nichtigkeitsbeschränkungen lässt sich mit der Formel vom schlechthin untragbaren Ergebnis erreichen. Allerdings wird die Formel in der Literatur als konturenlos kritisiert. Ob das Ergebnis nur hart oder schlechthin untragbar sei, könne kein akzeptables Abgrenzungskriterium sein. Um zu begründbaren Ergebnissen zu gelangen, sei es daher notwendig, sich wenigstens um die Bildung hinreichend bestimmter Fallgruppen zu bemühen[817]. Die Rechtsprechung hat daher verschiedene Fallgruppen anerkannt, in denen § 242 der grundsätzlichen Nichtigkeitsfolge entgegensteht[818]. Der überwiegende Teil der Literatur hat ebenfalls Fallgruppen gebildet, mit denen Ausnahmen von der Nichtigkeitsfolge begründet werden[819].

Neben der Bildung von Fallgruppen wird zur weiteren Konkretisierung der Formel vom „schlechthin untragbaren Ergebnis" die Subsidiaritätsklausel herangezo-

---

815 Anders jedoch die Vertreter der sogenannten Zweckerreichungstheorien, dazu Reinhart, Diss., S. 100 ff.

816 Vgl. MüKo (Förschler), 3. Aufl., § 125, Rz. 51, 52; Larenz, SchR.AT., § 10 III, S. 147; Flume, Das Rechtsgeschäft, § 15 III, 4 b), S. 272; auch Medicus, BR., Rz. 180 ff.; MüKo (Einsele), 4. Aufl., § 125, Rz. 53: „st. Rspr". und Rz. 58: „ die überwiegende Literatur".

817 Vgl. Larenz, SchR AT., § 10, III, S. 136 f.; ebenso MüKo (Förschler), 3. Aufl., § 125, Rz. 56 m.w.N.; Medicus, BR., Rz. 180 ff; MüKo (Einsele), 4. Aufl., § 125, Rz. 58.

818 Siehe dazu MüKo (Einsele), 4. Aufl., § 125, Rz. 53 ff.

819 Siehe dazu MüKo (Einsele), 4. Aufl., § 125, Rz. 58 m.w.N.; in der Literatur werden die Fallgruppen etwas anders als in der Rspr. gebildet.

gen[820]. Die Beschränkung der Nichtigkeitsfolge durch § 242 BGB würde demgemäß voraussetzen, dass bestehende Bereicherungs- und Schadensersatzansprüche nicht ausreichen würden, den Treueverstoß auszugleichen[821]. Damit böten sie keinen ausreichenden Schutz, so dass die den Geschädigten treffende Rechtsfolge schlechthin untragbar ist. Diesem Subsidiaritätsprinzip folgend hat der BGH beispielsweise im Urteil vom 29.01.1965[822] die untragbare Härte der Formnichtigkeit eines Grundstückskaufvertrages mit der Begründung abgelehnt, dass die Beklagten hier ohne Zweifel einen Ersatzanspruch unter dem Gesichtspunkt des Verschuldens bei Vertragsschluss haben.

Allerdings ist die Subsidiaritätsformel im Schrifttum auf Kritik gestoßen[823]. So wird vertreten, dass § 242 BGB nicht davon abhängig sei, inwieweit andere Ansprüche zu einer Härte führen können oder nicht[824]. Dem ist jedoch nicht zuzustimmen. Eine über § 242 BGB korrekturbedürftige Härte entsteht nur dort, wo das gesetzliche Ausgleichssystem Schutzlücken lässt[825]. So meint auch *Einsele*[826], dass diese Einschränkung konsequent sei, wenn man der Formel des BGH vom schlechthin untragbaren Ergebnis folge.

---

[820] Dazu siehe OGH f. d. brit. Zone NJW 1949, S. 62 (63); BGHZ 12, S. 286 (304): „..einer befriedigenden Lösung auf andere Weise nicht zugänglich."; BGH NJW 1965, S. 812 (813, 814); MüKo (Förschler), 3. Aufl., § 125, Rz. 58; Canaris, Vertrauenshaftung, S. 300; Reinicke, Rechtsfolgen, S. 33-35; ders., DB 1967, S. 109 ff. (109); ablehnend: Staudinger (Dilcher), 12. Aufl., § 125, Rz. 43, alle mit weiteren Nachweisen; vgl. auch MüKo (Einsele), 4. Aufl., § 125, Rz. 64.

[821] So auch Larenz/Wolf, AT, § 27, Rz. 54; MüKo (Förschler), 3. Aufl., § 125, Rz. 58; Staudinger (Dilcher), § 125, Rz. 42; Canaris, Vertrauesnhaftung, S. 300.

[822] BGH NJW 1965, S. 812 (814); mit Rezension von Lorenz, JuS 1966, S. 429 (430).

[823] So zumindest Staudinger (Dilcher), § 125, Rz. 42 f.; auch MüKo (Einsele), 4. Aufl., § 125, Rz. 64: „in dieser Weise unhaltbar"; dazu auch Canaris, Vertrauenshaftung, S. 289, 300; MüKo (Förschler), 3. Aufl., § 125, Rz. 58; kritisch wiederum Reinicke, Rechtsfolgen, S. 33 f..

[824] Staudinger (Dilcher), § 125, Rz. 43.

[825] Siehe auch Canaris, Vertrauenshaftung, S. 300 f..

[826] MüKo (Einsele), 4. Aufl., § 125, Rz. 64.

Das Subsidiaritätsprinzip sei außerdem nicht haltbar, wenn man die Ausnahmen von der grundsätzlichen Nichtigkeitsfolge aus den Formzwecken ableite[827]. Halte man für abstrakt umschriebene Ausnahmetatbestände die Einhaltung des Formerfordernisses aufgrund des Formzwecks für entbehrlich, so müsse man den formfehlerhaften Vertrag als wirksam ansehen[828]. Dann aber seien Bereicherungs- und Schadensersatzansprüche aufgrund des formlos abgeschlossenen Vertrages ausgeschlossen[829]. Folgt man den Zweckerreichungstheorien[830], so würde die Funktion der Formvorschrift zur Verneinung ihrer Anwendung führen[831]. Dann wäre das Subsidiaritätsprinzip tatsächlich nicht tragbar.

Allerdings hat sich ein Rückgriff auf die Zwecksetzung zur Überwindung der Probleme der Formnichtigkeit nicht durchsetzen können[832]. Den Grund dafür hat bereits *Coing*[833] darin gesehen, dass dem Gesichtspunkt, in der Berufung auf den Formmangel einen Rechtsmißbrauch zu sehen, weil der Zweck der Formvorschrift im Einzelfall gewahrt sei, in unserer Rechtsprechung keine besondere Bedeutung zukomme. Vielmehr spiele ein anderer Gesichtspunkt eine erhebliche Rolle, nämlich, dass durch das Verhalten der Partei, die sich später auf den Formmangel berufe, bei der Gegenseite das Vertrauen , eine gesicherte Rechtsposition zu haben, erweckt worden sei. Hier hilft aber die Zweckerreichungsthese nur zufällig weiter. Deshalb ist *Larenz*[834] zuzustimmen, der darin lediglich eine Fallgruppe der Nichtigkeitsbeschränkung nach § 242 BGB sieht, die ein Absehen vom Formzwang rechtfertigt[835]: Danach ist die Berufung auf den Formmangel unzulässig, sofern

---

827 Vgl. MüKo (Einsele), 4. Aufl., § 125, Rz. 64.

828 Vgl. MüKo (Einsele), 4. Aufl., § 125, Rz. 63.

829 Vgl. MüKo (Einsele), 4. Aufl., § 125, Rz. 64; so auch schon Staudinger (Dilcher), § 125, Rz. 43.

830 Beispielsweise nach Lorenz, AcP 156, S. 381 ff. (408); ausführlich zu den verschiedenen Theorien: Reinhart, Diss., S. 100 ff.

831 Reinhart, Diss., S. 110.

832 Auch wenn neuerdings MüKo (Einsele), 4. Aufl., § 125, Rz. 63 diese Theorie wieder aufgreift.

833 Coing, Deutscher Notartag, 1965, Beiheft zu DNotZ 1965, S. 29 ff (35).

834 Larenz/Wolf, AT, § 27, Rz. 53.

835 Die Zweckerreichung wurde hier bereits als Fallgruppe erwähnt. Siehe oben 4. Kap., B., V., 1.).

sich ein Vertragsteil auf einen Formzwang beruft, der gerade nur im Interesse des anderen Vertragsteils besteht und die Berufung auf die Formnichtigkeit diesen Schutzzweck vereiteln würde. Bei diesem Verständnis sind nämlich nicht jene Fälle ohne Rücksicht auf das Verhalten der Partei vorentschieden, in denen dem Formschützling eine schwere Treuepflichtverletzung vorzuwerfen ist und gerade hier liegen die eigentlichen Kollisionsfälle.

Außerdem lassen sich für das Subsidiaritätsprinzip wiederum die Motive anführen. Danach schließt die Formnichtigkeit zwar die gewollten Rechtsfolgen aus, nicht aber die „ungewollten". Im Zusammenhang mit den ungewollten Rechtsfolgen wird die Haftung aus culpa in contrahendo ausdrücklich erwähnt[836]. Folglich ist mit der überwiegenden Meinung das Subsidiaritätsprinzip zur Konkretisierung der Formel vom schlechthin untragbaren Ergebnis heranzuziehen. Im Ergebnis ist danach festzuhalten, dass die Formel vom schlechthin untragbaren Ergebnis als Voraussetzung zur Einschränkung der Formnichtigkeit durch das Subsidiaritätsprinzip eine Konkretisierung erfährt.

2.) Anderweitiger ausreichender Rechtsschutz (Bereicherungs- und Schadensersatzansprüche) bei formnichtiger Blanketterklärung

Wäre eine die berechtigten Interessen des anderen Teils hinreichend berücksichtigende Haftung aus Rechtsinstituten, die dem § 242 BGB vorgehen, zu bejahen, so bliebe bereits der Anwendungsbereich für eine Nichtigkeitsbeschränkung nach § 242 BGB verschlossen[837]. Die Möglichkeit der Nichtigkeitsbeschränkung nach § 242 BGB setzt deshalb zunächst voraus, dass eine Korrektur des schlechthin untragbaren Ergebnisses durch andere Rechtsinstrumentarien ausscheidet[838].

---

[836] Motive I, S. 217; Vgl. auch Heiss, Formmängel, § 14 IV, S. 354 f.

[837] Siehe MüKo (Förschler), 3. Aufl., § 125 Rz. 58; Reinicke, DB 1967, S. 109 ff (109); nach Heiss, Formmängel, S. 389 können Erfüllungsansprüche nur bei Insuffizienz anderer Rechtsschutzinstrumentarien (insbesondere schadensersatzrechtliche Haftung aus c.i.c.) zugesprochen werden, st. Rspr. des BGH seit OGH BrZ NJW 1949, S. 62, 63; abl. Staudinger (Dilcher), 12. Aufl., § 125, Rz. 43, dessen ablehnende Haltung aber auf einem Fehlverständnis beruht.

[838] Vgl. Heiss, Formmängel, § 15, S. 389.

a.) Die Haftung des Blankobürgen nach den Grundsätzen der culpa in contrahendo gemäß §§ 311 II, i.V.m. 241 II BGB

Für den Fall der formnichtigen, verdeckt ausgefüllten Blanketterklärung könnte der Blankettgeber aus seiner formnichtigen Blanketterklärung nach den Gesichtspunkten der culpa in contrahendo haften. So hat der BGH beispielsweise eine Haftung nach den Gesichtspunkten der culpa in contrahendo für die Setzung des Rechtsscheins der Unternehmensidentität bejaht[839].

Allerdings wird bei Verhandlungen über den Abschluss von Verträgen, für die das Gesetz eine besondere Form vorschreibt, in der Literatur vielfach eine Haftung aus culpa in contrahendo mit der Begründung abgelehnt, auf das Zustandekommen eines formbedürftigen Vertrages dürfe man bis zum Vollzug der Form nicht vertrauen[840]. Diese Ansicht geht jedoch zu weit. Die culpa in contrahendo ist bei Formmängeln anwendbar[841]. Denn der die Nichtigkeit bei Formmängeln anordnende § 125 BGB will nur die gewollten Rechtsfolgen ausschließen. Im Zusammenhang mit den ungewollten Rechtsfolgen wird die Haftung aus culpa in contrahendo sogar ausdrücklich erwähnt[842]. Auch *Coing* [843] führt insoweit aus, dass die Formnichtigkeit nicht bedeutet, dass eine Partei von der Privatrechtsordnung völlig schutzlos gelassen würde. Vielmehr stünden ihr Schadensersatzansprüche aus Verschulden bei Vertragsschluss zur Verfügung. Nur den Erfüllungsanspruch schließe § 125 BGB bei schuldrechtlichen Verträgen aus. Die Rechtsprechung hat ebenfalls die Anwendbarkeit der culpa in contrahendo bei formnichtigen Rechtsgeschäften hervorgehoben[844]. Wenn diese Ansicht zutrifft, könnte ein zufriedenstellender Interessenausgleich geschaffen werden, so dass es am schlechthin un-

---

[839] Vgl. BGH NJW 2001, S. 2716 ff.

[840] Kaiser, JZ 1997, S. 448 (450).; von Bar, JuS 1982, S. 637 (639); Gottwald, JuS 1982, S. 877 (879 f.).

[841] Vgl. Heiss, Formmängel, § 14 IV, S. 345, unter verweis auf R. Ihering, IheringJb 4 81861), S. 1 ff. (3); Reinicke/Tiedke, ZIP 1989, S. 1093 (1096).

[842] Motive I, S. 217; Vgl. auch Heiss, Formmängel, § 14 IV, S. 354.

[843] Vgl. Coing, DNotTag 1965, S. 29 ff (32).

[844] Vgl. BGH NJW 1970, S. 1840 f. (1841); Heiss, Formmängel, S. 355; ebenso Häsemeyer, Die gesetzliche Form, m.N., S. 64 ff, 296 ff.

tragbaren Ergebnis als Voraussetzung der Nichtigkeitsbeschränkung nach den Grundsätzen von Treu und Glauben fehlt[845].

Das für die culpa in contrahendo erforderliche vorvertragliche Schuldverhältnis ist durch die Aufnahme der Vertragsverhandlungen im Sinne des § 311 II Nr. 1 BGB zustande gekommen. Weitere Voraussetzung einer Haftung nach den Grundsätzen der culpa in contrahendo ist die rechtswidrige Verletzung einer vorvertraglichen Pflicht. Als Schutzpflichten kommen für den Fall der formnichtigen, verdeckt ausgefüllten Blankobürgschaft nur solche in Betracht, die aus der Perspektive der Formvorschriften von Bedeutung sind[846]. Allerdings wird gegen die Begründung solcher vorvertraglicher Pflichten als Haftungsvoraussetzung eingewandt, dass die deutsche Rechtsprechung dazu neige, solche Pflichten zu konstruieren[847]. Befürchtet wird vor allem die ausufernde Ausdehnung vertraglich begründeter Pflichten in den vorvertraglichen Bereich: Es komme Unbehagen auf, wenn dem Formschützling Aufklärungspflichten auferlegt würden[848]. In der Tat befremdet dieser Gedanke zunächst. Es ist auch nicht von der Hand zu weisen, dass man sich vor einer ausufernden Statuierung vorvertraglicher Pflichten hüten muss. Wenn aber das Gesetz durch den Formzwang Bedacht und Überlegung der geschützten Partei fördern will, so bestimmt nicht in der Weise, dass der Formzwang von der Beachtung der diesen betreffenden Pflichten im Verhandlungsstadium befreit[849]. Diese Pflichten zum loyalen Umgang im Stadium der Vertragsanbahnung ergeben sich dabei unter anderem aus § 242 BGB[850]. Die Parteien eines Vertrages sind verpflichtet, in dem anderen Teil keine falschen Vorstellungen über das Zustandekommen des Vertrages zu wecken und nach Möglichkeit Unwirksamkeitsgründe zu vermeiden, auch wenn sie sich mit einander entgegengesetzten Interessen ge-

---

[845] Vgl. BGH NJW 1966, S. 812 , S. 814.

[846] So zu Recht Heiss, Formmängel, § 14 III, S. 354.

[847] Vgl. Heiss, Formmängel, § 14 IV, S. 355.

[848] Vgl. Heiss, Formmängel, § 14 IV, S. 359.

[849] Dies stellt Heiss, Formmängel, § 14 IV, S. 355 selbst fest.

[850] Vgl. MüKo (Emmerich), Vor § 275, Rz. 158; Emmerich, Leistungsstörungen, § 5 III, S. 67; Soergel (Wiedemann), Vor § 275, Rz. 128; BGHZ 99, S. 101 (106 ff).

genüberstehen und deshalb ausschließlich auf ihren Vorteil bedacht sind[851]. So regelt nunmehr § 311 II S. 1 BGB, dass die in § 241 II BGB konstituierten Verhaltenspflichten auch im vorvertraglichen Bereich entstehen können.

Vor diesem Hintergrund sind im Hinblick auf die Formvorschriften insbesondere zwei Fallgruppen der Haftung aus culpa in contrahendo denkbar: Bringt ein Bürge ein Blankett in den Verkehr, das vom nur mündlich legitimierten Blankettnehmer ausgefüllt wird und das wegen Verstoßes gegen § 766 BGB nach § 125 BGB nichtig ist, so könnte darin ein Fall schuldhafter Verhinderung der Wirksamkeit eines Vertrages liegen. Ebenso könnte man an die objektive Verletzung von Aufklärungspflichten denken, die sich auf die Wirksamkeitsvoraussetzungen eines Vertrages beziehen[852].

Bei der verdeckten Blankettausfüllung kommt als Anknüpfungspunkt der Haftung einerseits eine objektive Verletzung der Aufklärungspflicht im Hinblick auf das Zustandekommen des Vertrages durch die Verdeckung der Ausfüllungshandlung in Betracht, wobei dem Blankobürgen das Verschulden des Blankettnehmers in Analogie zu § 278 BGB zugerechnet werden könnte. Andererseits lässt sich aber auch unmittelbar an ein rechtswidriges und vorwerfbares Verhalten des Blankobürgen selbst anknüpfen. Hier ist an die Fallgruppe der schuldhaften Verhinderung der Wirksamkeit oder besser die schuldhafte Herbeiführung der Unwirksamkeit des Vertrages zu denken. Die Haftung für die schuldhafte Verhinderung der Wirksamkeit des Vertrages (oder der schuldhaften Herbeiführung der Unwirksamkeit des Vertrages) beruht auf dem Gedanken des venire contra factum proprium[853]. Wer beispielsweise die Nichtigkeit eines Vertrages infolge eines versteckten Dissenses verursacht[854] oder die fehlende Vollmacht eines Verhandlungsgehilfen oder die

---

[851] Vgl. MüKo (Emmerich), Vor § 275, Rz. 158; Emmerich, Leistungsstörungen, § 5 III, S. 67; Soergel (Wiedemann), Vor § 275, Rz. 128; BGHZ 99, S. 101 (106 ff).

[852] Vgl. MüKo (Emmerich), Vor § 275, Rz. 159; Emmerich, Leistungsstörungen, § 5 II, S. 48; III, S. 67 ff; BGHZ 99, S. 101 (106).

[853] Dieser Gedanke Emmerichs gilt ebenso für die Fallgruppe der schuldhaften Verhinderung der Wirksamkeit eines Vertrages: vgl. bei MüKo (Emmerich), Vor § 275, Rz. 161.

[854] Vgl. MüKo (Emmerich), Vor § 275, Rz. 169; BGHZ 99, S. 101 (106 ff); RGZ 104, S. 265 (269) zur schuldhaften Herbeiführung eines versteckten Dissens; 143, S. 219 (221).

Formnichtigkeit eines Vertrages nach § 125 BGB[855], der haftet – allerdings in letzterem Falle unter Berücksichtigung der Formzwecke[856] – nach den Grundsätzen der culpa in contrahendo.

Mit der Blankounterzeichnung der Bürgschaftserklärung führt der Blankettgeber die Unwirksamkeit des Bürgschaftsvertrages herbei, weil durch die von der Rechtsordnung im Grundsatz anerkannte Arbeitsteilungsform des Blankettierens der Zweck der Formvorschrift des § 766 BGB, den Bürgen vor übereilten rechtsgeschäftlichen Bindungen zu schützen, nicht gewahrt werden kann und infolgedessen seine Blankounterschrift zur Nichtigkeit der Willenserklärung führt[857]. Also verursacht der Blankobürge selbst den Formmangel, wenn er sich dennoch der Arbeitsteilungsform des Blankettierens bedient, die nicht geeignet ist, die Schriftformzwecke des § 766 BGB zu erfüllen. Er müsste dabei schuldhaft gehandelt haben. Dies setzt Kenntnis oder Kennenmüssen des Unwirksamkeitsgrundes voraus. Selbst wenn der Blankettgeber keine Kenntnis davon hat, dass das Blankettieren nicht geeignet ist, die Form des § 766 BGB zu erfüllen, so hätte er diese von ihm verursachte Formnichtigkeit doch kennen müssen, denn grundsätzlich hat jede Partei selbst die Pflicht, sich von bestehenden Formerfordernissen Kenntnis zu verschaffen[858]. Deshalb muss er sich informieren, ob er im Rahmen der von ihm gewählten Arbeitsteilungsform (Blankettieren) die vorgeschriebene Form des Rechtsgeschäfts erfüllt. Wer es unterlässt, sich die entsprechende Kenntnis zu verschaffen, muss sich den Vorwurf fahrlässigen Handeln machen lassen.

Allerdings obliegt es grundsätzlich jeder Partei selbst, sich Kenntnis über bestehende Formerfordernisse zu verschaffen. Aus diesem Grundsatz lässt sich zwar nicht ableiten, dass es bis zum Vollzug der Form auch kein schutzwürdiges Vertrauen geben könne[859]. Dies geht zu weit. Aber es bedeutet, dass grundsätzlich

---

[855] Vgl. MüKo (Emmerich), Vor § 275, Rz. 169; OLG Düsseldorf BB 1975, S. 201 (202).

[856] Vgl. MüKo (Emmerich), Vor § 275, Rz. 162.

[857] Siehe dazu oben Kap.2, B.,II.,2.) und BGHZ 132, S. 119 (122 ff).

[858] Reinicke, Rechtsfolgen, S. 120; MüKo (Förschler), 3. Aufl., § 125, Rz. 45; ähnlich MüKo (Einsele), 4. Aufl., § 125, Rz. 50: „Die Beachtung der Form gehört zum Risikobereich beider Vertragsteile"; BGHZ 116, S. 251 (257).

[859] So aber Gottwald, JuS 1982, S. 877 (879); von Bar, JuS 1982, S. 637 (639).

jede Partei auch nur ein Verschulden gegen sich selbst trifft, wenn sie dem nicht nachkommt. Schließlich muss sie die Nachteile, die ihr aus der eigenen Unkenntnis erwachsen, grundsätzlich nur gegenüber sich selbst verantworten, nicht aber gegenüber dem Vertragspartner[860]. In einem solchen Fall stünde dem Vertragspartner auch kein Schadensersatzanspruch zu.

Von diesem Grundsatz ist jedoch eine Ausnahme zu machen, wenn diese Obliegenheit zu Pflicht wird. *Kaiser*[861] spricht zu recht vom Erfordernis eines gegenüber dem Normalfall gesteigerten Vertrauenstatbestandes. Danach könnte die Obliegenheit zur Pflicht werden, wenn in dem anderen ein besonderes Vertrauen auf den Bestand des Vertrages erweckt worden ist. Folglich kann ein Schadensersatzanspruch bestehen, wenn eine Partei das Vertrauen des Vertragspartners erweckt hat, für die ordnungsgemäße Vertragsdurchführung zu sorgen[862]. Ebenso kann ein Schadensersatzanspruch bestehen, wenn das besondere Vertrauen auf die Formgültigkeit des Vertrages erweckt worden ist. Die Erfüllung der Obliegenheit wird zur Pflicht im Sinne des § 241 II BGB. Dass sich Obliegenheiten zu Pflichten verdichten können verkennt *Heiss*[863], der es grundsätzlich ablehnt, aus Obliegenheiten Pflichten zu statuieren. Dabei mag er insbesondere die Wahrung der Formerfordernisse im Blick haben, was zunächst tatsächlich nur eine Obliegenheit und keine Pflicht darstellt. Tritt aber zu dieser Obliegenheit zur Wahrung der Form ein Verhalten hinzu, dass in der anderen Partei das besondere Vertrauen auf die Ordnungsgemäßheit des Verfahrens und damit die Wahrung der Wirksamkeitsvoraussetzungen wecken soll, so übernimmt die eine Partei auch die der anderen Partei obliegende Verantwortung.

Fraglich ist also, ob der Blankettgeber ein besonderes Vertrauen in die Formgültigkeit der Erklärung im Erklärungsempfänger geweckt hat. Der Blankettgeber hat (mindestens) unter Außerachtlassung der im Verkehr erforderlichen Sorgfalt eine

---

[860] Vgl. Reinicke, Rechtsfolgen, S. 120 und ebenfalls dazu oben bei der offenen Blankettlage; wohl auch in diesem Sinne: RGZ 72, S. 342 (343).

[861] Kaiser, JZ 1997, S. 448 (450).

[862] Vgl. MüKo (Einsele), 4. Aufl., § 125, Rz. 50; vgl. auch Kaiser, JZ 1997, S. 448 (450); ebenso BGH NJW 1996, S. 1884, 1885; BGHZ 116, S. 251 (257).

[863] Vgl. Heiss, Formmängel, § 14 IV, S. 354.

formnichtige Bürgschaftserklärung aus der Hand gegeben und die Voraussetzungen dafür geschaffen, dass diese in den Verkehr gelangt. Deshalb hat der Erklärungsempfänger jedoch noch nicht auf die Formwirksamkeit der Bürgschaftserklärung vertraut. Eine Verdichtung der Obliegenheit zur Pflicht kommt daher allein wegen des Aus-der-Hand-Gebens einer formnichtigen Blankobürgschaftsurkunde noch nicht in Betracht. Das folgt schon aus der Rechtslage bei offener Blankettausfüllung. Vielmehr muss der Erklärungsempfänger für eine Haftung nach den Gesichtpunkten der culpa in contrahendo auf die Wirksamkeit des Vertrages vertraut haben und mit Rücksicht auf Treu und Glauben nach § 242 BGB auch darauf vertrauen dürfen. Das ist nur zu bejahen, wenn es dem Vertragspartner nicht möglich ist, die Unwirksamkeit des Vertrages selbst bei gehöriger Sorgfalt zu erkennen, ohne dass er nachfragt. Denn eine Nachfragepflicht kann man dem Erklärungsempfänger nicht auferlegen. Schließlich ist die Wahrung der Form grundsätzlich nur ein Gebot im eigenen Interesse.

An dieser Stelle wird nun die Verdeckung der Ausfüllungshandlung durch den Blankettnehmer relevant. Dieser hat durch die verdeckte Ausfüllung den Anschein erweckt, als würde er eine vollständig vom Blankettgeber stammende und von diesem ordnungsgemäß unterzeichnete schriftliche Bürgschaftserklärung als Bote übermitteln. *Dadurch* wurde das besondere, eine Schadensersatzpflicht auslösende Vertrauen des Erklärungsempfängers in die Formwirksamkeit der Bürgschaftserklärung geweckt. Denn der Erklärungsempfänger konnte selbst bei gehöriger Sorgfalt ohne Nachfrage nicht erkennen, dass die Bürgschaftserklärung aus einem Blankett entstanden und deshalb formnichtig ist. Weil er nicht zur Nachfrage verpflichtet ist, durfte er auch darauf vertrauen, dass die Bürgschaftserklärung formgültig ist.

Mit der Inanspruchnahme des besonderen Vertrauens kann eine Verpflichtung des Blankettgebers zum Schadensersatz entstehen, wenn ihm das vertrauenserweckende Verhalten, die Verdeckung der Ausfüllungshandlung, auch zugerechnet werden kann.

Die Verdeckungshandlung ist ihm zurechenbar, wenn er sie selbst veranlasst hat. Dies ist zu bejahen, wenn er den Blankettnehmer zur verdeckten Ausfüllung veranlasst hat. In diesem Falle liegt ein Eigenverschulden des Blankettgebers vor.

In Betracht kommt aber auch, dass der Blankettgeber das Blankett mit der Anweisung übergibt, die Blankettlage offen zu legen oder dass er stillschweigend davon ausgeht, dass der Blankettnehmer die Blankettlage aufdeckt. Füllt der Blankettnehmer in diesen Fällen verdeckt aus, trifft ihn das Verschulden. Folglich liegt Fremdverschulden vor.

Für die Zurechnung dieses Fremdverschuldens kommt als Zurechnungsnorm § 278 BGB in Betracht, der auf das Schuldverhältnis der c.i.c. anwendbar ist [864]. Der Blankettnehmer ist Erfüllungsgehilfe im Sinne des § 278 BGB[865]. Denn er ist mit dem Willen des Blankettgebers in dessen Pflichtenkreis tätig geworden[866]. Schließlich hat er ihm das Blankett zur Ausfüllung und Inverkehrgabe ausgehändigt. Auch eine in innerem sachlichem Zusammenhang mit der Aufgabe stehende schuldhafte Verletzungshandlung liegt vor. Denn der Blankettnehmer hat durch die Verdeckung der Ausfüllungshandlung eine ihm wegen seines überlegenen Wissens obliegende Aufklärungspflicht verletzt. Er hätte den Erklärungsempfänger darüber informieren müssen, dass er das Blankett als Vertreter ausgefüllt und nicht lediglich als Bote eine bereits fertige Willenserklärung des Blankettgebers übermittelt hat. Dabei handelte er nicht lediglich bei Gelegenheit der Vertragserfüllung.

Allerdings soll eine Haftung aus culpa in contrahendo nur in Betracht kommen, wenn eine vorsätzliche Herbeiführung der Unwirksamkeit des Vertrages zum Vorwurf gemacht werden kann[867]. Soweit also ein Vertragsteil im anderen lediglich leicht fahrlässig das Vertrauen weckt, der Vertrag werde zustande kommen, könne hierauf grundsätzlich kein Schadensersatzanspruch gestützt werden[868]. Hingegen könne ein Schadensersatzanspruch bestehen, wenn eine Partei besonderes Ver-

---

[864] Vgl. Palandt (Heinrichs), § 278, Rz. 2; § 276, Rz. 92, BGH NJW 2001, S. VI f.; allgemeine Meinung.

[865] Vgl. Larenz, SchR I, § 9 I, 4, S. 114.

[866] Vgl. BGH NJW 2001, S. VI: Hier haftete ein Konkursverwalter wegen Überlassung von blanko unterschriebenen Überweisungsformularen an seinen Angestellten. Dessen Verhalten wurde ihm über § 278 BGB zugerechnet weil er den Angestellten beauftragt hatte, die Entscheidung über die Erfüllung von Masseverbindlichkeiten vorzubereiten.

[867] dazu kritisch beim Abbruch von Vertragsverhandlungen Kaiser, JZ 1997, S. 448 (451).

[868] So auch MüKo (Einsele), 4. Aufl., §125, Rz. 50.

trauen in Anspruch nehme, für die ordnungsgemäße Vertragsdurchführung zu sorgen. In diesen Fällen genüge auch ein leicht fahrlässiges, pflichtwidriges Verhalten, so dass ein Schadensersatzanspruch auch gegen denjenigen gegeben sein könne, dem selbst das Formerfordernis nicht bekannt gewesen sei[869]. Zum Schutze des Verhandlungspartners vor Übereilung genüge es, wenn man für dessen Haftung wegen culpa in contrahendo verlange, dass er im anderen ein gesteigertes Vertrauen erzeugt habe. Eine weitere Verschärfung der Haftungsvoraussetzungen, indem man am subjektiven Tatbestand ansetze und eine vorsätzliche Täuschung verlange, mache keinen Sinn. Dass er ausnahmsweise nicht wisse, was er tue oder inwieweit er zur Aufklärung verpflichtet sei, berge gegenüber der Vorsatzhaftung keine gesteigerte Gefahr in sich, den indirekten Zwang in Richtung auf den Vertragsschluss zu verstärken[870]. Immerhin habe der *BGH*[871] nur im Grundsatz eine vorsätzliche Pflichtverletzung verlangt. Wenn der BGH die Voraussetzungen für den Schadensersatzanspruch aus culpa in contrahendo den Voraussetzungen angleichen will, unter denen er einem Vertragspartner die Berufung auf die Formnichtigkeit des Vertrages verwehrt, dann muss es genügen, wenn das besondere Vertrauen der anderen Partei bewusst geweckt worden ist.

Der Blankettnehmer nimmt dies bei der Vornahme der Verdeckungshandlung zumindest regelmäßig in Kauf.

b.) Ergebnis

Somit ergeben sich für die formnichtige, verdeckt ausgefüllte Blanketterklärung zwei Fallgruppen der culpa in contahendo:

Erstens die Begebung eines formnichtigen Blanketts mit der Veranlassung zur verdeckten Ausfüllung. Zweites die Begebung des formnichtigen Blanketts mit der ausdrücklichen oder stillschweigenden Anweisung, die Blankettlage offen zu le-

---

[869] Vgl. MüKo (Einsele), 4. Aufl., § 125, Rz. 50; BGH NJW 1865, S. 812 (814).

[870] Vgl. Kaiser, JZ 1997, S. 448 (452); MüKo (Einsele), 4. Aufl., § 125, Rz. 50.

[871] Vgl. BGH NJW 1996, S. 1884 (1885).

gen. Im ersten Falle liegt Eigenverschulden des Blankettgebers, im zweiten Falle, zurechenbares Fremdverschulden des Blankettnehmers vor.

In beiden Fällen verstößt der Blankettgeber nicht mehr nur gegen seine eigenen Interessen. Vielmehr ist er auch gegenüber dem Erklärungsempfänger verantwortlich, der in schutzwürdiger Weise darauf vertraut hat, dass alles Erforderliche geschehen ist, um den Vertrag wirksam zustande zubringen. Dass der Erklärungsempfänger darauf vertraut, weiß der Blankettgeber auch. Entweder hat er das Vertrauen selbst provoziert, so in der ersten Fallgruppe, oder er muss sich das Wissen des lediglich nach außen als Bote auftretenden Blankettnehmers nach dem Rechtsgedanken des § 166 I BGB zurechnen lassen. § 166 I BGB ist Ausdruck des allgemeine Rechtsgedankens, dass derjenige, der einen anderen mit der Erledigung bestimmter Angelegenheiten in eigener Verantwortung beauftragt, sich das in diesem Rahmen erlangte Wissen des anderen zurechnen lassen muss[872].

Als Zwischenergebnis ist festzuhalten, dass der Blankobürge bei verdeckt ausgefüllter, formnichtiger Blanketterklärung dem Erklärungsempfänger nach den Grundsätzen der culpa in contrahendo haftet.

Fraglich ist nun, welcher Schaden zu ersetzen ist. Die Frage nach dem Umfang der Haftung ist umstritten.

3.) Die Bestimmung des Umfangs der Schadensersatzpflicht nach dem Schutzbereich der culpa in contrahendo

Grundsätzlich ergeben sich die Rechtsfolgen der c.i.c. aus den §§ 249-252 BGB, so dass der Geschädigte verlangen kann, so gestellt zu werden, wie er ohne das schuldhafte Verhalten des anderen Teils stünde[873]. Der Anspruch ist in der Regel, aber nicht notwendig, auf das sogenannte negative Interesse gerichtet[874]. Je nach

---

[872] Vgl. Palandt (Heinrichs), § 166, Rz. 9; BGHZ 117, S. 104 (106); 83, S. 293 (296).

[873] Vgl. Reinicke/Tiedke, ZIP 1989, S. 1093 (1094).

[874] Vgl. MüKo (Emmerich), Vor § 275, Rz. 194; Soergel (Hefermehl), § 125, Rz. 41; Heiss, Formmängel, § 14 IV, S. 256.

dem Inhalt der verletzten Verhaltensnorm gelangt man zu unterschiedlichen Ausgestaltungen der jeweiligen Schadensersatzansprüche. Denn die Schadensersatzpflicht orientiert sich immer an deren Schutzzweck[875]. Haftet der Schädiger für eine Verletzungshandlung, so hat er das positive Interesse zu ersetzen. Er hat den Zustand herzustellen, der bei ordnungsgemäßer Durchführung des Vertrages gegeben wäre[876]. Haftet der Schädiger für eine Vertrauensverletzung, dann ist der Schadensersatz dafür zu leisten, dass der Geschädigte zu Unrecht auf das Zustandekommen des Vertrages vertraut hat. § 249 BGB verpflichtet den Schädiger dann zur Herstellung des Zustandes, der bestehen würde, wenn der Geschädigte auf die Erklärung oder das sonstige Verhalten des Schädigers nicht vertraut hätte[877].

Der Schutzbereich der culpa in contrahendo bezieht sich auf das „Rechtsverhältnis der Vertragsverhandlungen"[878], also das Stadium der Vertragsverhandlungen oder einem diesen gleichzustellenden geschäftlichen Kontakt, durch den ein vertragsähnliches Vertrauensverhältnis entsteht. Richtet man den Umfang der Schadensersatzpflicht am Schutzzweck der verletzten Verhaltensnorm aus[879], so folgt daraus auch, dass der Haftungsrahmen aus Verschulden bei Vertragsschluss immer nur ein Spiegelbild der Pflichten sein kann, die im Stadium der Vertragsanbahnung bereits begründet werden konnten[880], weil eben nur dieses Stadium vom Schutzbereich der culpa in contrahendo erfaßt wird. Aus dem Schutzzweck der c.i.c. folgt somit, dass der Zustand herzustellen ist, der ohne den vertragsanbahnenden Kontakt bestünde[881]. Damit kann der Geschädigte mindestens das negati-

---

[875] Vgl. MüKo (Grunsky), Vor § 249, Rz. 47.

[876] Vgl. Larenz, SchR I, § 27, II, 4, S. 430; MüKo (Grunsky), Vor § 249, Rz. 47.

[877] Vgl. MüKo (Grunsky), Vor § 249, Rz. 47; Larenz, SchR I, § 27 II 4, S. 431.

[878] Vgl. H. Stoll, in Festschrift für Ernst von Caemmerer zum 70. Geburtstag, S. 435 ff (435).

[879] Vgl. MüKo (Grunsky), Vor § 249, Rz. 47; Soergel (Hefermehl), 13. Aufl., § 125, Rz. 42

[880] Vgl. Häsemeyer, Die gesetzlich Form, S. 68.

[881] Vgl. Soergel (Hefermehl), § 125, Rz. 42; Flume, Das Rechtsgeschäft, § 15 III 4 c, dd.), S. 283.

ve Interesse, unter Umständen aber auch das positive Interesse ersetzt verlangen[882].

Es fragt sich, in welchem Umfang der Blankettgeber zum Schadensersatz verpflichtet ist und ob von seiner Schadensersatzverpflichtung gar eine Ausnahme zu machen ist, sie also gänzlich entfällt, weil das Bürgschaftsgeschäft der Form des § 766 BGB bedurft hätte.

a.) Der Anspruch auf Abschluss eines formgültigen Vertrages als Naturalerfüllung (Erwirkung)

Unter Berufung auf die Hypothese, dass der Vertrag ohne das schuldhafte Verhalten des Schädigers formgerecht zustande gekommen wäre, wird im Schrifttum zum Teil angenommen, dass dem geschädigten Gläubiger ein auf Naturalrestitution gerichteter Schadensersatzanspruch zustehe. Dieser Anspruch sei auf Abschluss eines formgerechten Vertrages oder auf Erfüllung gerichtet[883]. Eine solche Erfüllungshaftung aus culpa in contrahendo bei Mängeln der gesetzlichen Form ist jedoch abzulehnen[884]. Denn dies würde auf einen die Formzwecke vereitelnden Kontrahierungszwang hinauslaufen[885].

---

[882] Vgl. Reinicke/Tiedke, ZIP 1989, S. 1093 (1094, 1096); Soergel (Hefermehl), § 125, Rz. 42; BGH NJW 2001, S. 2875 (2876), ständige Rechtsprechung; Häsemeyer, Die gesetzliche Form, S. 64.

[883] Vgl. Gernhuber, Festschrift für Schmidt-Rimpler, S. 165; Reinicke, Rechtsfolgen S. S. 126 ff; ders., DB 1967, S. 109 (113).

[884] Vgl. Soergel (Hefermehl), § 125, Rz. 42; Flume, Das Rechtsgeschäft, § 15 III 4, S. 283; Lorenz, JuS 1966, S. 429, 436; auch Reinicke/Tiedke, ZIP 1989, S. 1093 (1094); Häsemeyer, Die gesetzliche Form, S. 65; Medicus, JuS 1965, S. 214.

[885] MüKo (Emmerich), Vor § 275, Rz. 162; Flume, Das Rechtsgeschäft, § 15 III, 4, S. 283; Larenz, SchR I, § 9 I 3, S. 113, 114; Häsemeyer, Die gesetzliche Form, S. 64 ff; Medicus, BR, Rz. 185 hat sich gänzlich gegen einen Anspruch aus culpa in contrahendo ausgesprochen; Staudinger (Dilcher), § 125, Rz. 37; BGH NJW 1992, S. 1037 (1039); BGH WM 1981, S. 787 (788); BGH WM 1968, S. 1402 (1403); BGH NJW-RR 1988, S. 288 (289): „Bereits keinen Anspruch auf Erfüllungssurrogat".

b.) Die Haftung auf das positive Interesse (Erfüllungsinteresse)

Fraglich ist, ob der Geschädigte das positive Interesse ersetzt verlangen kann. Der als Schadensersatz herzustellende frühere Zustand im Sinne des § 249 BGB, der ohne das schädigende Ereignis eingetreten wäre, stellt auf die Entwicklung der Dinge ab, die sich ohne das schädigende Ereignis in aller Wahrscheinlichkeit nach allgemeinen Erfahrungsgrundsätzen vollzogen hätte[886]. Deshalb wird überwiegend vertreten, dass der Geschädigte den Ersatz des Erfüllungsinteresses verlangen kann, wenn es ohne das schuldhafte Verhalten zum Vertragsschluss gekommen wäre[887]. Der Umfang der Schadensersatzpflicht hängt demnach davon ab, ob der Vertrag ohne die Irrtumserregung formgerecht abgeschlossen worden wäre[888]. Ist bei Würdigung der Umstände die Annahme begründet, dass der Vertrag bei Kenntnis der Formbedürftigkeit nicht formgerecht abgeschlossen worden wäre, so kann der Gläubiger weder Erfüllung noch das Erfüllungsinteresse fordern[889]. Wäre der Vertrag dagegen formgerecht abgeschlossen worden, so würde sich hiernach der Vertrauensschaden mit dem Erfüllungsinteresse decken[890]. Darin wird auch kein Verstoß gegen den Grundsatz der Privatautonomie gesehen. Vielmehr werde im Wege des Schadensersatzes gerade der Zustand hergestellt, der dem Willen der Parteien entsprochen habe[891].

---

[886] Vgl. Erner, Diss., S. 50; MüKo (Grunsky), § 249, Rz. 3.

[887] So Palandt (Heinrichs), § 276, Rz. 101; MüKo (Emmerich), Vor § 275, Rz. 194; Lorenz, JuS 1966, S. 429 (432), Fn. 17; Heiss, Formmängel, § 14 IV, S. 356 f.; RGZ 103 , S. 52; 151, S. 357 (359)BGH NJW 1965, S. 812; BGH WM 1965, S. 674 (675); BGH BB 1974, S. 1039 (1040); OLG Düsseldorf NJW-RR 1986, S. 509 (510); BGH NJW 2001, S. 2875 (2875), allg. Meinung.

[888] Vgl. MüKo (Förschler), 3. Aufl., § 125, Rz. 47; MüKo (Einsele), 4. Aufl., § 125, Rz. 51 ebenfalls gegen die Auffassung des BGH, dass dann, wenn ohne die vorvertragliche Pflichtverletzung der Vertrag formgültig abgeschlossen worden wäre, der Anspruchsinhaber das Erfüllungsinteresse ersetzt verlangen könne; Canaris, Vertrauenshaftung, S. 292; Reinicke, Rechtsfolgen, S. 122 ff, 126; MüKo (Emmerich), Vor § 275, Rz. 194; a. A. Häsemeyer, Die gesetzliche Form, S. 68, 71; Staudinger (Löwisch), Vorbem. zu §§ 275 ff, Rz. 75; Flume, Das Rechtsgeschäft, § 15 III 4 dd.), S. 282 f.; BGH NJW 1965, S. 812 (814); BGH BB 1974, S. 1039 (1040); BGH NJW 2001, S. 2875 (2875).

[889] Vgl. MüKo (Förschler), 3. Aufl., § 125, Rz. 47; MüKo (Einsele), 4. Aufl., § 125, Rz. 51; Reinicke, Rechtsfolgen, S. 122.

[890] Reinicke, Rechtsfolgen, S. 126; vgl. auch MüKo (Förschler), 3. Aufl., § 125, Rz. 48; BGH NJW 1965, S. 812 (814); BGH WM 1965, S. 674.

[891] Vgl. Reinicke, Rechtsfolgen, S. 126, 127 ff.

Gegen diese Ansicht wird eingewandt, dass auch ein Anspruch auf das Erfüllungsinteresse in Geld dem Zweck der Formvorschrift widerspreche[892]. Die Ansicht beruhe auf einer Fehlinterpretation des § 249 BGB, soweit das hypothetische Verhalten des Schädigers als Maßstab für den Umfang der Schadensersatzpflicht genommen werde[893]. Es verstoße auch gegen den Grundsatz der Privatautonomie, wenn man auf der Rechtsfolgenebene die Erwägung berücksichtige, dass der schuldhaft Handelnde einen formgültigen Vertrag abgeschlossen hätte[894]. Zwar könne auf diese Weise auf der Rechtsfolgenebene der Zustand hergestellt werden, der dem Willen des schuldhaft Handelnden entspreche[895]. Rechnet man jedoch dem Schädiger die bloße Wahrscheinlichkeit zu, dass der Vertrag ohne Irrtumserregung zustande gekommen wäre, dass er sich also bei rechtzeitiger Reaktion des Geschädigten anders verhalten hätte, dann privilegiert man den böswilligen, vorsätzlichen Schädiger gegenüber dem fährlässigen Schädiger. Denn Ersterer hätte von Anfang an keinen Vertragsschluss im Sinn gehabt und müsste folglich nur auf Ersatz des negativen Interesses haften. Letzterer hingegen müsste durch das Eingestehen, dass er fahrlässig die Formwirksamkeit verhindert hat auf das Erfüllungsinteresse haften[896]. Die Privilegierung des Böswilligen gegenüber dem Redlichen steht aber in Widerspruch zum Sanktionscharakter der Verschuldenshaftung. Auch ein „Erst-Recht-Schluss“ lässt sich mit der hypothetischen Entwicklung hin zum Vertragsschluss nicht vereinbaren.

Weiterhin wird eingewandt, dass Pflichten in Richtung auf den Vertragsschluss deshalb nicht aus einem vorvertraglichen Vertrauensverhältnis abgeleitet werden können, weil es dessen wesentliches Charakteristikum sei, dass alle Beteiligten die Freiheit behalten, sich für oder gegen einen Vertragsschluss zu entscheiden,

---

[892] Soergel (Hefermehl), 13. Aufl., § 125, Rz. 42; Flume, Das Rechtsgeschäft, § 15 III, 4, S. 283; Medicus, JuS 1965, S. 214; Häsemeyer, Die gesetzliche Form, S. 65.

[893] Vgl. Häsemeyer, Die gesetzliche Form, S. 65; Flume, Das Rechtsgeschäft , § 15 III, 4,c, dd, S. 283.

[894] Vgl. Flume, Das Rechtsgeschäft, § 15 III, 4 c,dd, S. 283, 284.

[895] So Reinicke, Rechtsfolgen, S. 127.

[896] Vgl. Häsemeyer, Die gesetzliche Form, S. 65 ff; Staudinger (Löwisch), Vorbem. zu §§ 275 ff., Rz. 75.

solange ihr Wille noch nicht durch Rechtsgeschäft (eben durch ein formgerechtes) Verwirklichung gefunden habe[897].

Gegen die Maßgeblichkeit des hypothetischen Vertragsschlusses spricht jedenfalls, dass auf den Formzweck Bedacht zu nehmen ist[898]. Eine Haftung, die letztlich darauf hinausläuft, den Geschädigten so zu stellen, wie er stünde, wenn der Vertrag ordnungsgemäß abgeschlossen worden wäre, ist nur dann zulässig, wenn damit die Formzwecke nicht vereitelt werden[899]. Es ist also immer eine Abwägung mit den Wertungen der Formvorschrift vorzunehmen. Hielte man den Blankobürgen, der durch das Blankettieren schuldhaft die Formwirksamkeit der Bürgschaft verhindert hat, daran fest, dass der Vertrag ohne Irrtumserregung durch seinen Erfüllungsgehilfen, den Blankettnehmer, formgerecht abgeschlossen worden wäre und würde man den Umfang der Haftung an den Nachweis des Gläubigers knüpfen, dass dieser, hätte er den Formmangel gekannt, die Einhaltung der Form gefordert und auch erreicht hätte[900], so müsste man für diesen Nachweis zumindest dann, wenn die Formvorschrift gerade den Schuldner vor Übereilung schützen soll, zusätzlich fordern, dass der Formschützling erklärt, er hätte den Vertrag ohne sein schuldhaftes Verhalten formgerecht und mit dem Inhalt abgeschlossen. Denn es ist anerkannt, dass der Formzweck nicht entgegensteht, wenn der Formschützling trotz Formnichtigkeit zum Geschäft stehen will. Das findet bereits in § 766 S. 2 BGB seinen Ausdruck, wonach der Formmangel geheilt wird, soweit der Bürge seine Hauptverbindlichkeit erfüllt. Ausreichend ist auch, wenn er sich zur formgerechten Erteilung der Bürgschaft bereit erklärt hat[901]. Wenigstens muss man also fordern, dass der Gläubiger den Nachweis erbringt, dass sich der Formschützling

---

897 Vgl. Häsemeyer, Die gesetzliche Form, S. 69 f. unter Verweis auf Erman, AcP 139, S. 273 ff (274); Ballerstedt, AcP 151, S. 503 f.; Reinicke, DB 1967, S. 109 (111); Reinicke/Tiedke, ZIP 1989, S. 1093 (1096)

898 Vgl. Soergel (Hefermehl), § 125, Rz. 42; so wohl auch MüKo (Emmerich), Vor § 275, Rz. 162; ebenso BGH NJW 1970, S. 1840 (1841); BGH NJW 1975, S. 43 (44); BGH NJW 1992, S. 1037 (1038 f.).

899 Vgl. Medicus, BR, S. 185, der die Formzwecke sogar durch die Haftung auf das negative Interesse vereitelt sieht; ders. JuS 1965, S. 209 (214), Die Grenzen der Haftung aus culpa in contrahendo.

900 In Anlehnung an Reinicke, Rechtsfolgen, S. 126.

901 Vgl. MüKo (Förschler), 3. Aufl., § 125, Rz. 68, 69; Reinicke, Rechtsfolgen, S. 67; NJW 1983, S. 566 (567);

die Konsequenzen der Bürgschaftserklärung vor Augen geführt hat, dass er also nicht übereilt gehandelt hat, als er das Blankett unterzeichnete. Dieser Nachweis, dass sich der Blankobürge die Konsequenzen der in der Urkunde enthaltenen Erklärung im Zeitpunkt ihrer Abgabe auch ausreichend vor Augen geführt hat, dürfte dem Gläubiger kaum möglich sein. Die Urkunde als Beweiszeichen würde durch den Gegenbeweis, dass die Erklärung aus einem Blankett entstanden ist, widerlegt werden. Schon allein deshalb darf bei der Blankobürgschaft nur ein Anspruch auf Ersatz des negativen Interesses in Betracht kommen[902].

Haftet also ein Blankobürge aus formnichtiger Blankobürgschaft nach den Grundsätzen der culpa in contrahendo, so bedeutet dies, dass er dem Gläubiger den Schaden ersetzen muss, den dieser dadurch erlitten hat, dass er auf die Gültigkeit vertraute. Er hat den Zustand herzustellen, der ohne das schädigende Verhalten eingetreten wäre. Somit kann der Gläubiger im Wege des Schadensersatzes aus culpa in contrahendo hier nur das negative Interesse ersetzt verlangen[903]. Wegen der Beachtlichkeit der Formzwecke spielt es keine Rolle, ob es ohne die Irrtumerregung zum formgerechten Vertragsschluss gekommen wäre. In Betracht kommt ausschließlich ein Anspruch auf Ersatz des negativen Interesses[904].

Fraglich ist aber, ob durch die Zubilligung von Schadensersatzansprüchen aus culpa in contrahendo auf das negative Interesse nicht ebenfalls die Formzwecke des § 766 BGB umgangen werden.

c.) Außerkraftsetzung der Formvorschriften durch Ersatz des negativen Interesses?

Gegen eine Haftung nach den Grundsätzen der culpa in contrahendo auf Erstattung des negativen Interesses werden ebenfalls Bedenken geäußert. Auch sie

---

[902] Vgl. auch MüKo (Einsele), 4. Aufl., § 125, Rz. 51.

[903] Im Ergebnis: MüKo (Emmerich), Vor § 275, Rz. 162 mit Nachweisen auf BGH NJW-RR 1988, S. 288 (289); NJW 1970, S. 1840 (1841); NJW 1975, S. 43 (44); NJW 1992, S. 1037 (1038 f.); MüKo (Einsele), 4. Aufl., § 125, Rz. 51; grds. auch Flume, Das Rechtsgeschäft, § 15 III 4 c, dd, S. 282 f..

beschränke die Erreichung der Formzwecke gerade dann, wenn die culpa in contrahendo beim Formschützling liege. Je mehr das negative Interesse der Erfüllung gleiche, umso stärker könne durch den Anspruch aus c.i.c. der hauptsächliche Zweck der Formvorschrift vereitelt werden, nämlich einer Partei Schutz vor Übereilung zu gewähren[905]. *Medicus* führt gerade die Bürgschaft als Beispiel an. Habe der Gläubiger den Kredit mit Rücksicht auf die (nichtige) Bürgschaftserklärung an den Hauptschuldner ausbezahlt, so bestehe das negative Interesse in der Erfüllung der nichtigen Bürgschaftsschuld[906]. Dass letztlich jeder auf Geldersatz gerichtete Anspruch mehr oder weniger der Erfüllung eines rechtsgeschäftlich begründeten Geldanspruchs gleicht, liegt in der Natur der Sache. Nicht immer stehen deshalb die Formzwecke entgegen. Vielmehr kommt es im Rahmen der Schadensersatzansprüche wegen Pflichtverletzung auf die Schutzwürdigkeit des Bürgen im konkreten Einzelfall an[907]. Denn der Formzweck des § 766 BGB besteht zwar im Schutz des Bürgen vor Übereilung. Dieser Formzweck soll ihn aber nicht auch davor schützen, dass er für schuldhaftes Verhalten im Rahmen von dessen schadensstiftender Relevanz, nämlich Veranlassung besonderen Vertrauens und Verletzung desselben, einstehen muss. Würde man die Zwecke der Formvorschriften so verstehen, so müsste man mit *Bülow*[908] den Warnzweck des § 766 BGB dahingehend interpretieren, dass „dies nichts anderes heiße, als dass der Erklärende an der Ausübung seines eigenen Willens gehindert werde, wenn er die Form nicht wahrt, zum Schutze vor Leichtfertigkeit, seiner Unüberlegtheit, kurz vor sich selbst." Nur sofern man Formvorschriften mit Warnfunktion als „durch das Element der Entmündigung"[909] gekennzeichnet sieht, lässt es sich rechtfertigen, eine Haftung nach den Grundsätzen der culpa in contrahendo in Anlehnung an den Haftungsausschluss bei Geschäftsunfähigkeit[910] zu verneinen. Diese Interpretation des Warnzwecks von Formvorschriften ist jedoch nicht vertretbar.

---

[904] So auch MüKo (Einsele), 4. Aufl., § 125, Rz. 51; Medicus, BR, Rz. 184.

[905] Vgl. Medicus, BR, R. 185; ders. In JuS 1965, S. 209 (214).

[906] Vgl. Medicus, BR, Rz. 185.

[907] Vgl. Medicus, BR, Rz. 185.

[908] Vgl. Bülow, ZIP 1996, S. 1694 (1695).

[909] So Bülow, ZIP 1996, S. 1694 (1695).

[910] Vgl. MüKo (Emmerich), Vor § 275, Rz. 69, m.w.N.

Die Formzwecke sollen der Verwirklichung der Privatautonomie dienen und nicht die Ausübung privatautonomen Handelns verhindern[911].

d. Ergebnis:

Es ist damit der herrschenden Meinung in Schrifttum[912] und Rechsprechung[913] zuzustimmen. Der Bürge soll also vor Übereilung beim Abschluss des Geschäfts geschützt werden. Er soll aber durch den Formzwang nicht vor Schadensersatzansprüchen bewahrt werden , die durch Gesetz entstehen, weil er das besondere Vertrauen seines Vertragspartners veranlasst und verletzt hat[914]. Dies ist der Gedanke, der hinter der Aussage in den Motiven[915] steckt wenn es heißt, dass die Nichtigkeit nicht die ungewollten Rechtsfolgen ausschließe. Mag er auch bei einer Haftung auf das negative Interesse in bestimmten Fällen erfüllungsgleich haften, so ist der Grund seiner Haftung sein schadensstiftendes Verhalten. Er hat besonderes Vertrauen veranlasst und verletzt und muss den dadurch entstandenen Vertrauensschaden ersetzen. Dies steht den Formzwecken nicht entgegen.

Anders jedoch, soweit ein Vertragsteil lediglich leicht fahrlässig im Erklärungsempfänger das Vertrauen weckt, der Vertrag werde formwirksam zustande kommen. Hierauf kann grundsätzlich kein Schadensersatzanspruch gestützt werden[916]. Erst wenn er *besonderes, qualifiziertes* Vertrauen weckt, genügt auch leicht fahrlässiges pflichtwidriges Verhalten, so dass ein Schadensersatzanspruch auch gegen denjenigen gegeben sein kann, dem selbst das Formerfordernis nicht bekannt war[917].

---

[911] Vgl. zu den Formzwecken allgemein 2.Kap.,B.,I.,2.).

[912] Reinicke/Tiedke, ZIP 1989, S. 1093 (1096); vgl. auch Küpper, Das Scheitern, S. 316 ff.;

[913] BGH WM 1967, S. 1010; BGH WM 1970, S. 1110; BGH WM 1979, S. 458 (562); BGH WM 1982, S. 1436.

[914] Vgl. auch Reinicke/Tiedke, ZIP 1989, S. 1093 (1096); Heiss, Formmängel, § 14 IV, S. 354; Motive I, S. 217; Coing, DNotZ 1965 (Sonderheft Deutscher Notartag), S. 29 ff (32).

[915] Motive I, S. 217.

[916] Ähnlich auch MüKo (Einsele), 4. Aufl., § 125, Rz. 50.

[917] Vgl. MüKo (Einsele), 4. Aufl., § 125, Rz. 50; BGH NJW 1965, S. 812 (814).

Damit ist das Maß seiner Schutzwürdigkeit abhängig vom Maß des im anderen Vertragsteil erweckten Vertrauen. Das ist der Schutzbereich der culpa in contrahendo.

e.) Die Vorteile der culpa in contrahendo - Haftung des Bankettgebers gegenüber der Rechtsscheinhaftung in Analogie zu § 172 II BGB

Zunächst ist die gefundene Lösung im Hinblick auf den Warnzweck bestimmter Formvorschriften gegenüber der Haftung aus veranlasstem Rechtsschein interessengerecht, weil nicht für den Schein eines wirksamen Rechtsgeschäfts gehaftet wird, sondern für einen besonderen Vertrauensschaden, den man durch ein pflichtwidriges Verhalten schuldhaft verursacht hat.

Hinzu kommt, dass sich mit dieser Lösung auch überlegenes Wissen des Erklärungsempfängers berücksichtigen lässt. Denn bei der Frage nach den Anforderungen an qualifiziertes Vertrauen sind auch die Besonderheiten und subjektiven Verhältnisse des Erklärungsempfängers zu beachten. So stellt sich diese Frage bei einer das Kreditgeschäft gewerbsmäßig betreibenden Bank anders, als bei einer Person, die die Vergabe von Darlehen nicht gewerbsmäßig betreibt.

Schließlich bietet die culpa-in-contrahendo-Lösung im Gegensatz zur Rechtsscheinhaftung auch die Möglichkeit, ein Mitverschulden des Erklärungsempfängers bei der Schadensentstehung über § 254 BGB anspruchsmindernd zu berücksichtigen[918].

---

[918] Vgl Soergel (Hefermehl), 13. Aufl., § 125, Rz. 42.

4.) Die vom negativen Interesse umfassten Schäden

Der Schadensersatzanspruch umfasst alle Aufwendungen die im Vertrauen auf die Gültigkeit des Vertrages gemacht worden sind. Zu beachten ist, dass der Gläubiger nicht besser stehen darf, als wenn sein Vertrauen nicht enttäuscht worden wäre[919]. Somit begrenzt das Erfüllungsinteresse den Vertrauensschaden[920].

Hat der Gläubiger den Kredit, zu dessen Sicherung die Bürgschaft dienen sollte, im Vertrauen auf die Wirksamkeit der Bürgschaft ausgezahlt und ist der Hauptschuldner zur Rückzahlung nicht in der Lage, so hat er das negative Interesse zu ersetzen. Dies umfasst den Betrag, den der Gläubiger als Darlehen gegeben hat.

Die für das Darlehen bedungenen Zinsen dienen als Vergütung für die zeitliche Einräumung der Gebrauchsmöglichkeit der Darlehensvaluta[921]. Diese, sowie alle weiteren Vergütungen[922], kann der Gläubiger nicht ersetzt verlangen, da es sich insoweit um einen Gewinn handelt, den der Gläubiger lediglich bei Durchführung des Geschäfts gemacht hätte[923] . Der entgangene Gewinn ist beim negativen Interesse aber nur dann ersetzungsfähig, sofern er auch gemacht worden wäre, wenn der Gläubiger die Unwirksamkeit des Vertrages gekannt hätte. In Betracht kommt daher nur der Fall, dass der Gläubiger nachweisen kann, dass er, hätte er die Unwirksamkeit gekannt, ein anderes Geschäft getätigt und bei diesem jenen Gewinn erzielt hätte[924]. Insoweit sind auch die Schäden ersetzungsfähig, die aus dem Verzicht auf Alternativverwendungen entstanden sind.

Soweit der Gläubiger mit einer Refinanzierung des Darlehens eingesetzt hat und Ansprüche daraus auch weiterhin erfüllen muss, handelt es sich jedoch um einen echten Vertrauensschaden, der über die culpa in contrahendo ersetzungsfähig ist.

---

[919] Vgl. MüKo (Einsele), 4. Aufl., § 125, Rz. 51; Reinicke, Rechtsfolgen, S. 122-126; BGH WM 1962, S. 347 (349); a. A. Soergel (Hefermehl), 13. Aufl., § 125, Rz. 42.

[920] Vgl. Dörner/Ebert/Eckert/Hoeren/Kemper/Schulze/Staudinger (Schulze), Vor §§ 249-253, Rz. 12; MüKo (Einsele), 4. Aufl., § 125, Rz. 51.

[921] Vgl. MüKo (Westermann), § 608, Rz. 1, 3. Aufl.

[922] Vgl. zum Vergütungscharakter: MüKo (Westermann), § 608, Rz. 6.

[923] Vgl. MüKo (Grunsky), 3. Aufl., Vor § 249, Rz. 47.

[924] Vgl. MüKo (Grunsky), 3. Aufl., Vor § 249, Rz. 47.

5.) Ergebnis:

Weil der Blankobürge nach den Grundsätzen der culpa in contrahendo gegenüber dem Erklärungsempfänger schadensersatzpflichtig ist, fehlt es am schlechthin untragbaren Ergebnis und damit an der Voraussetzung für die Einschränkung der Nichtigkeit nach den Grundsätzen von Treu und Glauben. Folglich findet § 242 BGB keine Anwendung[925]. Dem steht keineswegs entgegen, dass über die c.i.c. nur das negative Interesse ersetzt wird. Wegen der Gefahr der Aushöhlung der Formvorschriften öffnet sich der Anwendungsbereich des § 242 BGB ohnehin nur ganz ausnahmsweise.

Der in der Entscheidung des BGH aus dem Jahre 1996 vertretenen Auffassung, der Blankobürge, der die Blanketturkunde einem anderen ohne formgerechte Ermächtigung überlasse, habe gegenüber einem gutgläubigen Dritten in zurechenbarer Weise einen Rechtsschein gesetzt (§ 172 II BGB analog), auf den sich der redliche Geschäftspartner verlassen könne, ist nicht zuzustimmen. Der einzig in Betracht kommende Haftungsgrund bei der Inanspruchnahme des Blankobürgen bei der verdeckten Blankettlage wurde übersehen. Der Blankobürge haftet entgegen der Ansicht des BGH bei der verdeckten Blankettlage allein nach den Grundsätzen der culpa in contrahendo auf das negative Interesse. Damit fehlt es regelmäßig an der untragbaren Härte des Ergebnisses, die den Weg für eine Nichtigkeitsbeschränkung nach § 242 BGB öffnet.

C. Sonderfall: Zession der Hauptschuld

Im Normalfall gehen bei der Abtretung der Hauptschuld die Rechte aus einer für sie bestellten Bürgschaft gemäß § 401 I BGB wegen deren Akzessorietät auf den neuen Gläubiger über. Es stellt sich die Frage, was mit der formnichtigen Blankobürgschaftserklärung geschieht. Wegen des Formmangels kommt der Bürgschaftsvertrag nicht wirksam zustande. Damit geht der Anspruch des Gläubigers gegen den Bürgen aus dem Bürgschaftsvertrag auch nicht nach § 401 I BGB mit der Abtretung der Hauptschuld auf den neuen Gläubiger über. Fraglich ist daher,

---

[925] Vgl. BGH NJW 1965, S. 812 (813).

ob der Anspruch gegen den Bürgen aus dem nichtigen Bürgschaftsvertrag kraft Rechtsschein erworben werden kann.

Der *BGH*[926] hat zu dieser Frage nicht ausdrücklich Stellung genommen. Aber er hat in seiner Entscheidung[927], dass „in entsprechender Anwendung des § 172 II BGB derjenige, der ein Blankett mit seiner Unterschrift aus der Hand gibt, den durch dessen Ausfüllung geschaffenen Inhalt einem gutgläubigen Dritten gegenüber als seine Erklärung gegen sich gelten lassen muss, unabhängig davon, ob die Blanketturkunde einem anderen ohne formgerechte Ermächtigung überlassen worden ist und deshalb durch die Ergänzung keine formgerechte Verpflichtung entstehen kann“, zum Ausdruck gebracht, dass dieser Rechtsschein nach der von ihm vertretenen Auffassung konsequenter Weise auch für den gutgläubigen Zessionar gelten muss. Denn er erhält eine vollständige Urkunde, von der er annehmen darf, die darin enthaltene Erklärung stamme vom Bürgen selbst, wenn ihm die vollständige Bürgschaftsurkunde vom Zedenten vorgelegt wird und er darauf vertraut, dass für die abzutretende Forderung eine wirksame und darüber hinaus akzessorische Sicherheit bestellt worden ist.

Einer entsprechenden Anwendung des § 172 II BGB auf den gutgläubigen Dritten, dem eine Urkunde vorgelegt wird, steht jedoch entgegen, dass nach allgemeiner Ansicht ein gutgläubiger Forderungserwerb grundsätzlich ausgeschlossen und nur in den eng begrenzten Ausnahmefällen des § 405 BGB möglich ist[928]. § 405 BGB bestimmt, dass der Schuldner, der eine Urkunde über die Schuld ausstellt, sich gegenüber dem neuen Gläubiger nicht darauf berufen kann, wenn die Forderung unter Vorlegung der Urkunde abgetreten wird, dass die Eingehung oder Anerkennung des Schuldverhältnisses nur zum Schein erfolgt oder dass die Abtretung durch Vereinbarung mit dem ursprünglichen Gläubiger ausgeschlossen sei, es sei denn, dass der neue Gläubiger bei der Abtretung des Sachverhalt kannte oder kennen musste. Einer Analogie ist diese Norm nicht zugänglich, weil es sich um

---

[926] BGHZ 132, S. 119 ff. (127 f.).

[927] BGHZ 132, S. 119 ff. (127 f.).

[928] Vgl. Palandt (Heinrichs), § 405, Rz. 1.

eine Ausnahmevorschrift handelt[929]. Wenn danach der Zessionar bereits die ihm abgetretene Forderung nur ganz ausnahmsweise kraft guten Glaubens erwerben kann, so muss dies erst recht für die akzessorischen Sicherungsrechte gelten. Folglich führt die vom BGH vertretene Rechtsscheinhaftung in Analogie zu § 172 II BGB zu einer bedenklichen Ausdehnung der nur ausnahmsweise in eng begrenzten Fällen zulässigen Rechtsscheinhaftung im Zessionsrecht, das mit § 405 BGB eine spezielle und damit § 172 II BGB vorgehende Haftungsnorm hat. Es steht im Widerspruch zum Rechtsgedanken des § 405 BGB, für alle rechtshindernden Einwendungen, die der Urkunde nicht angesehen werden können, eine Rechtsscheinhaftung zu statuieren. Um diesen Widerspruch zu vermeiden, müsste die Rechtsscheinhaftung des Bürgen hier auf die im Zessionsrecht in unmittelbarer oder ausnahmsweise entsprechender Anwendung des § 405 BGB zulässigen Fälle beschränkt werden.

Eine entsprechenden Anwendung des § 172 II BGB zugunsten des gutgläubigen Zessionars kommt aber nach der hier vertretenen Lösung nicht in Betracht. Denn selbst wenn dem Zessionar die (nichtige) Bürgschaftsurkunde zum Beweis des Bestehens einer Sicherheit für die abgetretene Hauptforderung in verbriefter Form vorgelegt wird und er auf die Wirksamkeit des akzessorischen Sicherungsrechtes vertraut hat, so kommt es auf den Vertrauensschutz in den Grenzen des § 405 BGB in unmittelbarer oder entsprechender Anwendung nicht an. Schließlich muss auch im Falle der Zession gelten, dass sich der Schutz des Vertrauens auf den Rechtsschein einer formgemäßen Urkunde nicht gegenüber dem Schutzzweck des § 766 BGB durchsetzen kann.

Somit kommt ein Anspruch des Zessionars gegen den Bürgen weder aus einer nach § 401 I BGB kraft ihrer Akzessorietät übergegangenen Einstandspflicht des Bürgen in Betracht, weil die Bürgschaft formnichtig ist. Noch kommt eine Haftung des Bürgen gegenüber dem Zessionar kraft Rechtsschein in Betracht, weil der

---

[929] Vgl. Palandt (Heinrichs), § 405, Rz. 1.

Vertrauensschutz gegenüber dem Schutzzweck des § 766 BGB vor Übereilung nachrangig ist.

Damit stellt sich aber die Frage, ob der dem Zedenten gegen den Bürgen zustehende Schadensersatzanspruch aus culpa in contrahendo (§§ 311 II Nr. 1, 241 II BGB) auf Ersatz des negativen Interesses auf den Zessionar übergegangen sein könnte. Dieser Schadensersatzanspruch ist bereits vor der Abtretung in der Person des Zedenten entstanden, wenn dieser die Darlehenssumme an den Hauptschuldner auszahlt. Damit bildet der Anspruch einen selbständigen Übertragungsgegenstand.

Ein Übergang nach § 401 I BGB analog kommt für solche selbständigen und forderungserweiternden subjektiven Rechte aus demselben Schuldverhältnis nicht in Betracht[930]. Denn in entsprechender Anwendung des § 401 BGB gehen nur andere unselbständige Sicherungsrechte, wie zum Beispiel der Anspruch auf Bestellung einer akzessorischen Sicherheit[931] oder Hilfsrechte über, derer der Neugläubiger zur Geltendmachung der Forderung bedarf, wie der Anspruch auf Auskunft und Rechnungslegung[932]. Bereits entstandene Schadensersatzansprüche aus demselben Schuldverhältnis sind selbständiger Natur[933]. Dies gilt erst recht für den kraft Gesetzes entstehenden Anspruch aus culpa in contrahendo. Für bereits entstandene, forderungserweiternde Schadensersatzansprüche hat das Reichsgericht[934] den Zedenten im Zweifel als schuldrechtlich verpflichtet angesehen, den Anspruch auf den Zessionar zu übertragen. Dem ist die herrschende Meinung gefolgt und bejaht ebenfalls für bereits entstandene Schadensersatzansprüche einen gesonderten schuldrechtlichen Abtretungsanspruch[935]. Dem ist zuzustimmen.

---

930 Vgl. Palandt (Heinrichs), § 401, Rz. 6; Schopp, MDR 1990, S. 11 ff. (11).

931 Vgl. Palandt (Heinrichs), § 401, Rz. 4; Jauernig/ Schlechtriem/ Stürner/ Teichmann/ Vollkommer (Stürner), § 401, Rz. 2; RGZ 126, S. 384 ff.).

932 Vgl. Palandt (Heinrichs), § 401, Rz. 4; Jauernig / Schlechtriem / Stürner / Teichmann / Vollkommer (Stürner), § 401, Rz. 3.

933 Vgl. Jauernig / Schlechtriem / Stürner / Teichmann / Vollkommer (Stürner), § 401, Rz. 6; Palandt (Heinrichs), § 401, Rz. 6; Erman 8H.P. Westermann), § 401, Rz. 5.

934 Vgl. RGZ 72, S. 141.

935 Vgl. MüKo (Roth), 4. Aufl., § 401, Rz. 15; Erman (Westermann), § 401, Rz. 5; RGZ 72, S.138 (141); 123, S. 378 (379 f.).

Denn der Schaden ist beim Zedenten entstanden, so dass der Ersatzanspruch für ihn nicht wertlos wird, wenn er von der Hauptforderung isoliert wird. Erlangt der Zedent aber durch die Leistung des Zessionars ein Surrogat für den Schadensersatzanspruch gegen den Bürgen und wandert der Schaden infolge dessen weiter zum Zessionar, der im Vertrauen auf das Bestehen der der Sicherung der Forderung dienenden Bürgschaft dieselbe erworben hat, so erwirbt dieser einen durch die Erfüllung des der Abtretung zugrunde liegenden Rechtsgeschäfts bedingten schuldrechtlichen Anspruch auf Abtretung des Schadensersatzanspruchs aus culpa in contrahendo in Höhe des Surrogats gegen den Zedenten. Hat der Zedent dem Zessionar die Bürgschaftsurkunde vorgelegt, so kann dies als stillschweigende Abtretung des Schadensersatzanspruchs in Höhe des Surrogats ausgelegt werden. Einem solchen Verständnis steht der Formzweck des § 766 BGB nicht entgegen.

5. Kapitel: Zusammenfassung aller Ergebnisse

I. Die Bedeutung der Unterschrift und der Blankounterschrift im Tatbestand des § 126 BGB

Die eigenhändige Unterschrift dokumentiert die Erfüllung der Zwecke der Formvorschrift. Dies sind die Funktionen der Abschlussklarheit, der Inhaltsklarheit, der Echtheit und der Beweissicherung, sowie in beschränktem Umfang auch die Funktion des Übereilungsschutzes. Im Tatbestand des § 126 BGB hat die Blankounterschrift im Hinblick auf die vom Ausfüllenden (mit oder ohne Weisungsbindung) niedergeschriebenen Schriftzeichen aneignende Wirkung. Sie macht damit den Blankozeichner zum Aussteller der Erklärung. Damit fällt sie aus dem Rahmen des ordnungsgemäßen Verfahrens heraus, weil der Unterzeichner auf besonderem Wege, nämlich durch Aneignung auch fremden Gedankenguts formal zum Aussteller der Urkunde im Sinne des § 126 BGB wird. Es ist jeweils gesondert zu prüfen, ob mit diesem außerhalb des ordnungsgemäßen Skripturverfahrens liegenden Vorgehen (Blankett) die besonderen Zwecke der einzelnen, für die verschiedenen

Geschäftstypen geltenden Formvorschriften gewahrt sind. Bei § 766 S. 1 BGB ist dies nicht der Fall, wenn der Bürge eine Blankounterschrift ohne formgerechte Vollmacht oder Ermächtigung aus der Hand gibt.

Damit ist geklärt, dass und wie die Blankounterschrift grundsätzlich die Form des § 126 BGB wahrt und in welchen Fällen die Blankounterschrift nicht durch eine aufgrund mündlicher Legitimation vorgenommenen Ergänzung der Urkunde zu einer formwirksamen Erklärung wird.

II. Die Bedeutung der Unterschrift im objektiven Erklärungstatbestand

Die Unterschrift ermöglicht im objektiven Erklärungstatbestand die Zuordnung des Willens zum Rechtssubjekt und erfüllt so die Bestimmtheitserfordernisse einer Willenserklärung. Sie entfaltet darüber hinaus ihre Bedeutung im objektiven Erklärungstatbestand schriftlicher Willenserklärungen als Bekenntnis zum konkreten Geschäftswillen. Die Unterschrift im Erklärungstatbestand einer schriftlichen Willenserklärung ist in sinngebender Verbindung mit der Erklärung Bekenntnis zum konkreten Geschäftswillen, während aus dem Wortlaut der Erklärungsniederschrift ersichtlich ist, welche rechtlich relevante Erklärung abgegeben wird und welcher konkrete Rechtserfolg herbeigeführt werden soll. Damit objektiviert die Unterschrift den Willen des Unterzeichners, einen bestimmten Erfolg in rechtlich bindender Weise verwirklichen zu wollen.

III. Die Bedeutung der Blankounterschrift im objektiven Erklärungstatbestand

Die Blankounterschrift ist selbst nicht Willenserklärung. Sie paßt weder in die Tatbestände bestimmungsbedürftiger Willenserklärungen noch kann sie als solche kraft normativer Zurechnung gewertet werden. Denn sie erfüllt die Mindesterfordernisse einer schriftlichen Willenserklärung auch nicht in Verbindung mit einem lückenhaften Text. Sie ist vielmehr Zeichen auf einen Willen des Unterzeichners, sich in seinem Namen an die Rechtswirkungen einer künftigen Willenserklärung binden zu wollen. Sie ermöglicht so die Zuordnung der Rechtswirkungen einer künftigen Willenserklärung zum Rechtssubjekt. Damit ist widerlegt, dass *wegen ihrer Existenz* rechtsgeschäftliches Handeln des Blankettnehmers nicht vorliegen kann.

IV. Die Rechtsnatur der Ausfüllungshandlung

Die Blanketterklärung paßt unter die Arbeitsteilungsform der Stellvertretung. Sie kann folgerichtig rechtsgeschäftliche Handlungsqualität besitzen, wenn dem Blankettnehmer der dafür notwendige Entscheidungsspielraum seitens des Blankettgebers eingeräumt worden ist. Dies hängt entscheidend davon ab, welche Legitimation oder (Ausfüllungs-)befugnis ihm eingeräumt worden ist.

V. Die Rechtsnatur der Ausfüllungsbefugnis nach dem erkennbaren Entscheidungsspielraum als entscheidendes Kriterium

Bei der offenen Blankettausfüllung ist dem Erklärungsempfänger erkennbar, dass ein anderer als der Unterzeichner die Urkunde ausfüllt oder ausgefüllt hat. Der Geschäftsgegner führt mit dem Blankettnehmer die Verhandlungen über die noch offenen Vertragsinhalte. Aus der Blankounterschrift schließt der Erklärungsempfänger, dass der Blankettgeber den Blankettnehmer intern bevollmächtigt hat und ihm mit dem Blankett „ein Stück Vertrauensbasis in die Hand geben will". Somit ist nach dem äußeren Auftreten gegenüber dem Erklärungsempfänger der Schluss darauf, dass der Blankettnehmer nur als Bote eine fremde Willenserklärung übermittelt oder lediglich als Gehilfe in den Schreibvorgang eingeschaltet ist, nur möglich, wenn dieser *für den Geschäftsgegner erkennbar* nach Weisung gehandelt hat. Dabei wird es sich aber regelmäßig um Ausnahmefälle handeln. Die Ausfüllungsbefugnis des Blankettnehmers ist also in der Regel rechtsgeschäftlich erteilte Vertretungsmacht. Damit kann die Blankettausfüllung die Voraussetzungen des § 164 BGB erfüllen. Soweit der Blankettnehmer über einen erkennbaren Entscheidungsspielraum hinsichtlich der zu treffenden rechtsgeschäftlichen Regelung verfügt, ist er also Vertreter des Blankozeichners.

VI. Die Rechtsfolgen formnichtiger Ausfüllungsbefugnis bei der offenen Blankettlage

Die Erteilung der Ausfüllungsbefugnis ist grundsätzlich formfrei. Ausnahmsweise ist auch sie dem Formzwang zu unterwerfen, nämlich dann, wenn ansonsten

Formzwecke vereitelt würden. Der Mangel der Form führt zur Nichtigkeit der Ausfüllungsbefugnis und zur Nichtigkeit der Blankobürgschaftserklärung. Durch die Offenlegung des formwidrigen Verhaltens gegenüber dem Erklärungsempfänger scheitern regelmäßig alle Ansprüche des Erklärungsempfängers gegenüber dem Blankettgeber. Dennoch besteht zumindest die theoretische Möglichkeit einer Rechtsfolgenkorrektur nach Billigkeitsgesichtspunkten.

VII. Die Wahrung des Offenkundigkeitsprinzips als Kernproblem der verdeckten Blankettlage

Stellvertretung, die nur unter der Voraussetzung möglich ist, dass die drei Erfordernisse und Zwecke des Offenkundigkeitsprinzips (Erkennbarkeit des Zuordnungssubjekts der Rechtswirkungen des Geschäfts, Erkennbarkeit des Zuordnungssubjekts der Parteirolle innerhalb des Rechtsgeschäfts und Erkennbarkeit der Fremdverpflichtung) erfüllt sind, kommt nicht in Betracht. Der im Innenverhältnis mit Entscheidungsspielraum ausgestattete und damit zur Ausfüllung bevollmächtigte Blankettnehmer ist bei der verdeckten Blankettlage nach außen als Bote aufgetreten.

VIII. Die rechtliche Behandlung des bei verdeckter Blankettlage als Bote auftretenden Blankettnehmers, der intern zur Vertretung bevollmächtigt worden ist

Die Blanketterklärung ist dem Blankettgeber bei verdeckter Blankettausfüllung nach dem Rechtsgedanken des § 120 BGB zuzurechnen, wenn sich der Blankettnehmer inhaltlich an seine Weisungen gehalten hat. Dies richtet sich wiederum danach, welche Weisungen und welche Befugnisse ihm im Innenverhältnis erteilt worden sind.

IX. Die rechtliche Behandlung des intern zur Vertretung bevollmächtigten Blankettnehmers, der bei verdeckter Blankettlage als Bote aufgetreten ist und das Blankett abredewidrig ausfüllt

Weil der Blankettnehmer, der bereits das Blankett verdeckt ausfüllt, bei abredewidriger Ausfüllung bewusst von der intern erteilten Vertretungsmacht abweicht, ist § 120 BGB nicht anwendbar. Der Blankettnehmer ist bei abredewidriger Ausfüllung als scheinlegitimiert (§ 172 II BGB analog) anzusehen. Für die Anwendbarkeit des § 177 BGB analog bleibt daher ebenfalls kein Raum. Der Erklärungsempfänger darf in diesen Fällen auf den Rechtsschein bestehender Legitimation vertrauen.

X. Die Ausfüllungsbefugnis bei der verdeckten Blankettlage

Die intern erteilte Vertretungsmacht ersetzt die fehlende Botenmacht. Das gilt auch bei formbedürftigen Rechtsgeschäften, soweit die Erteilung der Vertretungsmacht nach dem Grundsatz des § 167 II BGB mündlich erfolgen kann. Wird § 167 II BGB teleologisch reduziert und damit auch die Erteilung der Vertretungsmacht formbedürftig, dann kann der die fehlende Botenmacht ersetzende Selbstbestimmungsakt (Bevollmächtigung) keine Rechtswirkungen entfalten. Die formbedürftige Vertretungsmacht kann die fehlende Botenmacht nicht ersetzen. Der Blankettnehmer handelt ohne Legitimation.

XI. Rechtsfolgen der formnichtigen Blanketterklärung bei der verdeckten Blankettlage

Selbst wenn man den Blankettgeber so behandelt, als hätte er den Blankettnehmer ordnungsgemäß legitimiert (analog § 172 II BGB), so führt dies nur dann zu einer Bindung an die formnichtige Blankobürgschaftserklärung, wenn ihn auch eine Einstandspflicht für den Rechtsschein einer formgemäßen Urkunde trifft, die aus einem Blankett entstanden ist. Damit führt allein der Rückgriff auf die zum Blankettmissbrauch entwickelten Rechtsscheingrundsätze nicht zur Bindung des Blankettgebers an die formnichtige Bürgschaftserklärung. Die Einstandspflicht für den Rechtsschein einer formgemäßen Urkunde lässt sich zwar mit dem Rechtsgedanken des § 172 II BGB begründen, weil auch hier die Zurechnung durch die

Verbindung von Veranlassung mit dem Risikoprinzip und dem der Entstehung des Scheintatbestandes vorgelagerten gefährdenden Verhalten, dem Aus-der-Hand-Geben der blanko unterschriebenen Urkunde erfolgt. Aber der Vertrauensschutz setzt sich gegenüber dem Formmangel nicht durch. Der Schein der Formgemäßheit kann nicht an die Stelle des in Wirklichkeit gegebenen Formmangels treten, weil bereits in der Anordnung des Formzwangs für bestimmte Rechtsgeschäfte das Ergebnis einer Interessenabwägung des Gesetzgebers zum Ausdruck kommt. Die Interessen des Formschützlings werden hier höher eingestuft . Diese Wertung gilt in gleicher Weise für die Rechtsscheinhaftung, die an die Stelle der rechtsgeschäftlichen Haftung treten würde. Eine Korrektur dieses Ergebnisses sollte nicht über eine Beschränkung der Nichtigkeitsfolgen, sondern über eine Änderung der für die konkreten Rechtsgeschäfte geltenden Formvorschriften erzielt werden.

XII. Sonstiger Rechtsschutz bei verdeckt ausgefüllter formnichtiger Blankettерklärung

Eine Beschränkung der Nichtigkeitsfolgen nach § 242 BGB ist im Verhältnis zur Haftung nach den Grundsätzen der culpa in contrahendo subsidiär. Eine Haftung des Blankettgebers nach culpa in contrahendo ist zu bejahen.

Der Bürge soll also vor Übereilung beim Abschluss des Geschäfts geschützt werden. Er soll aber durch den Formzwang nicht vor Schadensersatzansprüchen bewahrt werden, die durch Gesetz entstehen, weil er das besondere Vertrauen seines Vertragspartners veranlasst und verletzt hat. Grund seiner Haftung ist sein schadensstiftendes Verhalten. Folglich muss er den dadurch entstandenen Vertrauensschaden ersetzen. Dies steht den Formzwecken nicht entgegen.

Das Maß seiner Schutzwürdigkeit ist abhängig vom Maß des im anderen Vertragsteil erweckten Vertrauens. Das ist der Schutzbereich der culpa in contrahendo.

XIII. Bedeutung im Falle der Zession der Hauptschuld

Die vom BGH vertretene Rechtsscheinhaftung in Analogie zu § 172 II BGB steht im Widerspruch zum Rechtsgedanken des § 405 BGB, für alle rechtshindernden Einwendungen, die der Urkunde nicht angesehen werden können, eine Rechtsscheinhaftung zu statuieren. Zudem gilt auch im Falle der Zession, dass sich der Schutz des Vertrauens auf den Rechtsschein einer formgemäßen Urkunde nicht gegenüber dem Schutzzweck des § 766 BGB durchsetzen kann.

Wegen der Formnichtigkeit der Bürgschaft scheitert ein Anspruch des Zessionars gegen den Bürgen aus einer nach § 401 I BGB kraft ihrer Akzessorietät übergegangenen Einstandspflicht. Ebensowenig kommt eine Haftung des Bürgen gegenüber dem Zessionar kraft Rechtsschein in Betracht, weil der Vertrauensschutz gegenüber dem Schutzzweck des § 766 BGB vor Übereilung nachrangig ist.

Allerdings erwirbt der Zessionar einen durch die Erfüllung des der Abtretung zugrunde liegenden Rechtsgeschäfts bedingten schuldrechtlichen Anspruch auf Abtretung des Schadensersatzanspruchs aus culpa in contrahendo in Höhe des Surrogats gegen den Zedenten, wenn dieser durch die Leistung des Zessionars ein Surrogat für den Schadensersatzanspruch gegen den Bürgen erhalten hat und der Schaden deshalb zu ihm weiter gewandert ist, weil er die Hauptforderung im Vertrauen auf das Bestehen der Bürgschaft erworben hat.

Hat der Zedent dem Zessionar zudem die Bürgschaftsurkunde vorgelegt, so kann dies als stillschweigende Abtretung des Schadensersatzanspruchs in Höhe des Surrogats ausgelegt werden. Einem solchen Verständnis steht der Formzweck des § 766 BGB nicht entgegen.

XIV. Bedeutung für die Entscheidung des BGH aus dem Jahre 1996

Der in der Entscheidung des BGH aus dem Jahre 1996 vertretenen Auffassung, der Blankobürge, der die Blanketturkunde einem anderen ohne formgerechte Ermächtigung überlasse, habe gegenüber einem gutgläubigen Dritten in zurechenbarer Weise einen Rechtsschein gesetzt (§ 172 II BGB analog), auf den sich der redliche Geschäftspartner verlassen könne, ist nicht zuzustimmen.

Der einzig in Betracht kommende Haftungsgrund bei der Inanspruchnahme des Blankobürgen bei der verdeckten Blankettlage wurde übersehen. Der Blankobürge haftet entgegen der Ansicht des BGH bei der verdeckten Blankettlage allenfalls nach den Grundsätzen der culpa in contrahendo auf das negative Interesse. Damit fehlt es regelmäßig an der untragbaren Härte des Ergebnisses, die den Weg für eine Nichtigkeitsbeschränkung nach § 242 BGB öffnet.

Der BGH hat seine Haftungsregel für die Blankettunterschrift allerdings nur für die Fälle verdeckter Blankettausfüllung entwickelt. Denn bei der offen ausgefüllten Blankobürgschaft kann gar nicht erst der Rechtsschein einer wirksam erteilten Legitimation entstehen. Hier gibt es keinen Schutz des guten Glaubens gegenüber dem Formmangel der Legitimation und auch keinen Schadensersatzanspruch wegen Verletzung besonderen Vertrauens.

Literaturverzeichnis

Ballerstedt, Kurt	Zur Haftung für culpa in contrahendo bei Geschäftsabschluß durch Stellvertreter; in: AcP 151, S. 501
Baumbach, Adolf; Hefermehl, Wolfgang	Wechselgesetz und Scheckgesetz mit Nebengesetzen und einer Einführung in das Wertpapierrecht; 22. Aufl., München 2000
Baumgärtel, Gottfried	Anmerkung zu BGHZ 22, S. 128 ff.; in: DnotZ 1957, S. 652 ff.
Benedict, Jörg	Wi(e)der die Formwirksamkeit der Blankettbürgschaft; BGH-Urt. v. 29.02.1996, - IX ZR 153/95 - = BGHZ 132, 119; in: Jura 1999, S. 78 ff.
Beuthien, Volker	Zur Theorie der Stellvertretung im Bürgerlichen Recht; in: Festschrift für Dieter Medicus zum 70. Geburtstag, S. 1 ff.; Köln, Berlin, Bonn, München 1999
Beuthien, Volker	Blankowechsel und guter Glaube; in: BB 1966, S. 603 ff.
Bornemann, Joachim	Die Blankobürgschaft; Diss. Marburg 1934
Brammertz, Hanns	Blankogeschäfte. Eine Untersuchung auf neuer theoretischer Grundlage unter Berücksichtigung der Vollmachtstheorie Diss. Köln 1923
Brox, Hans	Allgemeiner Teil des Bürgerlichen Rechts; 24. Aufl., Köln, Berlin, Bonn, München 2000

Bülow, Peter — Blankobürgschaft und Rechtsscheinzurechnung; in: ZIP 1996, S. 1694 ff.

Bydlinsky, Franz — Erklärungsbewusstsein und Rechtsgeschäft; in: JZ 1975, S. 1 ff.

Canaris, Claus-Wilhelm — Vertrauenshaftung; München 1971

Canaris, Claus-Wilhelm — Die Verdinglichung obligatorischer Rechte; in: Festschrift für Werner Flume zum 70. Geburtstag, S. 371 ff.; Band 1, 12. Sept. 1978

Canaris, Claus-Wilhelm — Anmerkung zu BGH Urt. v. 24.6.1991 II ZR 293/90; in: NJW 1991, S. 2627 f.

Cohn, Ernst — Das rechtsgeschäftliche Handeln für denjenigen, den es angeht; Marburg 1931

Coing, Helmut — Form und Billigkeit im modernen Privatrecht; in: Deutscher Notartag 1965, S. 29 ff.

Crezelius, Georg — Zu den Rechtswirkungen der Anscheinsvollmacht; in: ZIP 1984, S. 794

Demelius, Heinrich — M. Wellspachers Vollmachtslehre; in: AcP 153, S. 1 ff.

Deutsch, Erwin — Gefährdungshaftung: Tatbestand und Schutzbereich; in: JuS 1981, S. 317 ff.

Dölle, Hans — Bemerkungen zur Blankozession; Ein Beitrag zur Lehre von den subjektlosen Rechten; in: Festschrift für Martin Wolff;

Tübingen 1952, S. 23 ff.

Dörner, Heinrich; Ebert, Ina; Eckert, Jörn; Hoeren, Thomas; Kemper, Rainer; Schulze, Reiner; Staudinger, Ansgar — Bürgerliches Gesetzbuch; Handkommentar, Baden-Baden, 1. Aufl. 2001

Eckardt, Diederich — Die Blankettbürgschaft - BGH-Urt. v. 29.02.1996 - IX ZR 153/95 -; in: Jura 1997; S. 189 ff.

Einsele, Dorothee — Inhalt, Schranken und Bedeutung des Offenheitsprinzips; in: JZ 1990, S. 1005 ff.

Emmerich, Volker — Das Recht der Leistungsstörungen; 4. Aufl., München 1997

Enneccerus, Ludwig; Nipperdey, Hans Karl — Allgemeiner Teil des Bürgerlichen Rechts; 1. Band, 2. Halbband; 15. Aufl., Tübingen 1960

Erman — Bürgerliches Gesetzbuch Handkommentar mit AGBG; §§ 1-853, Band I; 10. Aufl., Köln 2000

Erman, Walter — Beiträge zur Haftung für das Verhalten bei Vertragsverhandlungen; in: AcP 139, S. 273 ff.

Erner, Günter — Die Haftung aus Rechtsschein (Verschuldenshaftung); Diss. Frankfurt am Main 1937

Feldmann, Karl — Haftung und Anfechtung bei mißbräuchlich ausgefüllten Blankourkunden des bürgerlichen Rechts; Diss. Frankfurt 1955

Fikentscher, Wolfgang — Scheinvollmacht und Vertreterbegriff; in: AcP 154, S. 1 ff.

Fischer, Gerfried — Formnichtigkeit der Blankobürgschaft; - BGHZ 132, 119; in: JuS 1998, S. 205 ff.

Fischer, Gerfried — Die Blanketterklärung; Diss. Göttingen 1975

Fischer, Peter — Die dogmatische Stellung der Blanketterklärung; Diss. Bonn 1969

Flume, Werner — Anmerkung zu BGH-Urteil vom 05.10.1961; in: JZ 1962, S. 281 ff.

Flume, Werner — Allgemeiner Teil des Bürgerlichen Rechts; Zweiter Band; Das Rechtsgeschäft; 4. Aufl., Berlin, Heidelberg 1993

Frotz, Gerhard — Verkehrsschutz im Vertretungsrecht; Frankfurt 1973

Gernhuber, Joachim — Formnichtigkeit und Treu und Glauben, S. 151 ff. in: Festschrift zum 70. Geburtstag von Walter Schmidt-Rimpler; S. 151 ff.; Karlsruhe 1957

Grussendorf, N. — Anm. zu BGH-Urt. v. 11.7.1952 – V ZR 80/52; in: NJW 1952, S. 1210 f.

Häsemeyer, Ludwig — Die gesetzliche Form der Rechtsgeschäfte; Frankfurt 1971

Häsemeyer, Ludwig — Die Bedeutung der Form im Privatrecht; in: JuS 1980; S. 1 ff.

Haussmann, Fritz — Die Blankozession des Ixus in: ZHR 73, S. 203 ff.

Haußmann, Fritz	Das Blankett, insbesondere der Blankettmißbrauch unter dem Gesichtspunkte des Rechtsscheinprinzips; in: Gruchot 58, S. 289 ff.
Heiss, Helmut	Formmängel und ihre Sanktionen; Eine privatrechtsvergleichende Untersuchung; Tübingen 1999
Heldrich, Karl	Die Form des Vertrages; in: AcP 147, S. 89 ff.
Henle, Rudolf	Lehrbuch des Bürgerlichen Rechts; Allgemeiner Teil; Berlin 1926
Heymann	Handelsgesetzbuch Kommentar; Band 1; Erstes Buch, Einleitung; §§ 1-104 Berlin, New York 1989
Hirsch, Hans Christoph	Die Übertragung der Rechtsausübung – Vervielfältigung der Rechte; 1. Teil, Berlin 1910
Holzhauer, Heinz	Die eigenhändige Unterschrift; Geschichte und Dogmatik des Schriftformerfordernisses im deutschen Recht Frankfurt 1973
Hueck, Götz	Bote – Stellvertreter im Willen - Stellvertreter in der Erklärung; in: AcP 152, S. 432 ff.
Ihering, Rudolf von	Culpa in Contrahendo oder Schadensersatz bei nichtigen oder nicht zur Perfektion gelangten Verträgen; in: IheringsJb 4 (1861), S. 1 ff.

Jahr, Günther	Geltung des Gewollten und Geltung des Nicht-Gewollten – zu Grundfragen des Rechts empfangsbedürftiger Willenserklärungen in: JuS 1989; S. 249
Jauernig; Othmar Schlechtriem; Peter Stürner; Rolf Teichmann; Arndt Vollkommer; Max	Bürgerliches Gesetzbuch mit Gesetz zur Regelung des Rechts der Allgemeinen Geschäftsbedingungen; 9. Aufl., München 1999
Kaiser, Dagmar	Schadensersatz aus culpa in contrahendo bei Abbruch von Vertragsverhandlungen über formbedürftige Verträge In: JZ 1997, S. 448 ff.
Keim, Christopher	Das Ende der Blankobürgschaft; in: NJW 1996, S. 2774 ff.
Kellmann, Christof	Grundprobleme der Willenserklärung; in: JuS 1971, S. 609
Klügge, Arnold	Anfechtung von Blanketterklärungen; Diss. Köln 1957
Köhler, Helmut	Die Unterschrift als Rechtsproblem; In: Festschrift für Helmut Schippel zum 65. Geburtstag; S. 209 ff.; München 1996
Köhler, Helmut	Problematik automatisierter Rechtsvorgänge; in: AcP 182, S. 126 ff.
Köhler, Helmut	Anmerkung zu BGH Urteil vom 20.11.1990; in: JZ 1990, S. 408 ff.
Köndgen, Johannes; König, Conrad	Grenzen zulässiger Konditionenanpassung beim Hypothekenkredit; in: ZIP 1984, S. 129

Koller, Ingo; Roth, Wulf-Henning; Morck, Winfried — Handelsgesetzbuch Kommentar; 2. Aufl. München 1999

Kühne, Eberhard — Die Übertragbarkeit von Gestaltungsrechten; Diss. Rostock 1929

Küpper, Wolfgang — Das Scheitern von Vertragsverhandlungen als Fallgruppe der culpa in contrahendo; Berlin 1988

Laband, Paul — Die Stellvertretung bei dem Abschluß von Rechtsgeschäften nach dem allgemeinen Deutschen Handelsgesetzbuch; in: ZHR 10, S. 183 ff.

Larenz, Karl — Verpflichtungsgeschäfte „unter" fremdem Namen; in: Festschrift für Heinrich Lehmann zum 80. Geburtstag; I. Band, S. 234 ff.; Berlin, Tübingen, Frankfurt 1956

Larenz, Karl — Lehrbuch des Schuldrechts

Band I: Allgemeiner Teil; 14. Aufl., München 1987

Band II: besonderer Teil, 2. Halbband; 13. Aufl., München 1994

Larenz, Karl; Canaris, Claus-Wilhelm — Methodenlehre der Rechtswissenschaft; 3. Aufl., Berlin, Heidelberg, New York ?

Larenz, Karl; Wolf, Manfred — Allgemeiner Teil des Bürgerlichen Rechts; 8. Aufl., München 1997

Lehmann, Heinrich — Die Unterschrift im Tatbestand schriftlicher Willenserklärungen; Bonn 1904

Lehmann, Heinrich; Hübner, Heinz — Allgemeiner Teil des Bürgerlichen Gesetzbuches; 16. Aufl., Berlin 1966

Lenel, Otto — Stellvertretung und Vollmacht; IheringsJb., Band 36, S. 1 ff.

Lieb, Manfred — Aufgedrängter Vertrauensschutz? Überlegungen zur Möglichkeit des Verzichts auf Rechtsscheinschutz, insbesondere bei der Anscheinsvollmacht; in: Festschrift für Heinz Hübner zum 70. Geburtstag, am 7. November 1984, S. 575 ff. Berlin, New York 1984

Lorenz, Stephan — Der Schutz vor dem unerwünschten Vertrag; Eine Untersuchung von Möglichkeiten und Grenzen der Abschlußkontrolle im geltenden Recht. München 1997

Lorenz, Werner — Rechtsfolgen formnichtiger Schuldverträge; in: JuS 1966, S. 429 ff.

Lorenz, Werner — Das Problem der Aufrechterhaltung formnichtiger Schuldverträge; in: AcP 156, S. 381 ff.

Ludewig, Wilhelm — Die Ermächtigung nach bürgerlichem Recht; Diss. Marburg 1922

Mansfeld, N. — Über den Schutz des guten Glaubens beim Erwerb von Wechselblanketten; in: LZ 1909; Sp. 177 ff.

Medicus, Dieter — Die Grenzen der Haftung aus culpa in contrahendo; in: JuS 1965, S. 209 ff.

Medicus, Dieter — Die Entwicklungen im Bürgschaftsrecht; in: JuS 1999, S. 833 ff.

Medicus, Dieter — Bürgerliches Recht; 17. Aufl. Köln, Berlin, Bonn, München 2001

Medicus, Dieter — Allgemeiner Teil des BGB; 7. Aufl., Heidelberg 1997

Meyer, Walter — Das Blankett und der Blankettmißbrauch; Diss. Köln 1952

Mitteis, Ludwig — Die Lehre von der Stellvertretung nach römischem Recht; Wien 1885

Möller, Franz — Die abredewidrige Ausfüllung von Blankowechseln; Diss. Münster 1958

Möller, Franz — Die Ausfüllungsermächtigung beim Blankowechsel; in: WM 1965, S. 94 ff.

Müller, Gerd — Zu den Grenzen des analogen Anwendbarkeit des § 172 BGB in den Fällen des Blankettmißbrauchs und den sich daraus ergebenden Rechtsfolgen; in: AcP 181, S. 515 ff.

Müller, Karl-Heinz — Die Blankettunterschrift in ihrer Bedeutung für das Bürgerliche Recht; Diss. Rostock 1930

Müller, Klaus — Das Geschäft für den, den es angeht in: JZ 1982, S. 778 ff.

Müller-Freienfels, Wolfram — Die Vertretung beim Rechtsgeschäft; Tübingen 1955

Münchener Kommentar zum Bürgerlichen Gesetzbuch — Band 1: Allgemeiner Teil; §§ 1-240; AGB-Gesetz; 4. Aufl., München 2001

Band 2: Schuldrecht; Allgemeiner Teil; §§ 241-432;

FernabsatzG;
4. Aufl., München 2001

Band 3: Schuldrecht; Besonderer Teil I;
§§ 433-606;
Finanzierungsleasing, VerbrKrG, HausTWG; Erbschafts- u. SchenkungssteuerG; MHG; HeizkostenV;
3. Aufl., München 1995

Band 5: Schuldrecht; Besonderer Teil III;
§§ 705-853;
Partnerschaftsgesellschaftsgesetz; Produkthaftungsgesetz;
3. Aufl., München 1997

Narjes, Wolfgang — Die Zulässigkeit der Blankozession bei den verbrieften Grundstückspfandrechten;
Diss. Göttingen 1938

Nischik, Heinz — Das Blankett im Bürgerlichen Gesetzbuch;
Diss. Marburg 1936

Önder, Ahmet — Die Haftung des Akzeptanten bei vereinbarungswidriger Ausfüllung eines Blankowechsels;
Diss. München 1966

Oertmann, Paul — Grundsätzliches zur Lehre vom Rechtsschein;
in: ZHR 95, S. 443 ff.;

Ohr, Günter — Zur Dogmatik des Handelns unter fremden Namen;
in: AcP 152, S. 217 ff.

Palandt — Bürgerliches Gesetzbuch;
60. Aufl., München 2001

Pawlowski, Hans-Martin — Rechtsgeschäftliche Folgen nichtiger Willenserklärungen;
Göttingen 1966

Pawlowski, Hans-Martin — Anmerkung zum BGH-Urt. vom 29.02.1996; - IX ZR 153/95 -; JZ 1997, S. 305 ff.

Pawlowski, Hans-Martin — Die gewillkürte Stellvertretung; in: JZ 1996, S. 125

Peters, Frank — Zur Rechtsfigur der Verpflichtungsermächtigung; in: AcP 171, S. 134 ff.

Petzold, Herbert — Der Vertreter in der Erklärung; in: MDR 1961, S 459 ff.

Pohlmann, Petra — Die Heilung formnichtiger Verpflichtungsgeschäfte durch Erfüllung; Diss. Münster 1992

Prölls, Jürgen — Vertretung ohne Vertretungsmacht; in: JuS 1985, S. 577 ff.

Puchta, Georg Friedrich — Pandekten; 11. Aufl., Leipzig 1872

Regelsberger, Ferdinand — Rechtsprechung zu: Siegel, Dr. Julius; Die Blanketterklärung; in: Kritische Vierteljahresschriften für Gesetzgebung und Rechtswissenschaft 48, S. 506 ff.

Reinhardt, Rudolf — Die Vereinigung subjektiver und objektiver Gestaltungskräfte im Vertrage; in: Festschrift zum 70. Geburtstag von Walter Schmidt-Rimpler; Karlsruhe 1957

Reichsgerichtsräte-Kommentar — Das Bürgerliche Gesetzbuch mit besonderer Berücksichtigung der Rechtsprechung des Reichsgerichts und des Bundesgerichtshofes; Band I; §§ 1-240; 12. Aufl., Berlin, New York 1982

Reinhart, Gert	Das Verhältnis von Formnichtigkeit und Heilung des Formmangels im bürgerlichen Recht; Diss. Heidelberg 1969
Reinicke, Dietrich	Formvorschrift, Treu und Glauben und Schadensersatz; in: MDR 1954, S. 641 ff.
Reinicke, Dietrich	Rechtsfolgen formwidrig abgeschlossener Verträge; Bad Homburg, Berlin, Zürich 1969
Reinicke, Dietrich	Die neuere Rechtsprechung des BGH zum Wechsel- und Scheckrecht; in: DB 1958, S. 390 ff.
Reinicke, Dietrich	Formmangel und Verschulden bei Vertragsschluß; in: DB 1967, S. 109
Reinicke, Dietrich; Tiedtke, Klaus	Die Haftung des Blankettgebers aus dem abredewidrig ausgefüllten Blankett im bürgerlichen Recht; in: JZ 1984, S. 550 ff.
Reinicke, Dietrich; Tiedtke, Klaus	Schadensersatzverpflichtungen aus Verschulden beim Vertragsabschluß nach Abbruch von Vertragsverhandlungen ohne triftigen Grund; in: ZIP 1989, S. 1093
Riezler, Erwin	Die Blankettunterschrift; in: AcP 95, S. 357 ff.
Rittner, Fritz	Rechtsfragen zum unvollständigen Wechsel; in: DB 1958, S. 675 ff.
Rösler, Patrick	Formbedürftigkeit der Vollmacht; in: NJW 1999, S. 1150 ff.

Savigny, Friedrich-Carl von	System des heutigen Römischen Rechts; Band III, Berlin 1840
Scherer, Inge	Andeutungsformel und Falsa demonstratio beim formbedürftigen Rechtsgeschäft in der Rechtsprechung des Reichsgerichts und des Bundesgerichtshofes Diss. Gießen 1986
Schmidt, Karsten	Falsus-procurator-Haftung und Anscheinsvollmacht; in: Festschrift für Gernhuber 1993, S. 435
Schmidt, Karsten	Offene Stellvertretung. Der Offenkundigkeitsgrundsatz als Teil der allgemeinen Rechtsgeschäftslehre; in: JuS 1987, S. 425 ff.
Schmidt, Karsten	Anmerkung zu BGH-Urt. v. 29.02.1996; - IX ZR 153/95 -; in: JuS 1996, S. 846 ff.
Schmidt-Salzer, Joachim	Subjektiver Wille und Willenserklärung; in: JR 1969, S. 281 ff.
Schumann, Hans	Die Fälschung nach dem neuen Wechsel- und Scheckrecht; Berlin 1935
Siber, Heinrich	Das Verwaltungsrecht an fremdem Vermögen im Deutschen Bürgerlichen Gesetzbuch; in: IheringsJb., Band 67, S. 81 ff.
Siegel, Julius	Die privatrechtlichen Funktionen der Urkunde; in: AcP 111, S. 1 ff.
Siegel, Julius	Die Blanketterklärung; Diss. München 1908

Siegel, Julius — Einige Bemerkungen zur Lehre von den Blanketten;
in: LZ 1909, Spalte 531 ff.

Soergel, Hans-Theodor — Bürgerliches Gesetzbuch mit Einführungsgesetz und Nebengesetzen;
Band 2: Allgemeiner Teil 2;
§§ 104-240;
13. Aufl., Stuttgart, Berlin, Köln, Mainz 1999

Staudinger, Julius von — Kommentar zum Bürgerlichen Gesetzbuch mit Einführungsgesetz und Nebengesetzen;

Erstes Buch: Allgemeiner Teil;
§§ 164-240;
13. Aufl. Berlin 1995;

Zweites Buch: Recht der Schuldverhältnisse;
§§ 315-327;
Neubearbeitung, Berlin 2001

Zweites Buch: Recht der Schuldverhältnisse;
§§ 397-432
13. Aufl. Berlin 1999

Zweites Buch: Recht der Schuldverhältnisse;
§§ 765-778;
13. Aufl. Berlin 1997

Stoll, Hans — Tatbestände und Funktionen der Haftung für culpa in contrahendo;
in: Festschrift für Ernst von Caemmerer zum 70. Geburtstag;
Tübingen 1978

Tuhr, Andreas von — Der Allgemeine Teil des Deutschen Bürgerlichen Rechts;
Zweiter Band, Erste Hälfte;
Die rechtserheblichen Tatsachen, insbesondere das Rechtsgeschäft;
München und Leipzig 1914

Tiedtke, Klaus — Die Rechtsprechung des Bundesgerichtshofs zum Bürgschaftsrecht seit 1990;
in: ZIP 1995, S. 521

Voß, D. — Die Anfechtbarkeit von Blanketterklärungen wegen mißbräuchlicher Ausfüllung nach dem Rechte des Bürgerlichen Gesetzbuches; in: IheringsJb. 56, 412 ff.

Wächter, Waldemar — Die Blankobürgschaft und die Folgen der mißbräuchlichen Ausfüllung; Diss. Köln 1940

Waldeyer, Hans-Wolfgang — Vertrauenshaftung kraft Anscheinsvollmacht bei anfechtbarer und nichtiger Bevollmächtigung; Diss. Münster 1969

Westermann, Harry — Die Grundlagen des Gutglaubensschutzes; in: JuS 1963, S. 1 ff.

Windscheid, Bernhard — Lehrbuch des Pandektenrechts; Erster Band, 6. Aufl., Frankfurt 1887

Zwirner, Hans — Das Blankett als Willenserklärung; Diss. Greifswald 1918

Niklas Brambring

Diskrepanz zwischen Anlaß und Sicherungsumfang einer Bürgschaft

Frankfurt am Main, Berlin, Bern, Bruxelles, New York, Oxford, Wien, 2003.
XXVI, 194 S.
Europäische Hochschulschriften: Reihe 2, Rechtswissenschaft. Bd. 3562
ISBN 3-631-50440-3 · br. € 35.30*

Diese Arbeit untersucht die rechtlichen Probleme, die sich aus der Diskrepanz zwischen Anlaß und Sicherungsumfang einer Bürgschaft ergeben können. Es geht um den Fall, daß eine Kreditvergabe von einer Bürgschaft abhängig gemacht wird, durch die über den Kreditbedarf hinausgehende Forderungen abgesichert werden. Im Vordergrund stehen dabei die Geschäftsbeziehungsbürgschaften der Kreditinstitute, mittels derer sämtliche Ansprüche gegen den Hauptschuldner aus der Geschäftsverbindung gesichert werden.

Aus dem Inhalt: Zulässigkeit von Geschäftsbeziehungsbürgschaften nach den §§ 305 ff. BGB · Teilaufrechterhaltung der unzulässigen Bürgschaft

FSC
www.fsc.org
MIX
Papier | Fördert
gute Waldnutzung
FSC® C083411

Kolibri 360 GmbH
Ferdinand-Jühlke-Straße 7
99095 Erfurt, Deutschland
produktsicherheit@kolibri360.de

Druck:
CPI Druckdienstleistungen GmbH
im Auftrag der
Kolibri 360 GmbH
Ferdinand-Jühlke-Str. 7
99095 Erfurt